SANDRO MAGALDI   JOSÉ SALIBI NETO

ESTRATÉGIA ADAPTATIVA

GENTE
editora

NOTA DO PUBLISHER

Um guia didático sobre gestão que combina elementos históricos e práticos: a essência deste livro é transportar o leitor a uma viagem sobre a estratégia e sua aplicabilidade. Sandro Magaldi e José Salibi Neto – dois experts no mundo *business* – perpassam desde as primeiras publicações acadêmicas sobre estratégia nos negócios até a sua aplicação em grandes empresas da atualidade.

A dupla de autores já é da casa, com dois livros publicados pela Editora Gente. O primeiro, *Gestão do amanhã*, foi publicado em 2018; o segundo, *O novo código da cultura*, foi publicado em 2019 e posso afirmar com toda a certeza: ambos são best-sellers imprescindíveis para quem quer estar antenado sobre gestão e cultura empresarial da nova Era. São anos de experiência que eles compartilharam em seus dois primeiros livros e que se juntam novamente para compartilhar aqui, nesta nova obra, utilizando ferramentas que facilitam e proporcionam ao leitor uma leitura única e indispensável.

Em *Estratégia adaptativa*, Sandro Magaldi e José Salibi Neto trazem os elementos da estratégia adaptativa de forma minuciosa e, ao mesmo tempo, posso certificar que esta é uma leitura obrigatória para os líderes atuais que desejam manter-se ativos no complexo jogo competitivo do mundo dos negócios. *Estratégia adaptativa* combina toda a genialidade e expertise de Magaldi e Salibi para fazer-se um livro-chave quando o assunto é estratégia. Parabéns aos autores pelo trabalho incrível!

Rosely Boschini – CEO e publisher da Editora Gente

DEDICATÓRIA

Dedico este livro para o meu grande amigo
Marcelo Meyer, que sempre foi uma referência de vida
para mim desde jovem. Ele é um dos maiores técnicos
da história do tênis brasileiro, grande empresário,
marido, pai, filho e amigo como nenhum outro.

Dedico também para as minhas amadas
Luciana e Cristiana, que me inspiram
a ser melhor a cada dia.

José Salibi Neto

Dedico minha sexta obra à mesma pessoa
que dediquei a primeira; ao cara que foi o
meu principal incentivador para que
eu começasse a tirar as ideias de minha cabeça
e as publicasse em livros.
Salibão, se não fosse por você,
essa jornada não teria nem começado.
É a você que dedico nossa obra, amigo!
(Acho que é a primeira vez que o
"dedicado" é também autor do livro!)

Sandro Magaldi

Diretora Rosely Boschini	
Gerente Editorial Rosângela de Araujo Pinheiro Barbosa	
Editora Assistente Franciane Batagin Ribeiro	
Assistente Editorial Rafaella Carrilho	
Controle de Produção Fábio Esteves	
Preparação Laura Folgueira	
Projeto Gráfico e Diagramação Vanessa Lima	
Revisão Fernanda Guerriero Antunes	Copyright © 2020 by Sandro Magaldi e José Salibi Neto
Capa Renata Zucchini	Todos os direitos desta edição são reservados à Editora Gente.
Ilustrações de Miolo Sergio Rossi	Rua Original, 141/143 São Paulo, SP — CEP 05435-050 Telefone: (11) 3670-2500
Impressão Rettec	Site: www.editoragente.com.br E-mail: gente@editoragente.com.br

Dados Internacionais de Catalogação na Publicação (CIP)
Angélica Ilacqua CRB-8/7057

Magaldi, Sandro
    Estratégia adaptativa: o novo tratado do pensamento estratégico / Sandro Magaldi e José Salibi Neto. – São Paulo: Editora Gente, 2020.
    304 p.

    ISBN 978-65-5544-032-4

    1. Negócios 2. Administração de empresas 3. Cultura organizacional 4. Planejamento estratégico I. Título II. Salibi Neto, José

20-2929   CDD 658

Índices para catálogo sistemático:
1. Gestão de negócios

AGRADECIMENTOS

Agradecemos aos queridos amigos que se aliaram à nossa causa, contribuindo com a divulgação de nosso projeto. Obrigado, pessoal!

Bruno Fonseca
Dra. Carla Sarni
Fernanda Vater
Gilberto Cavalcanti
Ítalo Ávila Ribeiro Montargil
Ju Ajuz
Kadú Pimentel
Keyla Gabrielle de Santana Saldanha
Maira Pereira
Priscila Guskuma
Roberta C. Lopes
Thomaz Britze
Wagner Ferrarezi

SUMÁRIO

APRESENTAÇÃO

Vivemos em um dos maiores pontos de inflexão da história! Ponto de inflexão (*inflection point*, em inglês) é um conceito importado dos campos da Matemática e da Física para o mundo corporativo. Observe se você reconhece este enunciado em nossa atualidade: pontos de inflexão acontecem em períodos de mudanças extremas. Eles são resultantes de fatos que geram uma transformação abrupta em empresas, segmentos, economia ou em uma situação geopolítica afetando nações e, em um contexto mais crítico, todo o planeta.

Esse fenômeno redunda em pontos de virada, de modo que os efeitos, positivos ou negativos, trazem como consequência, invariavelmente, rupturas em relação ao modelo convencional estabelecido.

Há uma diferença fundamental entre os pontos de inflexão e as mudanças que ocorrem em uma sociedade ou na rotina dos negócios. Para dimensionar essa distinção, entende-se que um ponto de inflexão converte-se em um impacto dez vezes maior do que o padrão existente antes. Ou seja, depois de um fenômeno como esse, o novo parâmetro terá uma distinção dez vezes maior em relação ao anterior.

Você há de concordar que qualquer semelhança dessa definição com o mundo pós-Covid-19 não é mera coincidência. Não há dúvidas de que vivemos um dos principais pontos de inflexão da história da humanidade.

O efeito gerado pelo vírus global que atingiu todas as nações do planeta, causando impactos que, mesmo que heterogêneos, foram indistintamente severos, alterou a forma como vivemos.

A influência dessa nova perspectiva foi e será implacável para todas as organizações que, como não poderia ser diferente, estão envoltas em novos desafios inéditos em sua trajetória.

Se no passado era necessário enfatizarmos que o mundo nunca passou por transformações tão profundas em seus fundamentos, atualmente, essa argumentação tornou-se desnecessária. Essa premissa está clara e evidente para qualquer indivíduo em todo o globo terrestre.

Uma perspectiva que chama atenção, no entanto, é o entendimento de que esse processo de transformação e ruptura perante o modelo tradicional que existe, principalmente, no ambiente empresarial é recente.

Será?

Voltemos, então, ao conceito do ponto de inflexão.

Como comentamos no início do texto, essa formulação é advinda do campo das ciências exatas. Quem a popularizou no mercado empresarial foi Andrew Grove, um dos líderes empresariais mais relevantes da história da gestão.

Andy Grove, como ficou mais conhecido, foi um dos primeiros presidentes e CEOs da Intel no período entre 1979 e 1997 (posteriormente, assumiu a posição de Presidente do Conselho da empresa, onde ficou até 2005). Sua trajetória impactou os principais empreendedores da nova economia, sobretudo aqueles do ambiente digital.

Grove popularizou a visão dos pontos de inflexão ao perceber, de forma visionária, as transformações que estavam prestes a acontecer no mundo devido ao impacto da evolução tecnológica. O conceito foi um dos pilares de sua imperdível obra *Só os paranoicos sobrevivem*, publicada originalmente em 1988.

Ops... Em 1988, há mais de trinta anos, já havia a percepção de que estaríamos entrando em um grande ponto de inflexão?

Essa é uma das evidências mais claras de nossa tese, defendida desde a publicação da obra *Gestão do amanhã: tudo o que você precisa saber sobre gestão, inovação e liderança para vencer na 4ª Revolução Industrial*, de nossa autoria: o mundo passa por um processo de transformações sem precedentes há mais de dez anos devido à influência e aos avanços da tecnologia.

Os impactos da Covid-19 só vieram a acelerar e potencializar de forma drástica um processo que já estava em curso, atingindo indivíduos e organizações há mais de década.

Não há dúvidas de que o processo se tornou muito mais desafiante e complexo a partir desse novo fenômeno, porém a demanda pela transformação não é nova e deveria já estar no topo da pauta de todo líder empresarial há muito tempo.

Considerando esse quadro como uma verdade absoluta e inquestionável (a intensidade da transformação pode ser contestada, porém sua existência não é alvo de dúvidas), a reflexão imperativa que se faz é: tem sentido ficarmos aferrados aos mesmos modelos de gestão e pensamento estratégico tradicionais nesse novo ambiente?

Um dos acrônimos utilizados para definir a nossa realidade atual é o VUCA. Esse termo, que tem origem no campo militar na década de 1990, disseminou-se em toda sociedade a partir dos anos 2010 e define que o mundo está cada vez mais Volátil (*Volatile*), Incerto (*Uncertain*), Complexo (*Complex*) e Ambíguo (*Ambiguous*). Não pairam dúvidas de que vivemos um mundo cada vez mais VUCA. Alguns brincam com o termo, afirmando que vivemos em um mundo "VUCÃO", tal é a explosão de mudanças causadas pelos novos fenômenos.

É mais do que chegada a hora de definirmos um novo modelo para a estratégia que dê conta de lidar com todas as transformações advindas desse novo mundo. O pensamento tradicional já apresentava naturais limitações em sua estrutura, posto que foi todo arquitetado em um ambiente cujos fundamentos foram subvertidos pela nova lógica gerada pelo impacto da tecnologia na sociedade e por organizações que conseguiram catalisar com muita competência essa realidade, transformando-se nas novas protagonistas do ambiente empresarial (em 2019, sete das dez maiores empresas em valor de mercado do mundo são empresas de tecnologia).

No mundo pós-Covid-19, as limitações do pensamento estratégico clássico se evidenciam com mais força ainda e geram a emergente necessidade de reflexão, sobretudo para as companhias tradicionais, que viram seu espaço de outrora ser ocupado por novas líderes globais.

Não à toa, um dos efeitos marcantes gerados pela recente pandemia nesse contexto corporativo é o fortalecimento de organizações conhecidas como *big techs*, que, em contraste com o que tem ocorrido com muitas empresas que têm sucumbido, conquistam cada vez mais relevância junto aos consumidores e aceleram sua expansão em níveis jamais observados na história dos negócios. Após o início da pandemia, em março de 2020, três dessas companhias (Microsoft, Apple e Amazon) atingiram valor de mercado superior a 1 trilhão de dólares. Nunca houve um fenômeno nessa escala.

Esta obra tem como objetivo apresentar as bases para um novo modelo estratégico que responda de forma assertiva e direta às demandas desse novo mundo. Não é por acaso que intitulamos esse novo *framework* de "estratégia adaptativa", já que adaptação é um dos atributos mais relevantes para as empresas neste mundo em ebulição.

Para explorar com propriedade o novo, é importante termos uma visão evolutiva do conceito. Dessa forma, conseguimos obter os subsídios e repertório necessários para essa construção. Com esse objetivo, realizamos um estudo inédito sobre a evolução da estratégia desde a Primeira Revolução Industrial até os dias de hoje. Essa viagem no tempo nos reserva lições importantes e não apenas nos explica de onde viemos, mas nos auxilia a entender para onde vamos – ou deveríamos ir.

Parte 1:

A EVOLUÇÃO
DA ESTRATÉGIA

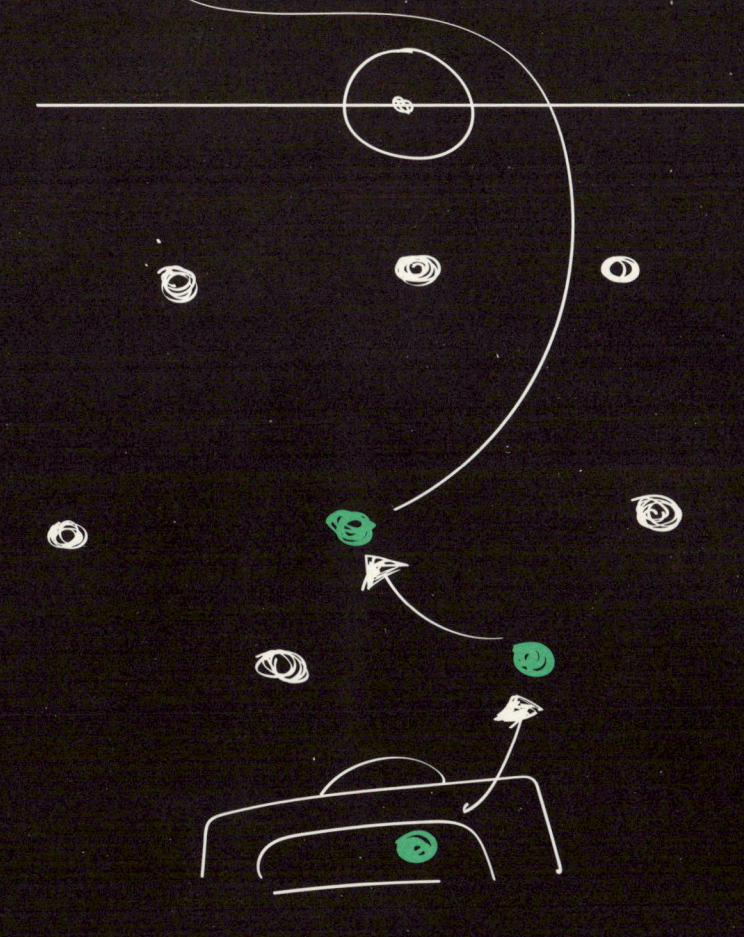

CAPÍTULO 1:
UMA HISTÓRIA RELATIVAMENTE LINEAR E RECENTE

O indiano Pankaj Ghemawat é, atualmente, professor da Stern School of Business da New York University e do IESE da Espanha. Sua especialidade é a reflexão sobre estratégia e sua correlação com os movimentos globais. Via de regra, Ghemawat, que tem o mérito de ter sido o mais jovem professor da Harvard Business School, em suas palestras e obras, comenta que a história inicial da estratégia é relativamente linear.

Adicionaríamos a essa assertiva que, além de linear, o conceito é um bebê, um recém-nascido no ambiente empresarial.

Os estudos sobre estratégia no âmbito corporativo são recentes. Sua promoção ao topo da agenda empresarial remonta a não mais do que quarenta anos (o que é muito pouco para a formação de um pensamento científico metodológico).

Viajando no tempo para entender essa evolução, recorremos à etimologia. A origem do termo vem do grego *strategos* cujo significado literal, segundo o dicionário Houaiss, é "comandante de uma armada". Não à toa, as referências sobre o início de sua utilização aludem ao início do século XIX, quando começou a ser adotado no âmbito militar. Desde então, o vocábulo esteve circunscrito a esse contexto, sendo amplamente adotado para referir-se a estratégias de guerra ou a estratégias militares.

Foi apenas em meados do século XX que a palavra começou, mesmo que timidamente, a ser adotada com regularidade no vocabulário do ambiente empresarial.

Não deixa de causar estranheza a constatação de que um conceito aparentemente indispensável à gestão de uma organização e onipresente em todas as reflexões sobre a evolução e o futuro de uma companhia tenha fincado suas raízes no mundo empresarial há tão pouco tempo.

Considerando que a Primeira Revolução Industrial, período em que, efetivamente, se inicia a consolidação das organizações de forma estruturada, aconteceu lá pelos idos de 1800, constatamos que levou cerca de cento e cinquenta anos de administração empresarial até que a estratégia chegasse a esse mundo.

O motivo desse (aparente) atraso tem nome e sobrenome e está na essência do pensamento estratégico: nível de competição.

Como demonstramos em *Gestão do amanhã*, as primeiras iniciativas para entender a administração como ciência remontam a Frederick Taylor no final de 1800. É desse período sua experiência na Midvale Steel Works, onde começa operando máquinas e faz carreira, chegando a engenheiro-chefe. Ali, começa a estudar os problemas da "organização industrial".

A racionalização do trabalho do operário data da primeira etapa de seus estudos. Da segunda etapa, é seu livro *Princípios de administração científica* (publicado originalmente em 1911). O trabalhador, dizia ele, não pode analisar racionalmente sua tarefa, muito menos determinar qual é o processo mais eficiente: precisava ser criada uma nova função que fizesse isso, a de "gerente". Trata-se de uma visão bem diferente da que existia na época – segundo a qual o aumento da produção e a seleção do método de trabalho dependiam da iniciativa individual do operário.

Na Europa, a administração científica chega por meio de Henri Fayol, teórico francês, autor de *Administração industrial e geral*, no qual apresenta a sistematização dos princípios básicos da gerência eficaz.

Observe que todo o foco do pensamento sobre gestão está centrado nos ganhos de eficiência operacional. Não existe uma preocupação maior com o ambiente externo ou com o posicionamento da empresa perante seus concorrentes.

O motivo dessa falta de orientação é simples: a concorrência ou não existia, ou era irrelevante. Durante mais de século, o mundo empresarial foi regido por uma dinâmica muito clara e precisa, em que a demanda por produtos ou serviços era maior do que a oferta.

Esse (des)equilíbrio de forças favorecia as companhias fornecedoras que ostentavam um poder de barganha maior que o de seus consumidores, cujos gostos e desejos eram simplesmente ignorados.

Um dos resumos mais precisos dessa época é a célebre frase de Henry Ford, fundador da companhia automobilística homônima, que comentava: "qualquer pessoa pode adquirir um carro, desde que ele seja preto".

Até o motivo da seleção de cor tem uma explicação que serve como metáfora para o foco na eficiência operacional que regia as organizações naquele ambiente: o preto garantia uma maior otimização do processo produtivo, já que possibilita uma secagem mais rápida.

Essa decisão não foi fruto de nenhuma pesquisa de mercado ou qualquer estratégia orientada ao cliente (aliás, lembre-se de que o termo estratégia sequer existia nesse contexto). A escolha teve como base atender a uma demanda clara do fornecedor. Ou o consumidor se adaptava a essa prerrogativa, ou...

Na essência da estratégia está o nível de concorrência. Ambientes nos quais não existe uma competição maior não requerem uma sofisticação estratégica maior. **O principal fator de aumento de lucratividade das organizações é elas se dedicarem a serem melhores que si mesmas, com o incremento de sua eficiência operacional sendo a sua principal prioridade.**

Esse é o contexto das empresas durante mais de século: pouca competitividade, concentração do processo produtivo em poucos e grandes conglomerados que monopolizavam a cena empresarial.

Em meados dos anos 1960, esse contexto começou a mudar. A popularização do consumo e o surgimento dos mercados de massa impulsionaram o empreendedorismo, e novas empresas começaram a surgir, ameaçando a hegemonia dos barões da época.

Um dos precursores da inserção da estratégia na pauta empresarial foi Alfred Chandler, historiador estudioso da relação das empresas com a sociedade que publicou, em 1962, a obra *Strategy and Structure* [Estratégia e estrutura]. No livro, Chandler descreve a evolução das empresas americanas gigantes outrora orientadas a funções (operações, produção etc.) para um modelo baseado em departamentos ou divisões – a propósito, modelo que perdura até hoje, na maioria das organizações, com os organogramas representando sua divisão funcional em departamentos ou áreas corporativas. O autor denominou esse movimento como estratégias.

Sua definição sobre o tema, no entanto, a despeito de contemporânea para a época, ainda era muito restrita e representava, claramente, o foco nos recursos internos da organização. Segundo o autor, "estratégia pode ser definida como a determinação de metas e objetivos básicos de longo prazo de uma empresa, a adoção de cursos de ação e a alocação dos recursos necessários para a concretização de metas".

Note que essa definição não traz nenhuma referência a termos como mercado, posicionamento, vantagem competitiva ou qualquer conceito ao qual nos habituamos para fundamentar o tema.

De qualquer forma, já era um avanço.

Em 1965, o matemático Igor Ansoff decidiu publicar uma obra que era resultado de seus estudos provenientes de sua experiência empresarial, principalmente, na Lockheed Aircraft, gigante americana que atuava no setor aeroespacial, na qual foi especialista em planejamento e aplicou conceitos revolucionários para a época, como a mudança descontínua e a incerteza em ferramentas de gestão. Na obra *Corporate Strategy* [Estratégia corporativa], o matemático enuncia que o objetivo da estratégia era associar os recursos da empresa às oportunidades de seu ambiente. Pela primeira vez, um pensador apresentava a perspectiva de adaptação da companhia ao ambiente externo em detrimento do foco exclusivo e restrito a seus recursos internos.

Mesmo considerando a contemporaneidade da tese para a época, o foco de Ansoff ainda estava muito centrado, com seu planejamento, em uma visão de racionalização de recursos através de seu planejamento por meio de diagramas e modelos matemáticos. Essa perspectiva ainda carecia de um olhar para a construção de caminhos alternativos e originais para obtenção de liderança em relação a outros competidores. A orientação ainda era para a melhoria da eficiência operacional adaptando a companhia às oportunidades do ambiente.

A despeito de Ansoff estar ligado ao meio acadêmico (contribuía com a Harvard Business School), a academia, em geral, ignorava a mutação da gestão corporativa e o início de um movimento que evidenciasse a relevância da estratégia. Basta lembrar que, até a década de 1970, o curso que mais se aproximava do tema na própria Harvard Business School era uma disciplina intitulada Política de Negócios, ministrada em dois semestres para os alunos do segundo ano de seus programas de MBA.

Outra evidência é que apenas dois livros acadêmicos foram publicados na década de 1970 que tratavam da temática estratégica – mesmo assim, ainda enviesados pela perspectiva da eficiência operacional. Tanto que essas obras, no total, não dedicaram mais do que duas a quatro páginas a explorar os efeitos da competição na dinâmica organizacional.

Uma obra para lá de relevante para entender a evolução da estratégia que foi muito valiosa para nossos estudos e construção dessa linha do tempo é o livro *Os mestres da estratégia* (cuja leitura recomendamos a todos que almejam aprofundar-se nessa visão histórica do conceito). É nela que o autor Walter Kiechel nos revela que o berço do pensamento sobre estratégia não foi a academia.

Em um movimento que guarda similaridade com os dias atuais, quando as instituições acadêmicas têm enorme dificuldade em se transformar para o novo mundo, essas entidades se mantiveram à parte do processo evolutivo da estratégia, aferradas à visão da gestão baseada na eficiência operacional, e foram absolutamente resistentes a evidências do impacto do aumento da competitividade na gestão organizacional.

Foram as consultorias as legítimas precursoras do pensamento sobre estratégia no âmbito empresarial, com destaque para um consultor que "abriu a picada": Bruce Henderson, fundador do Boston Consulting Group, popularmente conhecido como BCG.

Em 1965, o consultor/empreendedor concluiu que o modelo de atuação de sua consultoria, basicamente orientado a incrementar a produtividade de suas empresas clientes com um olhar específico para a gestão de recursos internos, era incompleto e não lidava com um movimento que se acentuava e começava a gerar impactos relevantes para as organizações: o aumento do nível de concorrência.

Foi nesse período que ele resolveu (re)fundar sua empresa, adotando um inovador modelo para a época, que deu origem à primeira consultoria de negócios do planeta. O principal diferencial desse novo sistema é a definição da estratégia como sua especialidade. Em *Os mestres da estratégia*, Kiechel comenta que, segundo a lenda, na reunião entre sócios, quando Henderson sugeriu (dizem alguns que impôs) esse novo posicionamento, um dos participantes do encontro reagiu assustado aos riscos dessa escolha: "Mas ninguém vai saber do que falamos". Arisco, Henderson respondeu: "É aí que está a beleza do processo. Nós é que definiremos o conceito".

O fundador da BCG era um apaixonado por competição. Sob sua liderança, a consultoria começou a explorar e desenvolver ferramentas de gestão orientadas a auxiliar as organizações na estruturação de suas estratégias corporativas. Esses modelos se diferenciavam daqueles do passado na medida em que coordenavam os recursos internos das empresas e sua vocação aos movimentos externos que já se intensificavam devido ao início do processo de globalização (anote aí esse nome, pois é ele o responsável pela revolução da estratégia e vai retornar a nossa história, com força, já, já).

Como resultado dessa perspectiva competitiva e já do impacto da nova filosofia da consultoria, foi desenvolvida a chamada curva de experiência. Esse conceito causaria profundo impacto não apenas nos clientes da BCG, mas sobretudo no ambiente empresarial em geral.

A ferramenta correlaciona os ganhos de produtividade obtidos pela gestão dos custos de produção de um produto, de acordo com os aprendizados no processo. Até aí, nenhuma novidade, pois continuamos tendo uma abordagem eminentemente orientada aos recursos internos da empresa. O grande diferencial é a consequência dessa análise. O principal objetivo, além do óbvio ganho de produtividade, era ter uma visão mais clara sobre os custos totais futuros de um produto, o que permitiria influenciar os movimentos dos concorrentes do negócio.

Opa! Note que, pela primeira vez no ambiente empresarial, emerge uma dinâmica que tem como proposta "influenciar os movimentos dos concorrentes dos negócios". Ou seja, **não basta ser melhor do que eu mesmo. Tenho de começar a me distanciar dos meus concorrentes e ser superior a eles**.

Esse pensamento começou a influenciar e contagiar os principais líderes corporativos da época, e uma nova filosofia deu seus primeiros passos de forma sustentável – pois já havia uma demanda nas organizações para uma reflexão mais adequada ao contexto de maior pressão competitiva que estava se consolidando.

Foi, no entanto, outra ferramenta desenvolvida pela BCG a responsável pela enorme popularização da consultoria: a chamada Matriz de Crescimento, que ficou popularmente conhecida como Matriz BCG.

Desenvolvida no final da década de 1960, essa matriz utiliza duas unidades de análise que têm como foco a avaliação da atratividade do portfólio de produtos ou de unidades de negócios de uma organização:

- **No eixo vertical, a unidade de análise é a taxa de crescimento do mercado em que a empresa ou negócio estão inseridos.**
- **No eixo horizontal, a unidade de análise é sua participação relativa de mercado.**

Por meio dessa análise, as organizações e seus líderes tinham uma visão mais clara do posicionamento de seus produtos ou unidades de negócio no mercado, permitindo uma compreensão mais sistematizada de seu potencial e ameaças.

Essa estrutura tangibilizava, de forma muito transparente, um movimento peculiar que finca as bases do pensamento estratégico: a organização deve obter um posicionamento superior em sua cadeia de valor deslocando seus competidores para áreas menos valiosas. Como consequência desse entendimento, as decisões de negócios devem ser tomadas para obtenção de maior competitividade.

Observe como há um elemento adicional ao ganho de eficiência operacional: o incremento da competitividade de uma organização em relação a seus concorrentes por meio de seu posicionamento em seu setor de atuação.

Além da interpretação precisa das pressões competitivas da época, outro aspecto fundamental para contribuir com a popularização da Matriz BCG foi sua simplicidade. Aliás, essa peculiaridade contribuiu não apenas para a popularização da matriz, mas também para a disseminação da estratégia nos diversos públicos do meio empresarial, já que o modelo é muito intuitivo e de fácil assimilação, demonstrando com clareza as implicações estratégicas de qualquer negócio. Com isso, um conceito até então muito distante da realidade dos executivos da época tornou-se compreensível e, principalmente, acessível a todos.

É curioso que essa simplicidade tenha sido o alvo preferencial de ataques de alguns (ameaçados) intelectuais da comunidade acadêmica, que a consideravam muito simplista e até perigosa. Mais uma vez, a vocação secular elitista da academia se manifestou e a distanciou ainda mais do mundo empresarial devido a sua resistência e extrema dificuldade de confrontar suas crenças perante uma nova realidade (opa: parece que ainda estamos testemunhando a repetição de uma mesma narrativa nos dias atuais...).

Essa postura reativa quanto ao novo pensamento fez com que a origem do pensamento sobre estratégia no mundo empresarial passasse à margem das instituições que dele deveriam dar conta. Inicialmente, as cátedras de Administração deram as costas às modernas concepções sobre o tema e resistiram a seu avanço, mantendo foco exclusivo no incremento da gestão dos recursos internos das organizações e, consequentemente, em ganhos de produtividade, modelo convencional que estava consolidado havia décadas.

A despeito da relevância da orientação para eficiência operacional que, a propósito, continua sendo fundamental para a boa gestão de uma organização, havia um sentimento claro entre os líderes organizacionais de que o mercado estava se transformando e era necessário ir além desse pensamento.

Por isso, nem mesmo a resistência acadêmica conseguiu frear o avanço da evolução do pensamento estratégico corporativo. O êxito da BCG foi tão grande que, em pouco tempo, contagiou todo o ambiente empresarial e se fez presente em todas as rodas de conversas entre executivos.

Até devido ao reconhecido gênio forte de Henderson, esse contágio culminou no surgimento e na popularização de outras consultorias de negócios, muitas delas filhotes da original fundadas por ex-consultores da BCG, como a Bain Co (atualmente, Bain & Company), fundada por Bill Bain, ou até mesmo a McKinsey, que se reposicionou a partir dos movimentos e das provocações gerados pela sua concorrente (até então, a companhia tinha como foco central projetos orientados à gestão dos recursos internos de seus clientes).

Um pensador perspicaz, no entanto, já estava, em paralelo à evolução da BCG, sentenciando aos quatro ventos a transformação pela qual passavam as organizações e a requerida necessidade de inserção de uma nova perspectiva para sua gestão. Em 1964, o já consagrado pensador Peter Drucker lançou a obra *Managing for Results* [Administrando para obter resultados].

Aquele que ficou notabilizado como o principal pensador mundial de management reivindicava para si o mérito de ter escrito o primeiro livro sobre estratégia de negócios. No entanto, a obra não ficou reconhecida como tal por uma curiosidade que demonstra muito bem os desafios de se explorar a temática para a época.

Drucker comentava que o título original do livro, traduzido para o português, seria *Estratégia de negócios*. Ao levar essa ideia a seu editor, este se mostrou contrariado e convenceu o autor a alterá-lo, já que o termo estratégia estava relacionado a assuntos militares e campanhas políticas, mas nunca a negócios.

Assim, a nona obra de Peter Drucker não se apropriou como poderia de uma tese que o pensador já enunciava com força: é necessário um modelo de gestão que substitua o enfoque do trabalho pelo dos resultados.

A obra populariza uma das visões mais emblemáticas do pensador: "Dentro do negócio, não há resultados nem recursos. Ambos existem fora. Não há centros de lucro dentro do negócio, apenas centros de custo. As oportunidades de uma empresa residem fora dela, no ambiente em que está inserida".

É uma crítica explícita à dominante orientação a eficiência operacional sem um entendimento claro do posicionamento da organização no mercado em que atua. Esse entendimento, ainda segundo Drucker, levava os líderes corporativos a terem um foco exclusivamente centrado na solução dos problemas de produtividade da companhia em detrimento de uma visão orientada à maximização de oportunidades.

Não é à toa que Peter Drucker está presente em *todas* as nossas obras e pensamento. Sua capacidade e sensibilidade para antever o futuro entendendo os movimentos de sua época eram de uma assertividade assustadora. Mais uma vez, o guru dos gurus tinha acertado em cheio.

O que você acha deste pensamento literal sobre essa visão que data de 1964: "O enfoque do executivo moderno não deve ser o de resolver problemas, mas o de explorar as oportunidades que surgem"?

Parece que esse tal "executivo moderno" da década de 1960 continua com dificuldade de entender o caminho do crescimento exponencial no século XXI, concorda?

Voltando no tempo e pegando o fio da meada da provocação de Drucker com o pensamento de Henderson, o foco da solução de problemas estava para a eficiência operacional assim como o foco na maximização de oportunidades estava para a evolução do pensamento estratégico.

Não basta ser melhor do que eu mesmo. Tenho de começar a me distanciar dos meus concorrentes e ser superior a eles.

De acordo com essa tese, os resultados de uma organização são obtidos pela exploração de oportunidades, e não apenas pela solução de problemas. Os recursos precisam ser concentrados nas oportunidades, e não nos velhos problemas.

Depois de três anos da publicação de *Managing for Results*, Drucker lançou sua 11ª obra, intitulada *Uma era de descontinuidade*, na qual demonstra de forma inequívoca seu desconforto com a paralisia das organizações perante a imperativa necessidade de mudanças na filosofia de negócios proveniente de um mundo em transformação.

Uma das sentenças que melhor representam esse desconforto está presente quando o autor comenta: "Se um bom economista adormecesse em julho de 1914 e acordasse em 1968, teria ficado chocado – não por terem ocorrido grandes mudanças no cenário, mas porque havia permanecido tudo praticamente na mesma situação, no que se referia a investimentos e produção".

Podemos observar que a tendência à manutenção do status quo e ao comodismo do ambiente empresarial que exploramos na Apresentação desta obra não é fenômeno recente. Pelo contrário, vem de longa data e deve ser combatida, sobretudo em um ambiente em rápida mutação como o atual.

A despeito de a velocidade ser inferior à atual, os principais agentes do ambiente empresarial, influenciados pelos exitosos movimentos da BCG e pelo pensamento de Drucker, perceberam a necessidade de introduzir uma nova filosofia na gestão dos seus negócios e a relevância do chamado "pensamento estratégico".

É nesse momento que, pela influência do pensamento de um jovem professor em Harvard, finalmente a academia encontra a estratégia e ela é promovida ao foco prioritário de todo líder organizacional.

CAPÍTULO 2:
E SURGE MICHAEL PORTER...

Cada vez mais se disseminava a visão de que não basta se concentrar em produzir com mais eficiência e rapidez. A organização deve realizar essa atividade melhor que seus concorrentes para obter vantagem competitiva.

É na lacuna deixada pelo ambiente acadêmico incapaz de traduzir esse enunciado em teses e conceitos mais apropriados à sua contemporaneidade que surge o espaço para a arquitetura de um modelo que responda com mais assertividade às gritantes demandas do mercado executivo atendido, até então, exclusivamente, pelas consultorias.

No final da década de 1970, começou a dar seus primeiros passos na Harvard Business School um economista que escolheu, de forma totalmente inusitada para os especialistas da época, o ambiente corporativo para exercitar suas teses: Michael Porter.

A orientação e predileção de Porter sempre foi pelo meio acadêmico e por seguir uma carreira nele. A evolução de seu pensamento teve influência direta de seu doutorado em Business Economics, que o influenciou decisivamente, sobretudo em sua visão sobre o aparato da economia industrial e sua relação com a competitividade dos mercados. Motivado por essa visão, o até então professor auxiliar de Harvard começou a concentrar seus estudos no entendimento de quais eram os fatores estruturais que criavam oportunidades para empresas obterem vantagem competitiva.

Esse pensamento representava uma evolução na concepção estratégica até então e tinha similaridade com as perspectivas de Drucker e das consultorias. Tratava-se de uma evolução da visão exclusivamente orientada à eficiência operacional, na medida em que combinava os esforços nos recursos internos com o foco na dinâmica dos mercados e, como consequência, junto aos diversos concorrentes do setor que influenciavam seu nível de competitividade.

Evidencia-se, mais uma vez, que o pensamento de Porter é resultante da ascensão dos níveis de concorrência em todo o mundo, que já cresciam vigorosamente e iriam explodir com a consolidação do movimento da globalização que tornou o mundo menor (como sempre dizia Drucker). Tudo isso foi proveniente da expansão das empresas regionais para todos os cantos do planeta. As empresas da época começaram a lidar com um ambiente frontalmente distinto do que estavam acostumadas, já que, subitamente, passaram a ser ameaçadas por novos competidores.

Um dos principais méritos de Michael Porter foi o de desenvolver esquemas e *frameworks* estratégicos que traduziram de forma gráfica, com transparência, a perspectiva da busca pela vantagem competitiva explorando um território, até então, novo para a academia.

Não é de se estranhar a resistência que a obra do pensador causou no tradicional ambiente acadêmico. A tese de Porter, que viria a fazer um estrondoso sucesso no ambiente empresarial dentro de poucos anos, foi recebida com desconfiança e até certo desdém por seus colegas em Harvard.

Em 1975, Porter publicou um relatório de pesquisa intitulado *Note on the Structural Analysis of Industries* [Análise estrutural dos setores]. Esse documento apresenta a origem do pensamento mais popular do professor no futuro: as cinco forças competitivas.

Registros históricos apontam que um dos reconhecidos professores de Harvard comentou com o autor que aquele conceito era "um nobre experimento que fracassou".

Não deixa de ser curiosa a visão de que Michael Porter foi um revolucionário na Harvard Business School e, por que não dizer, em todo o ambiente acadêmico da época.

No livro *Os mestres da estratégia*, há uma passagem que demonstra essa reação do status quo a esse novo pensador. Lá pelo final dos anos 1970, Porter fez sua candidatura para ser promovido de professor auxiliar a titular da instituição na qual já atuava. Na época da votação, todos os membros do corpo docente, exceto um, votaram contra a efetivação do professor. Surpreendentemente, aquele que viria a ser considerado um dos principais pensadores sobre estratégia empresarial foi rejeitado em sua própria instituição.

Coube a John McArthur, que, não à toa, viria a ser o futuro reitor da Universidade, ter a sensibilidade de sugerir ao corpo docente a prorrogação da decisão por mais um período. Nesse meio-tempo, para preservar seu pupilo, alocou Porter em dos programas *lato sensu* da instituição, no qual não seria vítima da rigidez pedagógica da doutrina vigente na escola.

Michael Porter aproveitou com unhas e dentes essa oportunidade e desenvolveu um curso eletivo para MBA baseado em sua tese sobre estratégia e competitividade. O sucesso foi absoluto e fincou as bases para o incremento de sua popularidade no meio empresarial. A propósito, essa iniciativa foi tão bem-sucedida que, até hoje, passados mais de quarenta anos, os pilares dos programas sobre estratégia na mais prestigiosa escola de administração do planeta seguem essa estrutura conceitual.

Não é preciso dizer que na próxima candidatura de Porter a professor titular da Instituição ele foi promovido por seus colegas.

Um dos pontos fundamentais do pensamento do autor que torna tangível, de forma muito apropriada, a evolução do pensamento estratégico é a distinção clara entre estratégia e eficiência operacional.

Segundo o pensador, eficiência operacional inclui todos os tipos de práticas que permitem a uma empresa utilizar, da melhor forma, os seus recursos, por exemplo, reduzindo os defeitos dos produtos ou desenvolvendo produtos melhores mais rapidamente.

Por sua vez, posicionamento estratégico significa exercer atividades diferentes dos rivais ou exercer atividades semelhantes de um modo diferente.

Enquanto a excelência operacional visava atingir a excelência nas atividades ou funções individuais, a estratégia objetivava combinar atividades em prol da vantagem competitiva que iria conferir à organização um posicionamento superior em seu segmento de atuação.

Em uma tradução muito simplista, temos que a eficiência operacional tem o foco exclusivamente orientado à gestão dos recursos internos, enquanto o posicionamento estratégico combina essa visão, porém tendo como principal orientação os movimentos do mercado, ou seja, um olhar externo à companhia.

Devido às pressões competitivas, estava claro que as empresas não conseguiriam mais competir durante muito tempo apenas tendo como orientação o incremento de sua eficiência operacional.

O aumento do número de competidores trouxe outra técnica, até então não disseminada largamente, que tornou essa migração mais eminente ainda: as melhores práticas eram difundidas rapidamente, e empresas concorrentes não titubeavam em copiar e aperfeiçoar melhorias no processo operacional realizadas por outras companhias.

A eficiência operacional começou a passar por um processo de comoditização e deixou de representar elemento de diferenciação.

Porter deu início à divulgação e à disseminação de suas teses a respeito de estratégia competitiva, tendo como fundamento a compreensão de que as forças que dão forma à estratégia iam além dos eixos contábeis e operacionais e que os executivos podem ter influência nas condições de seu setor de atividade quando atuam com os demais *stakeholders* de sua cadeia de valor, como rivais, clientes e fornecedores.

A sutileza dessa última ideia do pensador é um dos pontos fundamentais da disseminação de seu pensamento. Ele reconhece que os executivos e líderes têm condições não apenas de obter mais eficiência na operação de seus negócios, mas também de influenciar decisivamente no equilíbrio de forças dos mercados em que estão inseridos.

Em 1980, Porter publicou, de forma organizada, as teses e os conceitos que vinha desenvolvendo no livro *Estratégia competitiva*. Essa obra é o tratado mais popular sobre estratégia da história, atingindo a marca de sessenta edições no mercado americano.

Nela, o autor, influenciado por seu doutorado em Business Economics, define que a essência da formulação de uma estratégia competitiva consiste em relacionar a organização com o meio em que ela se encontra. Diz ainda que a unidade de análise mais relevante era o seu setor de atuação (uma curiosidade: a influência dos conceitos da ciência econômica se evidencia na obra do professor até na semântica, quando ele adota a terminologia "firmas", própria da cátedra de economia, para se referir a empresas ou organizações).

Como apresentamos em nosso *Gestão do amanhã*, o fundamento principal do modelo de Porter é a conquista do melhor posicionamento possível da organização diante dos concorrentes em sua cadeia de valor, tendo acesso, de forma diferenciada e, de preferência, exclusiva, aos insumos e recursos essenciais ao negócio.

Para realizar a análise competitiva da organização, o professor desenvolveu a visão das cinco forças competitivas que são os fatores que a empresa deve avaliar e influenciar para determinar uma estratégia eficiente. Essas forças são:

- **Rivalidade entre concorrentes.**
- **Ameaças de novos entrantes.**
- **Poder de barganha dos clientes.**
- **Poder de barganha dos fornecedores.**
- **Ameaça de produtos substitutos.**

A meta final almejada com a aplicação adequada do modelo das forças competitivas é que uma empresa tenha alto potencial de lucratividade operando em um setor com grandes barreiras de entrada, baixa concorrência, sem produtos substitutos e fornecedores e clientes fracos.

Assim, a arquitetura de sua estratégia deve ser modelada considerando a ação junto a esses fatores e visando obter um posicionamento na cadeia de valor que permita a obtenção de vantagem competitiva duradoura e sustentável.

Uma outra perspectiva introduzida pelo autor foi a visão dos *trade-offs* (ou seja, o ato de escolher uma coisa em detrimento da outra).

Michael Porter tornou essa visão popular no mundo corporativo ao definir que o ponto crítico de toda estratégia é o ato de fazer escolhas. Uma empresa que fica "em cima do muro" encontra-se em uma situação estratégica precária, o que culmina com baixa lucratividade, já que não canaliza todos os seus esforços para o caminho correto e dispersa recursos e energia.

Segundo essa tese, uma empresa pode escolher basicamente entre três estratégias:

- A de liderança de baixo custo;
- A de diferenciação do produto (tornando sua oferta tão distintiva que poderia cobrar mais por ela);
- A da especialização do mercado (escolha um nicho e o domine).

Nas décadas que se seguiram, o argumento de que a estratégia de uma organização está intimamente relacionada a escolhas – e, por isso, toda empresa necessita selecionar uma que a diferencie dos concorrentes – iria tornar-se uma constante no trabalho de Porter.

Seu pensamento e, sobretudo, seu best-seller, foram fundamentais para a consolidação dos avanços da estratégia e sua popularização no ambiente empresarial, já que conferiu um elemento muito valorizado na época, que faltava a essa nova perspectiva: respeitabilidade acadêmica.

É até natural que houvesse uma tensão constante no relacionamento de Porter, com suas ponderações representando a academia, com as consultorias de negócios.

Essas últimas tinham uma visão crítica ao modelo do professor de Harvard por considerá-lo muito estático, o que não ajudava a prever os movimentos de mercado e a evolução da situação competitiva em um setor ou as mudanças nas posições dos diferentes *players*. Porter rebatia comentando que a estrutura das cinco forças era dinâmica. Um sistema em movimento.

(Não deixa de ser instigante a crítica à inflexibilidade do modelo em um ambiente no qual a velocidade das transformações nem de perto se assemelha à atual. Já fazendo um *spoiler* do que está por vir, se essa crítica ao modelo já estava presente na década de 1980, imagine atualmente!)

Mesmo considerando visões críticas das consultorias a seu pensamento, é imperativo reconhecer que ninguém havia definido, até então, as possíveis opções estratégicas com tanta perfeição quanto Porter fez em sua obra.

Por outro lado, mesmo sempre aparentando desapreço pelo trabalho dos consultores (tanto que o apêndice do livro apresenta uma crítica à matriz de crescimento da BCG e à abordagem da McKinsey), a obra de Porter evoluiu graças às reflexões geradas por essas consultorias.

Em 1985, foi lançada a obra *Vantagem competitiva: criando e sustentando um desempenho superior*. Mais uma vez, Michael Porter produzia um best-seller que se transformou em um marco na história da estratégia e, junto com *Estratégia competitiva*, é um dos livros mais vendidos sobre o tema até hoje.

A essência da obra está ancorada na visão da organização como uma entidade única, não fragmentada em funções tradicionais como marketing, finanças, entre outras. Essas atividades são as unidades básicas da vantagem competitiva, porém o que conferirá sustentabilidade à organização é a gestão integrada de todos esses elementos.

Segundo estudiosos, a publicação de *Vantagem competitiva* marca a passagem da primeira fase do pensamento porteriano, tendo como orientação a visão do posicionamento, para a segunda, em que alia a análise dos processos a essa dimensão.

Foi nesse momento que o autor endereçou o conceito de cadeia de valor. Sob essa perspectiva, a gestão das atividades desemboca no desmembramento da cadeia de valor da organização. Essa intervenção tinha como objetivo aumentar sua influência junto a todos os seus agentes visando à obtenção de um posicionamento superior em seu segmento.

Só mesmo por meio de uma visão integrada de todas as atividades realizadas pela companhia é possível uma estratégia que influencie toda a cadeia de valor do negócio. A fragmentação das atividades não permite a construção de uma estratégia unificadora.

O conceito de cadeia de valor permite isolar cada atividade componente envolvida na fabricação de um produto, quebrando o processo total em unidades que podem ser comparadas com as de outras divisões, empresas ou mesmo setores que realizam a mesma atividade.

Mais uma vez, reforça-se o ponto central de todo o pensamento estratégico de Porter, que varreu e disseminou-se como padrão no ambiente corporativo: a busca pela vantagem competitiva sustentável. Essa é a essência do pensamento do autor. Toda a evolução de seus estudos foi orientada a esse fim. Em meados dos anos 1980, Porter introduz a visão da adaptação como componente fundamental para a busca dessa vantagem competitiva.

Como resultado dessa reflexão, sua conceituação acerca do conceito evolui quando **ele define que estratégia "trata-se de integrar o conjunto de atividades de uma empresa. O sucesso da estratégia depende de se conseguir fazer muitas coisas bem e de saber integrá-las. Se não houver adaptação entre as atividades, não há estratégia distintiva nem sustentabilidade. Mais uma vez, os resultados dependeriam da eficiência operacional".**

A imperativa necessidade de evoluir com esse pensamento, integrando o elemento adaptação em sua conceituação, teve origem, mais uma vez, na maior mobilidade dos mercados e no acirramento do seu nível de concorrência.

A globalização começou a ganhar uma parceria que causaria um impacto mais avassalador do que o original: a tecnologia.

No final dos anos 1980, organizações emergiram com soluções que geravam ganhos de competitividade relevantes por meio da adoção tecnológica. O ambiente começou, assim, a passar por uma mutação que é o embrião das transformações atuais.

Globalização e tecnologia atuam juntas, como irmãs siamesas, aumentando as pressões competitivas e, sobretudo, a velocidade do ambiente empresarial.

O contexto cada vez mais caótico e imprevisível resultou no crescimento das críticas quanto ao pensamento de Porter – que começou a ser questionado de forma sistemática e por agentes que iam além do acirramento natural das tensões com a turma das consultorias.

À medida que o capitalismo foi se tornando cada vez mais selvagem, mais as organizações perceberam que o conceito de vantagem competitiva sustentável era quase uma utopia, pois as bases estruturais que fundamentam essa estratégia podem ser eliminadas (e são) pela concorrência cada vez mais rapidamente devido às mudanças do ambiente. A inflexibilidade das teses do autor, mais uma vez, ficava evidenciada como um de seus pontos de atenção.

Michael Porter define que estratégia "trata-se de integrar o conjunto de atividades de uma empresa. O sucesso da estratégia depende de se conseguir fazer muitas coisas bem e de saber integrá-las. Se não houver adaptação entre as atividades, não há estratégia distintiva nem sustentabilidade. Mais uma vez, os resultados dependeriam da eficiência operacional".

Em meados da década de 1990, a despeito da dominância do pensamento de Michael Porter, começou a ganhar espaço uma crítica que tinha como fundamento a visão de que o pensador – e todas as linhas de reflexão geradas a partir de sua obra – havia deixado de lado a dimensão humana, as capacidades e os desejos daqueles que transformam os conceitos estratégicos em realidades.

A pergunta que muitos faziam era: "Onde estão as pessoas na estratégia de Michael Porter?".

Essa crítica tem fundamento. Faça uma busca minuciosa e tente encontrar, em toda obra do autor, as palavras "cliente" e "colaborador". Você se surpreenderá ao constatar que elas praticamente inexistem.

De acordo com as teses consolidadas nessas obras, esses dois agentes são consequência da gestão das forças estruturais e são encarados como (meros) recursos. Sua mobilização é resultante das escolhas estratégicas e são influenciados por esse sistema maior.

Mais do que a discussão sobre a humanização da estratégia, iniciava-se um debate que já era sinal dos novos tempos que se prenunciavam com vigor sobre a estratégia como posicionamento e gestão dos processos (pensamento de Porter) versus a estratégia como aprendizado. Era um modelo ainda em construção, mas muito mais dinâmico e flexível.

Nesse momento, dois pensadores da Universidade de Michigan introduziram um novo conceito iniciando a migração do entendimento sobre estratégia e fincaram as bases para a transição para os dias atuais.

CAPÍTULO 3:
O CONCEITO DE COMPETÊNCIAS ESSENCIAIS DE C. K. PRAHALAD E GARY HAMEL

No fim dos anos 1980, a globalização era uma realidade inconteste, e uma de suas faces mais marcantes se tangibilizava no avanço das companhias japonesas nos Estados Unidos. Não tão subitamente, porém em um movimento que não foi mapeado de forma adequada pelas líderes americanas, novas companhias dominaram mercados icônicos, como o fez o fenômeno Toyota na indústria automobilística.

(É importante abrir um parêntese aqui para reconhecer a importância de Peter Drucker também nesse contexto. Seu primeiro estudo mercadológico, que deu origem a sua obra inaugural intitulada *The Concept of the Corporation* [O conceito da corporação], foi encomendado por Alfred Sloan, ainda presidente da GM. As conclusões de Drucker sobre o modelo industrial foram consideradas muito revolucionárias e, por esse motivo, deixadas de lado pela líder mundial do setor até então. O pensamento do autor, no entanto, recebeu guarida dos líderes corporativos no Japão, país que passava por uma recuperação estrutural por meio do Plano Marshall. A visão de Drucker, aliada ao conceito de qualidade total introduzido por Joseph Juran e W. Edwards Deming, culminou com o espantoso crescimento das companhias japonesas no Ocidente.)

Os efeitos da maior competitividade dessas organizações se fizeram sentir com força no maior mercado de consumo do mundo. A globalização foi essencial para a evolução do management, já que a lógica da eficiência operacional fora toda estruturada em um ambiente de mercados ilimitados dominados por organizações regionais conhecidas que ostentavam uma visão de mundo e acesso a conhecimento similar a essa estrutura.

É importante reconhecer que as empresas, em geral, estavam conseguindo ampliar e melhorar suas capacidades ao longo dos anos, porém com o tempo esse esforço se revelaria de forma evidente muito mais como um estímulo ao taylorismo em um movimento evolutivo incremental do que uma modelagem original adequada ao novo ambiente empresarial.

Em um movimento que se acentuaria nos anos 1990, a fragilidade da perspectiva da vantagem competitiva baseada nas capacidades da organização, tese central do pensamento porteriano, se expressava na constatação de que essa superioridade era eliminada pela concorrência com uma frequência crescente.

George Stalk, sócio e um dos consultores mais seniores da BCG (olha ela aí novamente), resumiu essa visão quando fez uma análise no fim dos anos 1990 sobre essa transição. Ele afirmou que, "nesse novo ambiente, a essência da estratégia não consiste na estrutura da posição da empresa em termos de produtos e mercados, mas na dinâmica de seus comportamentos".

É a origem de um pensamento estratégico que contribuiu para a evolução da disciplina e que tem como seus principais percussores os professores Gary Hamel e C. K. Prahalad.

Já em 1989, os professores tiveram um artigo publicado na revista *Harvard Business Review*, uma das mais prestigiosas publicações científicas da administração. Intitulado "Strategic Intent" [Intenção estratégica], foi um grande sucesso laureado com o tradicional Mckinsey Award, premiação que tem como principal objetivo reconhecer os conteúdos sobre gestão mais relevantes anualmente.

A tese central dos autores nesse artigo é que as organizações devem aliar sua orientação a geração de riqueza aos acionistas com uma intenção estratégica cujo foco é a liderança do mercado em que atua.

Para comprovar sua tese, os autores utilizaram a evolução das empresas japonesas em relação às empresas ocidentais. Segundo esse pensamento, as companhias orientais tiveram êxito em seu avanço expansionista, pois tinham intenção estratégica de dominar mercados. A geração de riqueza aos acionistas foi consequência dessa orientação, não sua causa principal.

Essa tese é a origem do principal conceito popularizado pela dupla de pensadores e que trouxe uma perspectiva complementar ao pensamento estratégico convencional: a relevância das competências essenciais organizacionais.

O conceito se insere nesse artigo quando os autores sentenciam que uma empresa, para que seja bem-sucedida em sua intenção estratégica dominante, deve criar vantagens competitivas para o amanhã com mais agilidade do que os concorrentes, quando estes copiam as que essa empresa tem hoje.

Esse objetivo será alcançado por meio das habilidades que uma empresa detém, aliadas à sua capacidade de adquirir e desenvolver outras. Assim, **a capacidade de aprendizado de uma organização é fator crítico de sucesso para o desenvolvimento de competências que lhe confiram diferenciação e superioridade em seu setor de atuação**.

Essa capacidade é definida pelos autores como "a vantagem competitiva mais defensável de todas". Sob essa ótica, as habilidades mais fundamentais de todas para uma organização são as competências essenciais.

É em 1990 que os autores publicam, no mesmo periódico, um novo artigo que se tornaria um dos tratados mais relevantes da história do pensamento sobre administração: "Core Competencies of the Corporation" [As competências essenciais de uma organização]. Esse artigo causou ainda mais repercussão que o primeiro e introduziu, definitivamente, a expressão "competências essenciais" no vocabulário do mundo executivo.

A tese central desse material é que as organizações devem ser vistas como um portfólio de competências, e não um portfólio de negócios como concebidas pelo pensamento estratégico clássico.

De acordo com os autores, esse modelo convencional sempre esteve centrado na relação preço/performance de seus produtos. Tal perspectiva resultou em uma especialização excessiva do trabalho orientada à gestão dos recursos internos, ignorando a essência de uma empresa: o conjunto de suas competências essenciais. Uma das evidências dessa constatação é a formação de organizações estruturadas em Unidades de Negócios (as *Business Units* ou BUs, em inglês), que causam uma fragmentação ainda maior da companhia, comprometendo uma visão multidisciplinar e integrada do negócio.

Toda a estratégia corporativa e arquitetura organizacional devem estar conectadas às competências essenciais da companhia. É essa conexão que definirá todas as decisões estratégicas da organização, como perfil de seus colaboradores, iniciativas de expansão e assim por diante.

Os autores reconhecem que, no curto prazo, a competitividade da companhia derivada dos atributos de preço e performance de seus produtos funciona. No entanto, essa estratégia será cada vez menos importante como fonte de diferenciação. No longo prazo, a competitividade de uma organização vem de sua habilidade de criar, com menores custos e de forma mais rápida que seus concorrentes, as competências essenciais que geram produtos superiores e inesperados pelo mercado.

A verdadeira fonte de vantagem competitiva sustentável está na capacidade da administração de consolidar tecnologias e habilidades em toda a empresa, traduzindo-as em competências que permitam capacitar seus colaboradores e prepará-los para adaptar-se rapidamente às novas oportunidades.

Competência essencial é definida como o aprendizado coletivo da organização; sua capacidade de coordenar diversas habilidades de produção e a organização do trabalho; e a harmonização dos fluxos de tecnologia.

Uma competência essencial deve ter três características fundamentais:

a) **Prover potencial acesso a uma ampla variedade de mercados.**
b) **Oferecer uma contribuição significativa para que o consumidor perceba os benefícios do produto final.**
c) **Dificultar sua imitação.**

Para gerar valor, uma competência essencial deve resultar em um produto superior ou na formação de custos, significativamente, mais baixos do que os da concorrência.

Uma arquitetura estratégica baseada em competências essenciais, de acordo com essa tese, contribui decisivamente para a construção de uma vantagem competitiva sustentável para a organização e é elemento fundamental para sua diferenciação, já que não pode ser facilmente copiada pelos competidores.

A visão das competências essenciais traz consigo um maior empoderamento do indivíduo, já que ele é o protagonista do desenvolvimento das habilidades requeridas para a diferenciação da companhia. É o indivíduo que influencia na concepção e estruturação dessa estrutura e nos rumos da organização. Essa é uma perspectiva bastante distinta da visão de Porter.

É importante reconhecer os desafios de estabelecer um limite claro e formal para a tese de Prahalad e Hamel. A propósito, as principais críticas recebidas pelos autores e sua obra foram, justamente, referentes à carência de um maior rigor metodológico.

Diferentemente do pensamento porteriano, que se traduz em esquemas e modelos racionais, as teses de Prahalad e Hamel são muito mais fluidas e orgânicas. Note como, mais do que perspectivas autorais sobre determinada tese, trata-se de uma diferença de visões entre a estratégia como posicionamento e a estratégia como processo de aprendizado.

Está claro que esta última traz consigo uma maior flexibilidade de interpretações e derivações que não agrada àqueles que têm uma predileção a um pensamento mais metodológico, estruturado, que, como contraponto, caracteriza-se por uma rigidez que não combina com transições e evoluções de mercado.

Temos de encarar todas essas derivações como uma evolução do pensamento estratégico. Da orientação para eficiência operacional, passando pelas perspectivas de Drucker e da BCG, pelo pensamento de Porter e, finalmente, chegando aos conceitos de Prahalad e Hamel, todas essas referências fazem parte de uma única construção que, cumulativamente, leva às definições estratégicas tais como as conhecemos.

Prahalad e Hamel abriram caminho para inúmeros outros pensamentos sobre estratégia que surgiram. Mesmo considerando que após 1995 não houve nenhum nome de peso ou obra que causasse tanta repercussão quanto o pensamento dos autores, houve outras referências derivadas das originais que são a base para a migração da estratégia em um outro patamar até chegar aos dias atuais.

A MIGRAÇÃO DA ESTRATÉGIA

A convicção sobre a necessidade de construção de um novo pensamento sobre estratégia, complementar ao que estava consolidado, não se forjou do dia para a noite. Essa visão foi se fortalecendo de acordo com a própria evolução do ambiente empresarial e o incremento do repertório e conhecimento sobre gestão.

Em 1983, Drucker (sempre ele) escreveu no prefácio da nova edição do já citado *Uma era de descontinuidade* sua interpretação para descontinuidades, apontada originalmente em sua obra no final da década de 1960. O pensador define como descontinuidades as grandes mudanças subjacentes à realidade social e cultural, cujas manifestações tendem a ser violentas e espetaculares, como são as revoluções. As descontinuidades desenvolvem-se gradual e calmamente, e passam despercebidas para a maioria das pessoas. Em certo momento, no entanto, saem à superfície, como lava de vulcão, para mudar para sempre a paisagem da realidade.

Não à toa, Drucker propalava aos quatro cantos – por exemplo, em conversas pessoais que teve com José Salibi Neto, um dos autores desta obra – seu desconforto com a visão estática da estratégia porteriana, que não dava conta de lidar com a instabilidade de um ambiente em transformação, um ambiente de descontinuidades.

Na esteira do sucesso da obra de Prahalad e Hamel, surgiram novas teses estratégicas. Algumas conquistaram certa notoriedade, porém esses conceitos estavam muito mais ancorados no novo e promissor mercado do management do que comprometidos em trazer um pensamento original para a gestão.

Uma boa demonstração desse movimento aconteceu em 1993 com o lançamento da obra *Reengineering the Corporation* [Fazendo a reengenharia das corporações], de Michael Hammer e Jim Champy. A obra e o conceito lançado pelos autores tiveram um boom, com o livro chegando a vender mais de 3 milhões de exemplares em todo o mundo e permanecendo mais de um ano na lista dos mais vendidos do *The New York Times*.

Da mesma forma como o movimento surgiu, no entanto, desapareceu, pois, com o tempo, a despeito de ter o mérito de ser a primeira tese da administração a aliar tecnologia com gestão, definindo que a reinvenção dos processos poderia acontecer de forma mais otimizada por meio dessa nova ciência, houve a percepção de que se tratava de "mais do mesmo", uma roupagem nova para os mesmos conceitos de fortalecimento da eficiência operacional e do taylorismo, utilizando a revisão de processos e tecnologia como recursos para essa adaptação.

O único ponto a se lamentar é que inúmeras empresas, em todo o mundo, interpretaram de forma equivocada o conceito como sinônimo de achatamento dos níveis hierárquicos, acúmulo de funções e outras estratégias similares. O resultado da adoção dessas práticas foram movimentos de demissões em massa e a corrida posterior para recuperar o tempo perdido, já que houve importante perda de capital intelectual e, paradoxalmente, competitividade nas empresas que adotaram essa visão devido a sua desassociação com a dinâmica dos mercados.

No mesmo período em que Prahalad e Hamel lançaram a sua obra, um professor canadense começou a popularizar sua ruidosa e polêmica crítica ao estático pensamento estratégico tradicional. Henry Mintzberg ficou conhecido como um dos pais da escola da estratégia como processo de aprendizado. Sua obra *The Rise and Fall of Strategic Planning* [Ascensão e queda do planejamento estratégico], publicada em 1994, enuncia o final do processo de formulação do planejamento estratégico tal qual estava consolidado na época. Segundo o autor, o planejamento estratégico está desatualizado assim que terminado. O pensador reconhece a importância dessa instância na formulação e reflexão dos rumos da gestão, porém sentencia que planejamento em demasia pode levar a organização ao caos.

Para dar conta desse processo, Mintzberg define, em um pensamento que seria aprofundado na sua obra futura *Strategy Safari* [O safári da estratégia], publicada em 1998, que a estratégia, como um processo de aprendizado, é formulada pelos estrategistas e formada pelos impactos que recebe do ambiente em um movimento contínuo e dinâmico.

Os motivos dessas novas interpretações estão relacionados à dinâmica dos mercados. Não à toa, no mesmo ano, em 1994, é lançado um livro que, ofuscado pelo êxito da obra de Prahalad e Hamel, não adquiriu a repercussão que deveria: *Hypercompetition: Managing the Dynamics of Strategic Maneuvering* [Hipercompetição: administrando as dinâmicas da manobra estratégica], de Richard D'Aveni.

O professor da Tuck School of Business vai direto ao ponto e é o pioneiro ao apontar os efeitos do acirramento da concorrência nas dinâmicas estratégicas. Sua obra foi a pioneira em sustentar que não existem mais vantagens competitivas duradouras cuja busca é a essência do pensamento estratégico tradicional. Em vez disso, temos um ambiente em que as vantagens devem ser continuamente criadas, corroídas, destruídas e recriadas por meio do que ele chama de manobras estratégicas.

Essa perspectiva coloca em foco uma das críticas recorrentes ao modelo de Michael Porter: sua pouca flexibilidade e adaptabilidade ao meio. Na medida em que são necessários movimentos estratégicos constantes e fluidos, o processo deve ser muito mais dinâmico e conectado à evolução dos mercados em um ambiente altamente competitivo.

A introdução do pensamento de D'Aveni evidenciou, mais uma vez, o fortalecimento de um movimento de certa comoditização das estratégias estáticas que, devido ao alto nível de acirramento da concorrência, são mais facilmente copiáveis. Com isso, a pouca flexibilidade no processo de reflexão estratégica resulta em fragilidade perante organizações que são mais ágeis em entender as dinâmicas dos mercados (como as já citadas, companhias orientais em sua invasão ao Ocidente nos anos 1980/90).

Era o início de um sistema que só se fortaleceria ao longo dos anos seguintes nos quais vantagens competitivas derivadas de atributos de produtos ou apenas da eficiência operacional das companhias iriam se mostrar menos sustentáveis do que se imaginava.

O resultado dessa reflexão derivaria para uma constatação clara: para uma empresa dominar seus mercados, ela deve refletir e implantar, continuamente, novas práticas e estratégias. Ou seja, deve ser capaz de inovar.

Historicamente, inovação e estratégia têm sido encaradas como disciplinas separadas. Enquanto a visão clássica de estratégia a entende como o movimento para encontrar uma posição favorável em um setor específico e explorar uma vantagem competitiva duradoura (a visão da estratégia como posicionamento), a inovação era concebida como o movimento para criação de novos negócios em um espaço distinto do conjunto essencial de atividades da organização.

Já na década de 1960, Drucker enunciava a importância de pensar em novos termos para a inovação quando enfatizava que, devido às descontinuidades, todas as empresas deveriam estar abertas ao futuro, sabendo que ele não pode ser conhecido e que será diferente do presente. A chave para a inovação, segundo o pensador, era o abandono – não só porque ele liberta os recursos desnecessários, mas porque estimula a "procura do novo que substituirá o velho".

As palavras do maior pensador da administração moderna, no entanto, foram ignoradas pelo status quo até que, em 1995, um professor da Harvard Business School publicou um artigo na *Harvard Business Review* e colocou o tema, pela primeira vez, em evidência no mundo empresarial.

Clayton Christensen evidenciava em seu pensamento os riscos de as organizações focarem excessivamente seus esforços na eficiência operacional e nas melhorias de processos em um ambiente em mutação. O autor introduziu o termo "inovação de ruptura" (*disruptive innovation*, no original) para simbolizar um processo de transformação que cria uma nova solução e não é, apenas, uma melhoria incremental da original.

O artigo teve grande repercussão e derivou na principal referência original sobre inovação corporativa: a obra *O dilema da inovação*.

No livro, o autor demonstra como grandes empresas têm a tendência de investir seus recursos de pesquisa e desenvolvimento em iniciativas incrementais que, como consequência, gerarão avanços incrementais e manterão, assim, o padrão de resultado do próprio mercado acrescido de seu crescimento orgânico.

Para que as organizações consigam transformar seu negócio, é necessário um pensamento mais disruptivo baseado em uma solução original. Dessa forma, será possível a geração de resultados superiores ao padrão atual.

A ideia principal do pensador é que em um ambiente em mudanças cada vez mais velozes, as práticas da boa gestão, base da tradicional visão estratégica derivada da busca pela eficiência operacional, podem levar a empresa ao fracasso. Com essa visão, o autor prenunciou um movimento que se evidencia nos dias atuais com uma clareza translúcida e que foi enunciado por John Chambers, CEO da Cisco durante vinte anos, em sua obra *Connecting the Dots* [Ligando os pontos], publicada em 2018: muitas empresas estão sucumbindo não por fazer coisas novas, mas por fazer a mesma coisa, com excelência, durante muitos anos.

Em termos estratégicos, essa nova perspectiva sentenciava a necessidade de integrar de uma vez por todas inovação e estratégia em um único sistema, deixando de segregar à primeira as áreas de P&D de uma organização repletas de cientistas e profissionais técnicos especializados. A inovação deve permear todo o ambiente corporativo, estando introjetada em todas as práticas e processos.

Não à toa, foi nesse período que o mundo já começou a sentir os efeitos do avanço tecnológico e, sobretudo, da evolução ainda gradativa da internet. O pensamento de Christensen introduziu, de forma definitiva, a tecnologia no pensamento estratégico, já que ela potencializa e ajuda a tornar concreto o pensamento inovador original. A tecnologia viabiliza a inovação, e sua onipresença torna esse movimento muito mais democrático e acessível do que no passado.

Esse novo contexto, derivado do aumento exponencial da concorrência e, agora, do avanço tecnológico, resulta na necessidade de sistematização do pensamento sobre inovação nas organizações, uma referência distinta do modelo vigente, no qual a prática era realizada de forma errática e inconstante. Pior do que não inovar, segundo o autor, é realizar essa atividade sem consistência, pois esse comportamento gera na organização uma convicção de que esse processo não é sustentável e contamina o sistema de pensamentos da empresa, sua cultura organizacional.

O pensamento de Christensen começou a se expandir por todo ambiente empresarial. Como não poderia ser diferente, as primeiras empresas a adotar as teses do autor foram as companhias de tecnologias, que passavam por um forte processo de expansão em um movimento que só viria a se acelerar.

Um dos líderes influenciados pelo autor foi Andy Grove, já citado na Apresentação deste livro, um dos primeiros funcionários da mítica Intel. Ele assumiu a presidência da empresa em 1979 e construiu uma bem-sucedida carreira, sendo reconhecido como um dos executivos mais instigantes da era contemporânea dos negócios.

Grove credita ao pensamento de Christensen a recuperação da companhia, que quase veio a falir devido à sua dificuldade em transformar-se, concentrando suas energias no negócio de chips de memória em detrimento dos microprocessadores. Quando assumiu esse novo posicionamento estratégico, a organização chegou ao topo do ranking das empresas mais valiosas do planeta.

O presidente da Intel, na época, tinha uma forte relação com educação, tendo concluído seu Ph.D. no fim da década de 1960.

Sua obra, *Só os paranoicos sobrevivem*, transformou-se em uma espécie de guia para os líderes da nova geração e apresenta, definitivamente, as bases para um pensamento estratégico muito mais flexível (daí vem a provocação de só os paranoicos sobreviverem), fruto de um ambiente volátil em que a vantagem competitiva duradoura é um objetivo cada vez mais raro e a inovação, o principal motor de transformação para as organizações líderes.

Não deixa de despertar curiosidade a constatação de que, do lançamento da obra de Grove até a primeira década dos anos 2000, nenhum pensamento original tenha emergido para lidar com as transformações de um ambiente que já se encontrava em um movimento frenético, apontando o que seria a ebulição pela qual o mundo passaria nos dias atuais.

Como apontamos em *Gestão do amanhã*, essa lacuna é mais uma evidência de como o ambiente acadêmico não está conseguindo catalisar todas as mudanças de uma nova era e continua, da mesma forma que antes do surgimento da estratégia com Michael Porter, aferrado a convicções que já não apresentam os mesmos resultados.

Só em 2013 Rita McGrath, professora da Columbia Business School, publicou um livro que tem a coragem de encarar o status quo apontando as fragilidades do pensamento estratégico tradicional, sobretudo o porteriano. A professora publicou *The End of Competitive Advantage* [O fim da vantagem competitiva], em que enuncia com clareza os motivos pelos quais estamos em um ambiente em que as tradicionais barreiras de entrada de setores e organizações simplesmente derreteram devido à hipercompetitividade influenciada pela revolução tecnológica.

É inegável reconhecer a influência de Richard D'Aveni no pensamento da professora McGrath, que consegue, em seu livro, trazer um embasamento mais estruturado e profundo sobre a tese.

Como todo pensamento evolutivo, é imperativo reconhecer que os conceitos que deram origem à obra são frutos de artigo publicado anteriormente, em 1995, na *Harvard Business Review*, em parceria com Ian MacMillan, com o título "Discovery-Driven Planning" [Planejamento orientado a descobertas]. Nele, os autores analisam as implicações do fim da vantagem competitiva sustentável para a estratégia.

O argumento central desse material é que o estrategista, em vez de ter um pensamento estático tornado tangível na elaboração de planos estratégicos de longo prazo (como eram os tradicionais planos quinquenais que apontavam um planejamento para os próximos cinco anos da empresa), deve adotar uma concepção da vantagem competitiva como um efeito volátil e refletir sobre suas iniciativas estratégicas em ondas, sempre planejando e lançando novas ações para buscar liderar esses movimentos.

A correlação com o pensamento de Christensen é explícita, já que essas ondas nada mais são do que o fruto do pensamento inovador. Elas justificam a sistematização do processo de geração de inovações que vão tornar possível essa liderança mais efêmera por definição.

O pensamento de McGrath e MacMillan introduziu, definitivamente, a integração de inovação e estratégia no mesmo sistema por meio da visão da vantagem competitiva transitória.

Em *O fim da vantagem competitiva*, McGrath fundamentou essa tese e trouxe uma nova perspectiva que começava a se consolidar no ambiente empresarial, principalmente devido à ascensão de novos líderes corporativos representados por empresas que, outrora, eram meras startups – como Google e Amazon, entre outras até então pouco conhecidas do grande público.

Um dos pressupostos estratégicos que a autora defende é a necessidade de confrontar a clássica visão de Michael Porter sobre os setores de atuação (ou indústrias, no original) como a principal medida da estratégica corporativa, já que isso representa a definição central do posicionamento competitivo da empresa. De acordo com o pensamento de McGrath, é preciso desconstruir a perspectiva de que a concorrência intrassetorial constitui a ameaça competitiva mais importante para as organizações. É necessário um novo nível de análise que reflita com maior detalhamento a relação entre segmentos de mercado e outros atributos, já que as barreiras de entradas de acesso a novos setores não existem mais com a mesma intensidade e clareza que no passado.

Para dar conta dessa nova perspectiva, McGrath resgata a visão introduzida por D'Aveni, que define que as companhias, em vez de orientar sua expansão pensando em termos de segmento, devem refletir sobre o conceito de arenas. Isso porque mercados não são definidos pela categoria dos produtos ou serviços oferecidos pelas organizações que neles atuam, mas pelo comportamento de seus consumidores e pelas demandas que estes esperam que sejam atendidas.

Em uma terminologia já adotada há meio século por Drucker e resgatada por Clayton Christensen para a atualidade, McGrath recuperou o conceito de *Jobs to Be Done* – algo como a atividade a ser executada, em português. De acordo com essa tese, **as organizações devem se concentrar em suas arenas de atuação que têm como elemento central**

o atendimento às demandas das atividades que seus clientes devem e desejam executar em detrimento das especificidades de sua oferta.

Esse pensamento era um prenúncio da base de uma nova visão estratégica, que já começava a dar os primeiros passos com a evolução da empresa como plataforma de negócios que evoluem de acordo com o *Jobs to Be Done* de seus clientes (tema que exploraremos em mais profundidade mais adiante).

A evolução do Google já demonstrava que a visão estática baseada no seu posicionamento no setor de atuação da organização era uma abstração para uma empresa que começou seu negócio como um buscador e já expandia seus tentáculos, com sucesso, para o negócio de mídia, sistemas operacionais móveis, mapeamento, reconhecimento de voz e outras novas e distintas frentes de atuação.

O crescimento da Amazon como plataforma de negócios já era uma realidade e, em 2013, a companhia fundada em 1997 já se posicionava como a "loja de tudo", atuando em setores tão diversificados como vestuário, calçados, artigos esportivos, materiais de construção e um negócio que já se consolidava como sua galinha dos ovos de ouro: a Amazon Web Services, que oferece serviços de computação na nuvem para empresas. Se Jeff Bezos, fundador da companhia, pensasse em termos do posicionamento competitivo de Porter e seus *trade-offs*, a Amazon talvez se consolidasse "apenas" como a maior livraria on-line do mundo, nunca como a potência que em 2019 dominou 47% de todas as vendas de e-commerce do mercado americano, o maior mercado de consumo do mundo.

Essas e outras emergentes organizações expandiam aceleradamente seus negócios de acordo com a observação atenta da evolução de seu cliente, em uma conexão essencial para suas estratégias. Essa orientação preteria a visão estática de setores de atuação que têm como centro de gravidade a categoria da oferta da organização na formação de mercados específicos e bem delimitados.

Alguns anos antes da publicação de McGrath, um grupo de professores incomodados com a passividade da academia em relação a esse novo mundo e contaminados pela revolução das startups de tecnologia no Vale do Silício decidira fundar um novo modelo educacional. Em 2008, Peter Diamandis e Ray Kurzweil fundaram a Singularity University aproveitando um espaço existente na NASA Research Park na Califórnia.

Esse grupo começou a enunciar novos tratados para o mundo dos negócios e causar influência, sobretudo, no ambiente regional do empreendedorismo digital concentrado na região do Vale do Silício. A abrangência do projeto, no entanto, explodiu com a popularização de uma obra de autoria de um dos cofundadores, que causou grande repercussão junto à comunidade executiva. No final de 2014, Salim Ismail publicou *Organizações exponenciais*, juntamente com Michael S. Malone e Yuri Van Geest.

O principal fundamento da obra é que nenhuma organização ou líder estão preparados para acompanhar o ritmo das mudanças em um ambiente cada vez mais complexo, ambíguo, volátil e incerto (note o início da popularização do termo VUCA, sobre o qual que comentamos na Apresentação). A única solução é criar algo radicalmente novo. De acordo com as palavras do autor, "uma nova visão da organização que seja tão tecnologicamente inteligente, adaptável e abrangente quanto o novo mundo em que vai operar".

Na obra, Ismail apresenta as bases para a formação das chamadas organizações exponenciais requeridas em um cenário cuja velocidade das transformações cresce exponencialmente.

Com o tempo, o pensamento do autor, bem como os projetos educacionais da Singularity University, causou profundo impacto no ambiente empresarial. Hordas de líderes corporativos do mundo todo invadiram a sede da organização educacional em busca do entendimento desse novo ambiente. Peter Diamandis, Ray Kurzweil e Salim Ismail foram alçados à posição de astros do mundo do management mundial.

As contribuições dos pensadores e sua obra foram essenciais para a evolução do pensamento sobre estratégia – a despeito de os autores não se dedicarem, especificamente, à construção de um tratado estratégico que dê conta do contexto retratado por eles.

O ambiente empresarial, no entanto, de forma autônoma e, até por que não dizer, intuitiva, começou a testar novas formulações estratégicas mais alinhadas com o novo contexto. Nesse sentido, passou a emergir um modelo que estaria presente em sete das dez maiores empresas mundiais em valor de mercado de 2018: a estratégia da empresa como plataforma de negócios.

Tivemos a oportunidade de fazer parte dos precursores a explorar esse tema quando publicamos na edição de maio/junho de 2016 da revista *HSM Management* o artigo "A empresa como plataforma de negócios". Nele, já impactados pelo movimento que percebíamos com força, enunciamos o conceito do modelo segundo nossa interpretação.

Definimos que **uma plataforma de negócios, sob a ótica do mundo contemporâneo, representa a reunião de um conjunto de negócios subordinado a uma estratégia única que, ancorado nas competências centrais da organização, constrói afinidade e relacionamento com sua comunidade de clientes**, retroalimentando o sistema com os insumos gerados pelas interações entre todos os agentes do ecossistema.

Essa perspectiva estende o conceito de uma empresa como plataforma de negócios para todos os segmentos da economia, e não apenas para o ambiente digital.

Voltamos a explorar o modelo com mais profundidade em *Gestão do amanhã*, reconhecendo que se trata de um conceito recente no ambiente empresarial. Até pouco tempo atrás, o termo não tinha sentido claro no mundo corporativo. Tanto é que não existe, em nenhum dicionário tradicional ou até mesmo no Google ou na Wikipedia, uma definição formal para a expressão "plataforma de negócios".

No entanto, com o surgimento de novas empresas e projetos organizados em plataformas digitais que atingiram êxito avassalador no ambiente corporativo, não só o termo, mas o modelo atingiu grande repercussão.

Os professores Geoffrey G. Parker, Marshall W. Van Alstyne e Sangeet Paul Choudary ofereceram contribuição decisiva para a nova conceituação a esse respeito com a publicação, em 2016, da obra *Plataforma: a revolução da estratégia*.

Influenciados pelo êxito de negócios como Uber, Airbnb, Facebook, entre outras organizações novas e bem-sucedidas, os autores definem plataforma como um espaço que viabiliza interações de valor entre produtores e consumidores externos. A plataforma oferece infraestrutura para essas interações e estabelece suas regras de funcionamento. **O principal objetivo de uma plataforma é viabilizar o contato entre seus usuários e facilitar a troca de bens, serviços ou "moedas sociais", permitindo assim a criação de valor para todos os participantes.**

É inegável que a visão explorada nesse pensamento traz uma forte correlação com o ambiente digital, o que até hoje se configura em uma ameaça à adoção do modelo por outras organizações tradicionais. Estas entendem, equivocadamente, que o conceito só se aplica a empresas de tecnologia ou que atuam nesse contexto virtual.

É evidente que essa correlação faz sentido na medida em que o êxito desse modelo de negócios só foi possível graças à união da tecnologia com a internet. Foi esse fenômeno que proporcionou a construção de ambientes que reúnem, no mesmo local, inúmeros agentes da cadeia de valor da organização que realizam infindáveis interações entre si, gerando informações qualificadas que são extraídas e decodificadas, produzindo insights e ações que aumentam a sintonia com toda a comunidade. É um círculo virtuoso que cresce exponencialmente.

Por outro lado, conforme articulado no artigo de nossa autoria e como a evolução do ambiente empresarial tem comprovado, o conceito deve extrapolar o modelo adotado por organizações digitais e se expandir para além das fronteiras desse universo, já que a nova dinâmica dos mercados impacta tudo e todos.

Chegando aos dias atuais, fica claro que os novos e inovadores movimentos de mercado protagonizados por novos *players*, ao mesmo tempo que antigos líderes saem de cena (como um jogo de xadrez corporativo), trouxe a convicção definitiva de que se fazem necessáriaa uma nova interpretação e conceituação sobre estratégia para lidar com os inéditos desafios que têm fundamentos estruturantes.

Como demonstramos, não se trata de destruir ou deixar de levar em consideração tudo o que foi arquitetado e implantado com êxito por mais de século. Trata-se, sim, de uma visão evolutiva que complementa todo o pensamento já estruturado com uma visão mais alinhada à contemporaneidade.

De qualquer forma, é forçoso reconhecer que temos de nos desgarrar de pensamentos e conceituações antigas que nos aferram a um contexto que já não existe, que nos deixa presos em um mundo em extinção. Como já dizia o célebre pensador Alvin Toffler: "É necessário aprender a desaprender para aprender novamente".

O novo tratado estratégico se fundamenta em um pensamento que é fruto desse desapego sem, no entanto, desperdiçar as oportunidades contidas em todo o processo evolutivo do management. Não à toa, um dos principais protagonistas desse novo pensamento continua sendo o memorável Peter Drucker.

Para a construção desse novo conceito, é necessário fundamentarmos suas bases, mostrando o que deve ser revisto e descartado, e o que deve ser incorporado.

Vamos, então, às bases desse novo tratado estratégico corporativo.

Uma plataforma de negócios, sob a ótica do mundo contemporâneo, representa a reunião de um conjunto de negócios subordinado a uma estratégia única que, ancorado nas competências centrais da organização, constrói afinidade e relacionamento com sua comunidade de clientes.

CAPÍTULO 4:
AS BASES PARA UM NOVO TRATADO ESTRATÉGICO

No final da década de 1960, quando Peter Drucker lançou a obra *Uma era de descontinuidade*, ambos já citados mais de uma vez por aqui, ele enunciou as quatro áreas que estavam passando por descontinuidades:

a) Tecnologias genuinamente novas ("As próximas décadas de tecnologia se assemelharão mais às últimas décadas do século XIX – nas quais, em cada poucos anos, surgia uma grande Indústria de nova tecnologia – do que à continuidade tecnológica e industrial dos últimos cinquenta anos").

b) Grandes mudanças na economia mundial ("O mundo tornou-se um único mercado").

c) O padrão de vida social e política está mudando rapidamente para o de uma sociedade pluralista.

d) A mais importante das mudanças é a importância do conhecimento como capital e principal recurso da economia.

A despeito de essa análise remontar a mais de cinquenta anos, os vetores da descontinuidade, termo que é sinônimo do badalado "transformação" tão onipresente atualmente, são mais contemporâneos do que nunca.

A sociedade passa por um processo de mudança e ruptura inéditos em sua história, e os reflexos para o mundo corporativo são sentidos de forma latente, como já exploramos (empresas lendárias se tornando irrelevantes, novos líderes emergindo, inovações por todo lado etc.). Se na década de 1960 o principal pensador do management mundial já

alertava para a necessidade da introdução de uma filosofia mais flexível para a gestão das organizações, imagine seus efeitos nos dias atuais.

Paradoxalmente, no entanto, ao mesmo tempo que líderes e executivos reconhecem os impactos dessas transformações, eles apresentam imensa dificuldade em se adaptar ao novo e tendem a ficar aferrados a suas convicções tradicionais.

Por mais clichê que seja, um dos mantras dessa nova era é que é mais perigoso ficar parado do que se movimentar. As passagens de bastão dos líderes da nova economia mostram, claramente, essa perspectiva. **Reiterando: empresas não estão se tornando irrelevantes por testar coisas novas, mas sim por fazer, com excelência, a mesma coisa durante muito tempo.**

Um dos terrenos mais férteis dessa paralisia, inegavelmente, é o campo da estratégia. Como demonstrado, o modelo vigente está fundamentado em estruturas e práticas que foram bem-sucedidas décadas atrás, já que obedeciam e eram adaptáveis à dinâmica desses mercados.

O foco excessivo na prática – quase generalizada nas grandes corporações – de elaboração de seus planejamentos estratégicos de longo prazo é importante artefato da diferença entre essas dinâmicas. Essa técnica empresarial, orientada ao objetivo de idealizar os efeitos das ações estratégicas para depois de cinco anos, demonstra a convicção de seus atores de que as condições do ambiente nesse período futuro seriam conhecidas e sabidas quando da realização do plano.

Não há nada mais ilusório do que essa convicção em um cenário em que temos dificuldades de enunciar o que será do mundo daqui a alguns meses, já que novas tecnologias, soluções e empresas explodem – sem exagero algum – diariamente no mundo empresarial.

A imobilidade, e não a mudança, é o estado mais perigoso em ambientes competitivos altamente dinâmicos.

Rita McGrath, na já citada obra *O fim da vantagem competitiva*, explora os riscos gerados pela manutenção da estabilidade nos processos decisórios e reações da companhia. A tendência pela manutenção do status quo leva à inércia e à dificuldade de refletir sobre mudanças nos modelos de negócios vigentes da empresa. Ela faz com que as empresas caiam na rotina e nas garras dos hábitos mentais. Cria condições para disputas de territórios e engessamento organizacional. Fortalece a instância política em que ganham importância as questões relacionadas ao poder dentro da empresa. E o mais perigoso para um ambiente em transformação: a estabilidade inibe a inovação, pois encoraja a diminuição da predisposição por tomar riscos na organização.

Todo esse sistema desemboca em uma cultura que tende a promover a negação e a resistência ao novo em detrimento da reflexão sobre uma nova arquitetura estratégica.

Essa negação é alimentada por um comportamento de autoengano em que líderes justificam a não mudança com afirmações como "na realidade, tudo continua da mesma forma. Nada está mudando de fato"; "tudo isso é modismo passageiro. Uma onda que vai passar"; "aqui as coisas são diferentes e funcionam de outra forma" etc.

Essa interpretação do mundo representa, em muitas situações, o começo do fim, na medida em que não é reconhecido que parte expressiva das transições de mercado é sinônimo de ameaça representativa. Quando esse líder acomodado se der conta de sua percepção equivocada, poderá ser tarde demais para qualquer reação.

Se essa reflexão já era anacrônica em anos recentes, no mundo pós-Covid-19, ela ganha contornos de uma miopia que resvala para uma quase cegueira organizacional.

O novo tratado estratégico tem como fundamento uma visão muito menos determinista dos vetores que influenciam a gestão.

A perspectiva clássica, muito lastreada no controle de todos os elementos corporativos, está relacionada a um ambiente de escassez de recursos, com níveis de concorrência em índices infinitamente menores que os atuais. Nesse contexto, o controle da cadeia de valor em busca de um posicionamento superior tornava-se uma estratégia absolutamente exequível e recomendada para as grandes empresas.

Na atual economia de abundância, com a pressão competitiva em níveis inéditos, essa busca é restrita, cada vez mais, a raros setores de atuação que ainda representam uma dinâmica que favorece os monopólios. A tecnologia potencializa o efeito da competição em toda a economia, requerendo um pensamento estratégico menos estático, mais flexível e altamente adaptável a um mundo líquido que muda seus contornos com uma frequência crescente.

A nova dinâmica dos ambientes, que resulta no fim da vantagem competitiva sustentável, traz consigo a necessidade de quebra de paradigmas que se consolidaram como verdadeiros tabus ao longo de décadas.

As famosas e tradicionais barreiras de entrada que visam isolar a organização líder aumentando seu poder de barganha junto a clientes, fornecedores e competidores estão entre esses conceitos que não perdem relevância, mas merecem revisão em um ambiente no qual organizações que convencionalmente seriam concebidas como competidoras entre si atuam em conjunto, criando valor mútuo e enriquecendo o ecossistema.

O termo "copetição" emerge para traduzir essa nova dinâmica de colaboração com competição. Sua representação mais evidente na nova economia são os marketplaces, espaços onde empresas concorrentes do proprietário da plataforma interagem de forma interdependente para comercializar seus produtos ou serviços (mais adiante, exploraremos a origem desse modelo em mais detalhes). Atuar em conjunto com o competidor na geração de um ambiente que cria valor relevante aos clientes gera dividendos maiores do que a perda potencial de receita de uma atuação isolada.

Da mesma forma, a análise focada exclusivamente na linearidade da cadeia produtiva mostra-se incompleta, pois desconsidera os benefícios das interações do efeito rede e pode resultar em prejuízos irrecuperáveis para a estratégica do negócio, além de colocar em risco sua longevidade. A melhor metáfora para entender uma cadeia de valor não é mais horizontal, e sim a de um ecossistema multifacetado repleto de interações. O domínio e controle desse sistema é substituído pela gestão e influência dos agentes dessa rede.

A visão das forças competitivas de Michael Porter deve absorver outros elementos de análise para se adequar à nova dinâmica corporativa.

Como exploramos, a tradicional estratégia de ganho de competitividade está muito ancorada na visão dos chamados *trade-offs*. A relevância desse conceito para seu pensamento é tamanha que o autor sempre fez questão de definir que o ponto crítico de toda estratégia é o ato de fazer escolhas.

Os *trade-offs* de Porter criam a necessidade de escolha e impõem limites àquilo que a empresa oferece.

Essa concepção é valiosa em um contexto no qual o foco e a especialização extrema eram atributos valiosos, já que o nível de concorrência estava circunscrito aos competidores do mesmo setor de atuação da organização.

Mas, em um ambiente no qual as transições de mercado são mais perigosas do que a liderança de um segmento em específico, a imposição de limites pode ser um detrator do crescimento do negócio e frágil para protegê-lo quanto a novas ameaças. **A definição do setor de atuação como principal nível de análise do posicionamento do líder hoje foi substituída por uma visão abrangente dos espaços de atuação, como as arenas competitivas.**

A tecnologia derrubou os limites de acesso a diversos ativos estratégicos relevantes, como canais de distribuição, diversificação de portfólio, exclusividade no acesso a insumos relevantes, entre outros. Como consequência dessa abundância de recursos, o novo tratado estratégico deve trazer uma nova interpretação para a expansão e o crescimento da organização além de seus limites convencionais.

É imperativo esclarecer que não se trata de desprezar os efeitos positivos advindos da reflexão estratégica sobre os *trade-offs*. A ponderação é que essa tese, levada ao extremo, tem feito organizações hipervalorizarem o foco em iniciativas mais estreitas, oferecendo espaço para concorrentes mais ágeis dominarem seus mercados, como aconteceu nos segmentos de varejo com a dominância da Amazon em relação aos antigos líderes do setor como Walmart, em turismo com Airbnb, na mídia com Google e Facebook, entre tantos outros movimentos similares. O conceito do *trade-off*, quando adotado de forma inflexível e sem uma ponderação quanto à dinâmica dos mercados, retorna a organização ao foco na eficiência operacional, modelo que, como vimos, remonta ao distante período da Primeira Revolução Industrial.

O novo tratado estratégico deve considerar os efeitos advindos da tecnologia, que permitem que uma empresa consiga aliar foco com abrangência. Em vez de centrar seus esforços no controle da cadeia de valor e ganhos de escala advindos da oferta, a orientação migra para os ganhos de escala advindos da demanda; assim, quanto maior for a amplitude da ação da organização, maiores são os benefícios advindos de sua rede de relacionamentos. Essa amplitude não se restringe à comunidade de clientes, mas engloba todos os agentes que interagem com a organização como concorrentes, fornecedores e sociedade, gerando conexões de valor. A abrangência dessa rede de relacionamentos resultará em menores custos de operação, com estruturas mais líquidas e menos alavancadas, e mais condições de atender com excelência os clientes, fundamentos para a arquitetura de uma vantagem competitiva transitória.

Outra reflexão acerca da distinção do novo pensamento estratégico em relação ao tradicional diz respeito à influência do ser humano. Um ambiente instável e incerto demanda o estímulo a novas visões e perspectivas. O potencial criativo do indivíduo deve ser estimulado e promovido a protagonista no processo de formulação estratégica. A originalidade e experiência dos indivíduos que participam do dia a dia do negócio é um recurso indispensável em um ambiente de poucas certezas e fomento à inovação.

A ponderação sobre a relevância de alçar o indivíduo a protagonista desse contexto não se restringe ao colaborador e expande seus tentáculos ao cliente. Não há hipótese de uma formulação estratégica em um cenário de alta competitividade e volatilidade que não coloque esse agente no centro da jornada de criação de valor da empresa.

O termo *customer centricity*, tão adotado em todas as nossas obras recentes, simboliza a nova relação das companhias com seus consumidores. Não se trata mais de colocar o foco no cliente, e sim de promover esse ator ao posto central em *todas* as reflexões estratégicas da organização. É um movimento inegociável que resgata a premonitória visão de centrar os esforços no entendimento do *Jobs to Be Done* de Drucker.

Para dar contar desse desafio, é requerida a destruição de feudos e visões orientadas a processos específicos e particulares. Ao migrar sua atenção para o comportamento do cliente, todos os esforços derivam para essa perspectiva que demanda conhecimento multidisciplinar.

A visão compartimentalizada em que a organização é segregada em especialistas de determinadas atividades é um obstáculo para um pensamento holístico que tem como orientação única o comportamento do consumidor. As organizações líderes da nova geração têm demonstrado, de forma inequívoca, como toda a sua acelerada expansão obedece a essa direção, tornando concreta sua estratégia por meio de novas metodologias de gestão ágeis.

Não existem mais segredos indecifráveis, fórmulas imbatíveis guardadas a sete chaves. A "comoditização da estratégia" resulta em estruturas facilmente copiáveis. Essa máxima vale, inclusive, para o desenvolvimento das competências essenciais, as quais também são passíveis de replicação por concorrentes, seja por sua mimetização, seja por meio da contratação de indivíduos que as detêm.

Não existem mais competências essenciais distintivas. Esse é um processo contínuo e fluido. No passado, habilidades como atrair e reter talentos, inovar continuamente, conquistar e manter a reputação da empresa eram singulares e representavam diferenciação sustentável para quem as detinha. Em um ambiente regido pela transparência da informação e pela alta fluidez, são pressupostos básicos para manutenção da competitividade.

O novo tratado estratégico é uma evolução da escola da estratégia como processo de aprendizado, já que uma das crenças essenciais desse pensamento diz respeito à necessidade de adaptação da organização à alta velocidade das mudanças.

Se nas primeiras fases do pensamento estratégico tivemos as perspectivas da eficiência operacional seguidas pelas escolas do posicionamento e do aprendizado, chegamos ao contexto de uma estratégia que se alimentará de todos os aprendizados advindos da história da gestão, incorporando novos elementos mais conectados com a instabilidade do atual ambiente empresarial.

O foco migra dos processos para as pessoas e das pessoas para o mercado.

A pandemia gerada pelo novo coronavírus oferece sinais inequívocos de que a estabilidade é uma abstração. O novo pensamento estratégico é forjado em um mundo no qual a imprevisibilidade é a constante, e a incerteza faz parte de todas as reflexões organizacionais. Quem não introjetar esse novo sistema de pensamentos corre o temido risco da obsolescência.

Bem-vindo à era da estratégia adaptativa!

LINHA DO TEMPO DA ESTRATÉGIA

1820-1840
Primeira Revolução Industrial e consolidação das organizações estruturadas

1911
Frederick Taylor publica Princípios de administração científica, obra na qual discorre sobre a necessidade de se criar uma nova função, a de "gerente"

1916
Henri Fayol apresenta, em Administração industrial e geral, a sistematização dos princípios básicos da gerência eficaz

Meados de 1960
Popularização do consumo e impulsionamento do empreendedorismo pelo surgimento dos mercados de massa

1962
Alfred Chandler introduz o conceito de estratégia na área empresarial como um novo modelo empresarial baseado em departamentos

1964
Peter Drucker publica a obra Managing for Results e reivindica para si o mérito de ter escrito o primeiro livro sobre estratégia de negócios

1965
Igor Ansoff, em Corporate Strategy, enuncia que o objetivo da estratégia era associar os recursos da empresa às oportunidades de seu ambiente

Bruce Henderson, fundador da BCG, dá origem à primeira consultoria de negócios do planeta

1967
Peter Drucker publica Uma era de descontinuidade, obra na qual discorre sobre a necessidade de mudanças na filosofia de negócios proveniente de um mundo em transformação

1975
Michael Porter publica um relatório de pesquisa intitulado The Structural Analysis of Industries, no qual apresenta a origem de seu pensamento que se tornaria o mais popular: as cinco forças competitivas

1983
Peter Drucker, no prefácio de Uma era de descontinuidade, define como descontinuidade as grandes mudanças subjacentes à realidade social e cultural, cujas manifestações tendem a ser violentas e espetaculares, como são as revoluções

Final da década de 1970
Michael Porter inicia sua carreira acadêmica na Harvard Business School e desenvolve um curso eletivo para MBA baseado em sua tese sobre estratégia e competitividade

Meados de 1980
Michael Porter introduz a visão da adaptação como componente fundamental para a busca da vantagem competitiva

1985
Porter publica Vantagem competitiva: criando e sustentando um desempenho superior. Best-seller, esse livro representa um marco na história da estratégia

1988
Andy Groove publica a obra Só os paranoicos sobrevivem e apresenta as bases para um pensamento estratégico mais flexível, com a inovação como principal motor de transformação para as organizações líderes

Final da década de 1980
O ambiente começa a mudar, com as organizações emergindo com soluções que geravam ganhos de competitividade relevantes por meio de adoção tecnológica

2018

John Chambers publica Connecting the Dots, obra na qual afirma que as empresas não sucumbem por fazer coisas novas, mas por fazer a mesma coisa, com excelência, durante muitos anos

2016

Sandro Magaldi e José Salibi Neto publicam o artigo "A empresa como plataforma de negócios", na revista *HSM Management*. No texto, os autores enunciam o conceito de plataforma de negócios de acordo com sua interpretação

Geoffrey G. Parker, Marshall W. Van Alstyne e Sangeet Paul Choudary publicam Plataforma: a revolução da estratégia, na qual definem plataforma como um espaço que viabiliza interações de valor entre produtores e consumidores externos

2014

Salim Ismail publica Organizações exponenciais, cujo principal fundamento é que nenhuma organização ou líder estão preparados para acompanhar o ritmo das mudanças em um ambiente cada vez mais complexo, ambíguo, volátil e incerto

2013

Rita McGrath publica O fim da vantagem competitiva cuja tese aponta as fragilidades do pensamento porteriano e enuncia com clareza os motivos pelos quais estamos em um ambiente em que as tradicionais barreiras de entrada de setores e organizações simplesmente derreteram devido à hipercompetitividade influenciada pela revolução tecnológica

2008

Peter Diamandis e Ray Kurzweil fundam a Singularity University aproveitando um espaço existente na NASA Research Park na Califórnia

1998

Henry Mintzberg aprofunda na obra Strategy Safari o pensamento de que a estratégia, como um processo de aprendizado, é formulada pelos estrategistas e formada pelos impactos que recebe do ambiente em um movimento contínuo e dinâmico

1997

Derivado de seu artigo anterior, Christensen publica O dilema da inovação, considerada a principal referência original sobre inovação corporativa

1995

Clayton Christensen publica um artigo no qual introduz o termo "inovação de ruptura" para simbolizar um processo de transformação que cria uma nova solução e não é, apenas, uma melhoria incremental da original

Rita McGrath e Ian MacMillan publicam o artigo "Discovery-Driven Planning", no qual analisam as implicações do fim da vantagem competitiva sustentável para a estratégia

1994

Henry Mintzberg publica The Rise and Fall of Strategic Planning, na qual enuncia o final do processo de formulação do planejamento estratégico tal qual estava consolidado na época

Richard D'Aveni publica Hypercompetition: Managing the Dynamics of Strategic Maneuvering, pioneiro ao apontar os efeitos do acirramento da concorrência nas dinâmicas estratégicas

1993

Michael Hammer e Jim Champy publicam Reengineering the Corporation, a primeira tese da Administração a aliar tecnologia a gestão

1990

Gary Hamel e C.K. Prahald publicam o artigo "Core Competences of the Corporation" introduzindo a expressão "competências essenciais" no vocabulário do mundo executivo

1989

Gary Hamel e C.K. Prahald publicam o artigo "Strategic Intent" na *Harvard Business Review* cuja tese é de que as organizações devem aliar sua orientação a geração de riqueza aos acionistas com uma intenção estratégica cujo foco é a liderança no mercado em que atua

Parte 2:

A ESTRATÉGIA ADAPTATIVA

CAPÍTULO 5:
UM JOGO TOTALMENTE DINÂMICO

O ano de 2017 testemunhou no Brasil o avanço rápido dos aplicativos de transporte e locomoção como Uber e 99. Destaque para a startup americana, que, a despeito de ter iniciado sua operação no país em meados de 2014, só mesmo três anos depois conseguiu ter uma capilaridade regional, estando presente em praticamente todas as capitais brasileiras com seu modelo de negócios. O novo serviço foi adotado de forma massificada pela população brasileira, em um movimento que levou o Brasil a ser o segundo maior mercado do Uber em todo o mundo.

Como reflexo desse movimento, o sinal amarelo – quase vermelho – acendeu em um setor que vinha apresentando crescimento consistente ao longo dos últimos anos: o das locadoras de automóveis.

Afinal, se as pessoas têm cada vez mais disponibilidade em utilizar o serviço de transporte dos aplicativos para se locomover, por qual motivo alugariam automóveis?

Uma sombra pairou sobre o setor exatamente quando as principais empresas do segmento preparavam sua abertura de capital seguindo os passos bem-sucedidos da líder Localiza, que realizara a sua em 2005 e tornara-se a maior empresa do segmento na América Latina.

Muitos analistas sentenciavam o declínio desse negócio, que ficaria restrito a um nicho específico de viagens de longa duração ou ao mercado corporativo.

Dois anos após as previsões mais catastrofistas, no entanto, o cenário é totalmente distinto. Entre 2017 e 2019, houve um crescimento de 44% no volume de vendas de automóveis para empresas de locação. As três líderes do setor, Localiza, Unidas e Movida, tiveram um crescimento de mais de 70% em suas receitas no primeiro trimestre de 2019 em relação ao mesmo período de 2018. Nesse período, essas empresas geraram, sistematicamente, lucros recordes em seus negócios.

Afinal de contas, o que aconteceu de tão diferente que não foi mapeado por – quase – ninguém?

A resposta está presente em uma pesquisa da Associação Brasileira das Agências de Locadoras de Veículos (ABLA), publicada no início de 2020, que aponta que um em cada quatro motoristas de aplicativos no Brasil utiliza veículos alugados para trabalhar. Essa participação resulta em mais de 150 mil automóveis destinados a esse negócio em uma evolução que, de acordo com o estudo, só tende a crescer.

O movimento de ascensão dos aplicativos de transporte, encarado inicialmente como um grande detrator e obstáculo ao crescimento das empresas de locação de automóveis, acabou por se tornar um aliado importante e indispensável para sua evolução.

O efeito é tão relevante para toda a cadeia do setor que impactou o negócio das montadoras, que tiveram um crescimento de cerca de 9% na comercialização de veículos em 2019 – impulsionadas, principalmente, pelas vendas diretas para locadoras.

Nesse período, de acordo com a Fenabrave, associação de concessionários de veículos, 46% de todos os emplacamentos no país foram de vendas para frotistas, categoria em que se enquadram as locadoras. Essa mesma participação, em 2012, estava em 25%.

A mudança no padrão do consumidor de seus produtos tem impacto na lucratividade das montadoras no Brasil. Preocupadas, elas testemunham operações com lucros decrescentes ano após ano, já que as vendas diretas às locadoras envolvem uma política de descontos mais agressivos (isso sem contar os efeitos gerados, no período mais recente, pela Covid-19 no setor).

Essa saga, que ainda se desdobrará em muitos outros capítulos, é uma representação para lá de assertiva acerca dos riscos de uma estratégia inflexível em um ambiente em transformação.

Seu resultado tem sido favorável às locadoras de automóveis. Porém, em um primeiro momento, com essas empresas estimuladas pela visão tradicional que reza o premente afastamento de novos entrantes, não foi o que aconteceu.

Se as companhias não tivessem mudado o rumo de suas estratégias rapidamente e observado a oportunidade gerada ao se aliarem a um possível novo concorrente, seguramente não conseguiriam atingir os resultados favoráveis que vêm colhendo.

Por seu turno, as montadoras têm apresentado uma dificuldade incrível em se adaptar a esses novos tempos. Considerando que são as geradoras de um dos principais recursos do serviço oferecido pelos aplicativos de transporte, o automóvel, e que detêm uma rede de distribuição pulverizada em todo o país, suas concessionárias, por qual motivo não usufruíram dos mesmos benefícios de crescimento das locadoras?

Essa provocação pode ter algumas derivações: por que as montadoras não conseguiram aumentar suas vendas para a parcela significativa de motoristas de aplicativos desse novo serviço, já que 75% optam pela posse do veículo próprio em detrimento da locação?

Indo ainda mais longe, mesmo considerando a opção pela locação, por qual motivo, já que possuem rede de distribuição pulverizada e domínio sobre o produto, as organizações do setor não desenvolveram um modelo de negócios de locação orientado diretamente aos motoristas de aplicativos, tirando o intermediário de sua cadeia de valor?

É evidente que um movimento como esse representa riscos (o principal deles é o declínio da expressiva parcela de vendas para as locadoras por quem der esse passo primeiro), mas será que esses riscos são maiores do que a queda do lucro do setor (que já leva algumas multinacionais a reconsiderarem a manutenção de seus negócios no Brasil depois de décadas de prosperidade por aqui)?

Na essência desses dilemas, reside a dificuldade das organizações na adoção de uma nova matriz estratégica muito mais flexível e adaptada aos dias atuais. Enraizadas em um modelo que lhes levou ao êxito em toda a sua história, empresas outrora líderes do setor testemunham assombradas novos movimentos que impactam decisivamente seus negócios.

E note que ainda não exploramos por aqui os efeitos dos carros autônomos, dos elétricos, dos voadores e outras evoluções que tendem a mudar drasticamente todos os modais de transporte e locomoção em todo o planeta.

A dinâmica presente no mercado automobilístico é só um artefato de uma prática existente em todos os setores de atuação e que já vitimou empresas tradicionais nos negócios de mídia, comunicação, turismo, entretenimento, entre tantos outros.

No mundo da vantagem competitiva transitória, a estratégia deve ser flexível, capaz de contribuir para que a organização tome decisões com agilidade em resposta às movimentações cada vez mais velozes do mercado (note que toda a jornada que desenhamos acima não levou mais de dois anos para causar uma verdadeira revolução em um setor que se mantinha estável havia décadas).

Intitulamos essa nova matriz estratégica como "estratégia adaptativa", um modelo em que o aprendizado ocupa lugar central na organização, permeando todos os níveis hierárquicos e indivíduos da empresa. A metáfora do camaleão que se transforma, mimetizando as características do ambiente continuamente, é a melhor para representar a dinâmica desse sistema de pensamento.

A estratégia adaptativa é uma evolução de todos os conceitos e aprendizados advindos da própria evolução da estratégia. Ela não despreza os benefícios da eficiência operacional, tampouco a visão da relevância do posicionamento para as organizações e do valor das competências essenciais. Pelo contrário: é a partir desse conhecimento que ela evolui, adaptando-se ao ambiente por meio da inserção de novos elementos mais alinhados com a realidade da economia atual.

Essa nova estratégia traz consigo, de forma integrada e interdependente, a inovação em uma arquitetura em que esses dois elementos são indissociáveis.

Em um ambiente de vantagens competitivas transitórias, é indispensável que a organização inove continuamente para obter um posicionamento superior em seu negócio, sabendo que essa posição estará sempre em risco (lembre-se do que dizia de Andy Grove: "só os paranoicos sobrevivem").

Essa vantagem temporária faz com que o novo pensamento estratégico tenha como um de seus pilares a experimentação contínua por meio da adoção de sistemas ágeis de gestão em que o pensamento estático é substituído por um conjunto de experiências orientadas à validação de novas teste e premissas.

Um dos riscos mais representativos do modelo organizacional tradicional é que seus colaboradores e líderes destinam a maior parte de seu tempo útil à execução das rotinas de curto prazo, com uma ação tática orientada à manutenção do status quo em detrimento de investir tempo e esforço expressivo na geração de novas ideias e experimentações, aprendendo teses inéditas com potencial de mudar o futuro de seu negócio. Em um ambiente estável, essa lógica fazia sentido. Em um ambiente em rápidas transformações, não mais.

É necessário mudar estruturalmente essa dinâmica, trazendo a inquietude e curiosidade para o centro desse novo sistema. Jack Welch foi um dos líderes mais lendários do ambiente contemporâneo dos negócios. À frente da GE, levou a organização a um dos crescimentos mais representativos de toda história empresarial. O "CEO dos CEOs", uma das alcunhas pelas quais ficou conhecido, já definia que a estratégia é como uma respiração ativa, um jogo totalmente dinâmico. É divertido e rápido. E está vivo.

Essa nova perspectiva representa, sobretudo, uma mudança de filosofia, de sistema de pensamentos. Por esse motivo, a cultura organizacional é um dos vetores mais relevantes do novo modelo. É ela que o impulsionará – ou não – e, sobretudo, aguentará as incertezas advindas da transição de todo o processo.

A cultura do aprendizado é, de longe, a mais relevante nesse novo sistema. Ainda citando Welch, a estratégia ganha força quando se tem uma organização que aprende, em que as pessoas têm sede de fazer tudo melhor todos os dias. Se a cultura é saudável, esses indivíduos enxergam a organização em todas as suas várias partes interdependentes, e não de forma segregada.

Esse aprendizado, no entanto, deve resultar em ação, pois, do contrário, todos os esforços são ineficazes. É da interação entre o desenvolvimento de todo potencial criativo da organização e sua capacidade de execução ágil que emergem os benefícios da estratégia adaptativa.

Um modelo convencional de tomada de decisões, extremamente baseado no empirismo e na opinião dos líderes do negócio, não é capaz de oferecer todo fundamento requerido para essa transformação.

Surge, com potencial inédito no ambiente empresarial, a gestão baseada em dados. A tecnologia atual permite a geração e organização de informações a uma velocidade e disponibilidade jamais vistas. Não deixa de ser espantoso que esse benefício seja solenemente ignorado por líderes que continuam tomando decisões e gerenciando seus negócios baseado, exclusivamente, em sua visão de mundo.

De nenhuma forma estamos relegando para posição secundária a sensibilidade e o empirismo no processo decisório. Esses elementos são fundamentais para a originalidade e criatividade, e têm real potencial de diferenciação, como temos observado nos casos das novas protagonistas empresariais que conseguiram gerar soluções inovadoras singulares.

O que é necessário introjetar nesse sistema é a gestão de dados e informações críticas como forma de potencializar esse pensamento original na medida em que gera insumos para lá de relevantes para o desenvolvimento de novas proposições e teses de negócios.

Todas as organizações que têm crescido exponencialmente adotam uma arquitetura de dados que lhes permite extrair insights de forma organizada com agilidade. Quando esse movimento acontece antes do de seus concorrentes, resulta em uma vantagem competitiva relevante e confere a possibilidade de capturar valor do mercado antes de outras organizações.

Ao exercer essa prática de forma sistemática e consistente, os efeitos competitivos são dramáticos, já que a distância entre aquelas que adotam essa visão e as que mantêm sua orientação tradicional aumenta cada vez mais, em um movimento acelerado. Por vezes, fica difícil "recuperar o prejuízo".

Como não poderia ser diferente, a estratégia adaptativa tem em seu centro o cliente – levando a visão de Peter Drucker, do *Jobs to Be Done*, ao extremo. **O novo pensamento estratégico está lastreado na perspectiva de promover o cliente ao centro da jornada de criação de valor da organização.**

Toda as iniciativas emergem do cliente ao mesmo tempo que são orientadas a ele, em um movimento cíclico interminável. Essa orientação é inegociável e deve contagiar tudo e todos. É desmantelado o sistema de desenvolvimento de processos orientados aos recursos internos com o foco exclusivo na eficiência operacional, integrando essa reflexão a uma instância superior: qual é a atividade que o cliente deseja realizar? Esse processo faz sentido a essa lógica?

A orientação interna, até então hegemônica nas organizações e no pensamento estratégico tradicional, dá espaço a um olhar para os limites externos da empresa representado pela evolução do comportamento de seus consumidores.

No centro da estratégia adaptativa está o cliente.

Ao somarmos todas essas referências, temos todos os elementos desse novo tratado estratégico que contempla três sistemas interdependentes e integrados:

a) **Cultura organizacional.**
b) **Métodos ágeis.**
c) **Gestão de dados.**

O resultado desse sistema interdependente é uma organização capaz de inovar continuamente, gerando experimentações e novas teses com potencial de transformação de seu negócio de forma sustentável e contínua.

Todo esse processo emerge e é orientado ao cliente, que é a causa e consequência de todas as iniciativas geradas pelo sistema.

O desenho a seguir representa essa visão:

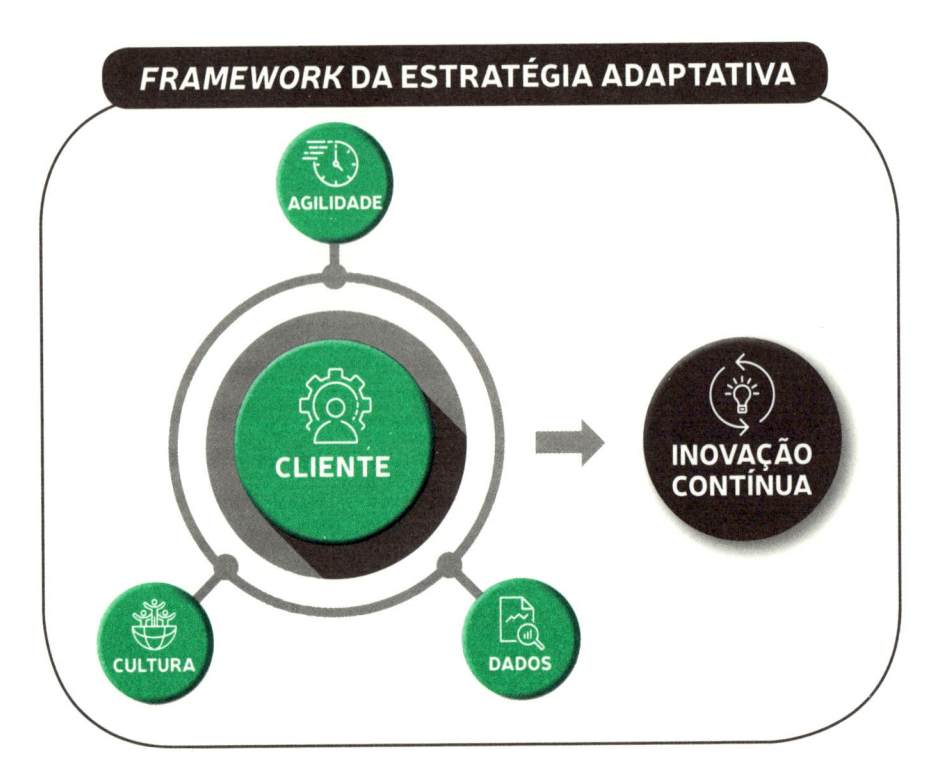

Todos os estudos que realizamos mostram que as organizações protagonistas do novo ambiente empresarial têm adotado a estratégia adaptativa em seus negócios. Chega a ser alarmante observarmos os resultados quando empresas com estratégias tradicionais encaram aquelas com um sistema mais alinhado a essa nova realidade, competindo com elas.

Observe os efeitos da competição da Amazon com os varejistas tradicionais; do Google com as empresas de mídia; do Uber e 99 com os taxistas; entre outras dinâmicas similares. Note que a vantagem obtida pelas companhias líderes não é derivada da tecnologia adotada ou de alguma inovação em particular. É resultante de um tipo de organização distinta que adota um sistema de gestão e estratégia muito distante do tradicional.

A estratégia adaptativa é consequência de um sistema que considera dados, agilidade e cultura gerenciados de forma integrada, tendo o cliente como orientação principal e a geração contínua de inovações como resultado. Qualquer um desses elementos executado de maneira segregada não vai gerar o efeito final almejado. É da arquitetura estratégica que reúne e integra todos esses elementos que emerge o verdadeiro potencial desse sistema.

Utilizando uma metáfora esportiva para tornar tangível o risco de as empresas tradicionais manterem seus modelos convencionais, é como se uma equipe de futebol da segunda divisão do Campeonato Paulista decidisse competir com uma das finalistas do principal campeonato de futebol de clubes do mundo, a Champions League. Muito mais do que uma análise das competências de cada equipe, a distância entre esses universos é tão grande que a percepção é de que ambas, a despeito de estarem no mesmo contexto esportivo, estão praticando esportes distintos. Muito mais do que competição, trata-se de sistemas operacionais desiguais.

A propósito, as novas empresas líderes da nova economia que revolucionaram o mundo da gestão são as verdadeiras responsáveis por alterar nosso entendimento sobre vantagem competitiva sustentável.

Para os líderes de empresas tradicionais competirem com essas novas organizações com sucesso, é necessário ir muito além de iniciativas fragmentadas e que estão em moda, como investir em novos e modernos softwares de gestão ou implantar modelos ágeis em seus negócios para gerar experimentos.

O principal desafio é construir uma nova arquitetura organizacional que lhes permita encarar de forma competitiva os novos donos do pedaço.

Por muito tempo, as empresas se dedicaram a implantar estratégias orientadas ao fortalecimento de sua cadeia de valor com a geração de ganhos de escala advindos da oferta. Esse viés estratégico solidificou a orientação pela especialização e pelo foco estreito, o que levou à consolidação de estruturas divididas em silos tão presente atualmente nas organizações tradicionais.

A estratégia adaptativa tem como base a integração de toda a organização em torno de uma mentalidade única, reunindo suas informações em sistemas unificados que independem de áreas ou funções.

Sem essa integração, é impossível ter uma visão unificada do cliente. Um outro aspecto que evidencia esse risco é que os silos fortalecem a fragmentação e o sistema de concentração de poder nas organizações, coibindo as conexões entre todos os dados gerados pela empresa e a multidisciplinaridade.

Não se trata de transformar uma empresa tradicional em uma startup, mas de adotar elementos relevantes presentes nessas organizações em sua arquitetura estratégica, harmonizando-os com os ativos já existentes na empresa derivados de sua história, reputação e experiência.

A nova estratégia adaptativa é expansionista. Desconsidera a visão limitada de segmentos ou setores de atuação, impulsionando a organização a evoluir de acordo com as atividades que seu cliente deseja realizar alinhadas com as competências e vocação da empresa.

Para evidenciar a aplicação prática dessa modelagem estratégica, mais adiante apresentaremos uma visão de como ela se expressa em algumas organizações líderes da nova economia. Exploraremos a evolução da estratégia adaptativa na linha do tempo dessas empresas.

Além disso, apresentaremos um estudo inédito, demonstrando como a estratégia adaptativa viabiliza um dos modelos de negócios mais vibrantes da nova economia: as já citadas plataformas de negócios.

Mas antes nos aprofundaremos em cada um dos elementos da nova estratégia. Mesmo considerando a integração e interdependência deles no modelo, é requerido um olhar particular sobre as implicações e particularidades de cada um de seus componentes.

VÍDEO CASE ESTRATÉGIA ADAPTATIVA
Neste vídeo você terá acesso a um conteúdo complementar sobre o modelo da estratégia adaptativa. Além da discussão dos autores sobre o tema, o vídeo conta com participações especiais de pensadores como Philip Kotler, Regis McKenna, Alex Osterwalder, Silvio Meira e Martha Gabriel.

A estratégia adaptativa é consequência de um sistema que considera dados, agilidade e cultura gerenciados de forma integrada, tendo o cliente como orientação principal e a geração contínua de inovações como resultado.

CAPÍTULO 6:
O CLIENTE NO CENTRO DA JORNADA DE CRIAÇÃO DE VALOR: O *JOBS TO BE DONE*

JOBS TO BE DONE

1964
Em Managing for Results, Peter Drucker destaca: "O que um cliente compra raramente é o que uma empresa pensa estar lhe vendendo."

1985
Drucker introduz, em Inovação e espírito empreendedor, o conceito do *Jobs to Be Done*: "Qual é o trabalho que o cliente quer que seja feito e que influencia suas decisões de gastos?"

2003
Clayton Christensen expande o conceito do *Jobs to Be Done* em O crescimento pela inovação.

2016
Em Muito além da sorte, Clayton Christensen refina o conceito do *Jobs to Be Done*: "As pessoas adquirem produtos e serviços porque estão tentando progredir na vida. Quando percebem que têm um trabalho a realizar, procuram e contratam (ou despendem) um produto para fazer esse trabalho."

Que tal fazer uma breve reflexão e voltar ao passado? Não é necessário que essa viagem seja tão longa. Que tal um horizonte de quinze anos atrás? Você recorda como chamava um táxi para se transportar de um local ao outro? E ouvir músicas? Você lembra o que tinha de fazer para ouvir a música desejada no momento e local onde estava? E, no caso de você empreender, como anunciava seu negócio para captar novos clientes?

Essa lista pode ser interminável, e aqui estão apenas alguns artefatos que mostram como nossa vida se transformou drasticamente nos últimos anos graças a novas soluções que emergiram nessa nova economia.

Os aplicativos móveis reduziram a assimetria na busca por um automóvel disponível automatizando todo o processo por meio da tecnologia. A Apple com o iPod e, posteriormente, o iPhone – seguida pelas empresas de streaming de áudio como Spotify – acabou com a assimetria na pesquisa pela música desejada que requeria a posse de discos, fitas cassetes e aparelhos domésticos para atender a esse objetivo. O Google reduziu a assimetria da empresa na procura pelo seu cliente ideal, que resultava em alta dispersão nos investimentos de mídia, pois era necessário atingir um universo grande de potenciais consumidores que não estavam no perfil ideal do anunciante. A tecnologia trouxe mais assertividade nesse processo e racionalização dos gastos com publicidade para as organizações de todos os portes.

Todas essas soluções e as demais com perfil similar, como Netflix para seleção de filmes, Amazon para compras, Waze para deslocamento e assim por diante, têm base tecnológica, porém são expressões de uma dinâmica que vai muito além da tecnologia: todas, sem exceção, só foram bem-sucedidas por serem orientadas à jornada do cliente.

A tecnologia é o meio que permite potencializar ao máximo essa dinâmica, porém o grande diferencial está em como realizar essa atividade levando ao extremo a visão de colocar o cliente no centro do processo de criação de valor da organização.

Muito mais do que uma fala politicamente correta ou um modismo, o novo modelo de estratégia demanda promover o cliente a uma posição em que ele jamais esteve dentro das reflexões estratégicas das corporações.

É importante resgatar nossa visão evolutiva da disciplina que aponta, irremediavelmente, que a base da estrutura tradicional sempre foi aumentar o poder de barganha das companhias em relação a esse agente de modo a obter um posicionamento mais favorável nesse relacionamento. A adoção de estratégias de posse da cadeia de valor e o acesso exclusivo a recursos essenciais foram o paradigma dominante em detrimento de prover uma experiência superior aos clientes.

O resultado dessa prática é que ela, deliberadamente, distanciou as organizações de seus consumidores, erigindo barreiras quase que intransponíveis entre esses agentes. Como o principal objetivo sempre foi tornar o cliente dependente do negócio, a tendência, a despeito do discurso politicamente correto dominante, foi a de encará-lo como uma consequência necessária para o projeto.

As novas empresas protagonistas da nova era adotam a tecnologia para desconstruir essa lógica. Têm sido exitosas não apenas pelo fato de adotarem aparatos tecnológicos superiores, mas, sobretudo, devido a uma prática sistemática, introjetada na cultura do negócio, de considerar a jornada do cliente em toda a sua formulação e execução estratégica.

É o resgate da visão do *customer centricity*, que não à toa está presente em nossas duas obras anteriores sobre transformação organizacional: em *Gestão do amanhã*, como uma das habilidades mais relevantes do líder do século XXI; em *O novo código da cultura*, como o elemento central da nova cultura organizacional.

Na sua perspectiva estratégica, no entanto, adotaremos a já explorada visão de *Jobs to Be Done*. A simplicidade desse conceito traz uma contribuição fundamental ao ambiente empresarial ao traduzir de forma clara um imperativo estratégico dominante para estes tempos: todo sistema de criação de valor da organização deve estar orientado a atender a atividade que o cliente almeja executar em sua jornada. Simples assim.

Note como essa lógica está entranhada nos casos citados no início deste capítulo: os aplicativos de transporte atendem de forma otimizada à demanda de um indivíduo se locomover do ponto A para o B; a Apple e, posteriormente, as plataformas de streaming de áudio permitem ao cliente ouvir a música desejada quando e onde pretender sem restrições físicas; o Google e as novas plataformas de mídia como Facebook e Twitter tornam possível o anunciante impactar apenas aqueles clientes que estão no perfil de seu negócio, otimizando seus investimento em mídia.

Entender a jornada do cliente e desenvolver formas otimizadas de prover a esse agente uma experiência superior é o nome do jogo.

Uma das companhias – citada como referência em *O novo código da cultura* nesse mesmo contexto – que estão levando essa orientação ao limite é a Tesla, de Elon Musk.

Depois de um período de notícias desalentadoras, com a companhia não conseguindo atingir seus objetivos de entrega de veículos, o que levou a sérios questionamentos sobre a sustentabilidade do negócio, o início de 2020 testemunhou uma escalada no valor das ações da organização, que atingiu, em fevereiro, um valor de mercado de 160 bilhões de dólares. Essa marca lhe confere o posicionamento de uma valorização superior a todas as empresas do setor, com exceção da Toyota. O motivo desse otimismo com o futuro da companhia teve como uma de suas principais causas os dois trimestres de entrega consistente tanto dos lucros quanto das previsões de produção, o que aponta que a Tesla está conseguindo administrar com êxito seu novo modelo produtivo.

Além disso, a organização comunicou em 2019 que está construindo a maior fábrica de baterias elétricas do mundo na China, atualmente o maior mercado de consumo de automóveis do planeta e que já tem apresentado fortes e consistentes sinais de que vai alterar toda a matriz energética de seu parque instalado, beneficiando os carros com fontes elétricas.

Em se tratando de Tesla, boa parte das análises do caso realizadas por especialistas ou financistas é incompleta e imprecisa por se ater a uma única dimensão do negócio: considera a visão exclusiva de uma empresa manufatora de automóveis. A Tesla não é uma organização convencional do setor, mas adota uma estratégia e modelo de negócios que envolvem riscos expressivos ao extrapolar a orientação exclusiva de uma empresa automobilística tradicional. A companhia tem como principal orientação a arquitetura de uma plataforma de negócios que considera diversos componentes integrados à jornada do cliente.

Como Elon Musk sempre afirma, a Tesla não é uma empresa automobilística. É uma empresa de tecnologia que atua no segmento de mobilidade urbana. Sua evolução está centrada em uma lógica totalmente negligenciada pelas companhias tradicionais do setor (como vimos no início deste capítulo) durante toda a sua existência: o cliente busca não um produto para se locomover, mas uma solução. É por isso que a empresa de Musk provê uma experiência completa que vai do automóvel aos upgrades do sistema, passando por seu abastecimento, assistência técnica, seguro e o que mais está por vir.

Em *Gestão do amanhã*, comentamos a diferença entre uma assistência técnica convencional e a da Tesla quando há a necessidade de um *recall*. Enquanto na primeira é necessário levar o automóvel fisicamente a uma concessionária para que os reparos sejam executados, na Tesla a execução da mesma operação ocorre por meio de um upgrade no sistema, bastando para isso estar conectado a uma rede WiFi.

Note como a visão de *Jobs to Be Done* está presente ao dispensar o consumidor de ter uma interrupção em sua rotina convencional para levar o seu bem a um local definido pelo fornecedor, muitas vezes em horário predefinido por este, para realizar uma correção no produto que adquiriu.

Na mesma dimensão de orientação à jornada de seu cliente, vem o esforço da companhia em se dedicar a viabilizar o abastecimento de seu produto. Está claro que um dos principais desafios dos veículos elétricos no presente e no futuro é a bateria. Esse desafio assume diversas proporções. Uma é a econômica, já que, enquanto não houver escala, o valor alto desse componente inviabiliza a redução do preço do produto final. É visando tornar seus automóveis mais acessíveis que a Tesla justifica o investimento de enormes dimensões e risco na implantação de sua fábrica na China. Imagine se a companhia dominar essa tecnologia e beneficiar-se dos ganhos de escala advindos da produção em massa desse componente. Seguramente, haverá condições de oferecer seu produto a um preço mais acessível com uma vantagem competitiva relevante junto a seus competidores, que não terão acesso ao mesmo recurso em condições mais favoráveis.

Outro desafio na sua matriz energética diz respeito ao reaproveitamento das baterias elétricas depois de seu uso convencional. Os riscos para o ambiente são expressivos e podem frear o impulso pela adoção desse produto pelos consumidores ainda habituados à matriz convencional. Nessa frente é que se expressa a genialidade de Elon Musk na arquitetura de negócios que tem estruturado.

Um dos seus negócios é a Solar City, empresa que atua com energia solar residencial. No início de 2020, o empreendedor comunicou que as baterias descartadas em automóveis Tesla serão reaproveitadas na sua companhia de energia residencial para serem recicladas e utilizadas nos lares de seus clientes. Além disso, as redes de energia solar que estão sendo construídas poderão, no futuro, estar integradas aos sistemas de abastecimento para automóveis elétricos (não apenas da Tesla, a propósito), oferecendo o excedente de energia gerada para essa outra matriz.

É importante observar como a companhia busca endereçar todos os temas relevantes para que o cliente tenha uma experiência superior com seu negócio tendo como base central a atividade que ele deseja realizar. Essa estratégia traz riscos expressivos, já que a organização se aventura por caminhos muito mais complexos do que aqueles convencionais da manufatura de automóveis. Até por esse motivo, não existem garantias de que essa estratégia se mostrará bem-sucedida no futuro, porém mais uma vez fica a reflexão: **o que é mais arriscado? Manter a posição estável na indústria repetindo o modelo executado há séculos ou experimentar alternativas mais alinhadas com as demandas do cliente, adotando tecnologias que potencializam sua experiência?**

Os investidores estão apostando na segunda alternativa, em uma dinâmica que desafia de forma inédita e decisiva os outrora líderes de um dos segmentos mais relevantes dos negócios em todo o mundo.

Um conceito central na visão do *Jobs to Be Done* é que ele está muito ancorado em eliminar o atrito do cliente com a empresa fornecedora. Todos os exemplos citados mostram isto claramente: o atrito em procurar um automóvel para se locomover, em buscar uma música para ouvir ou em captar clientes para o negócio.

Essa é uma dimensão essencial nas estratégias orientadas a gerar uma experiência superior para seus clientes: diminuir o atrito no relacionamento entre as partes e gerar uma interação que seja a mais natural possível.

No final da década passada, chamou a atenção de muitos analistas um movimento de evolução de ações no mercado americano até então não mapeado. Contrariando o senso comum, a ação que mais cresceu no período de 2014 a 2017 não foi a das estreladas companhias digitais da nova economia, como Amazon, Google, Apple ou Facebook. A empresa que teve o maior crescimento no valor de suas ações, na incrível ordem de 214% no período, tampouco faz parte de setores contemporâneos como aqueles relacionados à tecnologia. Pelo contrário, ela atua em um dos segmentos mais tradicionais da economia: a alimentação.

Foi a Domino's Pizza a responsável por essa escalada. Ao adotar uma estratégia que tem em sua essência a centralidade no cliente, a empresa foi reconhecida pelo mercado como uma das mais promissoras do mercado americano.

É importante reconhecer que o resultado expressivo conquistado a partir de 2014 tem sua origem bem antes. Foi em 2008 que a companhia tomou a decisão de investir pesadamente em tecnologia para atender a um único objetivo: aprimorar a experiência de entrega de seu produto a seus clientes (seu *Jobs to Be Done*).

Ela já havia alterado seu cardápio para estar mais sintonizada às demandas dos clientes, porém foram as estratégias de maior proximidade com o serviço de entrega que mudaram a organização de patamar.

No citado 2008, a companhia fez enorme sucesso com o "Pizza Tracker", tecnologia que permite ao cliente rastrear todo o progresso de seu pedido on-line no site da Domino's. Foi a primeira empresa a "abrir sua cozinha" na web, permitindo que seus consumidores acompanhassem em tempo real o processo de produção da pizza que haviam comprado. A empresa chegou a divulgar os vídeos desse processo nos telões da Times Square em Nova York, em uma estratégia de comunicação que foi premiada e ganhou grande visibilidade mundial.

Em 2011, a empresa lançou um aplicativo para celular, reconhecido por seus clientes com ótimas avaliações nas lojas de aplicativos, dedicado a simplificar a jornada de compra do cliente. Não foi uma tecnologia disruptiva complexa que fez com que as vendas on-line da organização subissem de 25% nesse período para 60% em 2017: a empresa, basicamente, mapeou o caminho que seu consumidor seguia para fazer

Mais do que um discurso bonito, colocar o cliente no centro da jornada de criação de valor da companhia é um imperativo estratégico.

a compra on-line e desenvolveu um sistema otimizado, utilizando a tecnologia como meio para chegar a esse objetivo.

Demonstrando que essa orientação está entranhada na estratégia da companhia, mais recentemente, ela foi a primeira a fazer testes para entregar pizzas via *drone* nos Estados Unidos. Mais do que um modismo ou ações midiáticas, o que difere a companhia do modelo tradicional – e por isso ela tem recebido o reconhecimento do mercado – é a sistematização de uma estratégia que utiliza a tecnologia como forma de incrementar a experiência de seus clientes simplificando as barreiras para a compra e entrega de suas pizzas. Numa visão mais sintética e assertiva: ela se dedica obstinadamente a diminuir a fricção existente no relacionamento com seus consumidores na aquisição de seu produto.

A tecnologia atual permite uma orientação estratégica nesses termos, já que torna possíveis iniciativas tangíveis e concretas antes inimagináveis – como os upgrades dos automóveis Tesla, que mais se assemelham às aventuras dos desenhos animados dos Jetsons dos anos 1980. **A competitividade de uma organização em nossos tempos está intimamente relacionada à sua capacidade de absorver essa orientação em seu sistema estratégico e cultural (abordaremos essa perspectiva mais adiante).**

Se essa prática não for adotada legitimamente no negócio, a organização será presa fácil para empresas mais ágeis e adaptadas a essa nova dinâmica.

Mais do que um discurso bonito, colocar o cliente no centro da jornada de criação de valor da companhia é um imperativo estratégico.

Esse processo é potencializado pelo acesso a dados gerado pela tecnologia atual. Em nenhum momento na história dos negócios foi possível a gestão de tanta informação estruturada sobre o cliente, e essa dinâmica transforma o modo como as decisões são tomadas dentro da empresa, elemento essencial da estratégia adaptativa.

CAPÍTULO 7: GESTÃO DA ESTRATÉGIA BASEADA EM DADOS

Jeff Bezos era um profissional muito bem-sucedido do mercado financeiro americano quando, em meados dos anos 1990, em uma decisão polêmica e pouco racional para a época, decidiu empreender em vez de seguir sua promissora carreira no segmento. Para aquele jovem, era claro que o mundo estava entrando em um profundo processo de transformações e que, devido ao impacto dessas mudanças, seriam geradas inúmeras oportunidades para quem ousasse largar na frente de seus competidores.

Foi nesse contexto que, em 1994, lançou a Amazon, primeira empresa de venda de livros on-line do mundo. Chama a atenção que a experiência de Bezos nada tenha a ver com o mundo editorial. Tampouco o empreendedor tem histórico familiar ou qualquer tipo de relação com o segmento.

Pouca gente sabe, mas o insight para iniciar uma das sagas mais virtuosas da história dos negócios surgiu devido a um dado que chamou a atenção de nosso protagonista, transformando-se em uma obsessão: a internet estava crescendo mais de 2.000% ao ano naquele período.

O impacto dessa informação foi avassalador na vida de Bezos, que teve a convicção de que era necessário criar um negócio, de qualquer natureza, para aproveitar essa oportunidade única, uma janela singular na história que representaria uma revolução no comportamento da sociedade.

Mesmo não tendo nenhuma experiência anterior com o ambiente editorial, a escolha recaiu sobre os livros como produto essencial a ser desenvolvido na plataforma, já que suas características, segundo a visão do fundador da Amazon, eram apropriadas para a comercialização na web. Afinal, trata-se de um bem indiferenciado, ou seja, suas condições são invariáveis (um livro tem o mesmo conteúdo e especificações independentemente de ser adquirido em uma loja física ou virtual).

O empreendedor acertou em cheio, resultando em uma das maiores companhias em valor de mercado do mundo, com valorização acima de 1 trilhão de dólares (dados de 2020) e que concentrou em 2019 mais de 47% do total de vendas on-line do mercado americano, o maior mercado de consumo do mundo.

Bezos conta essa história no livro *A loja de tudo*, obra que é uma mistura de sua autobiografia com a da Amazon. Essa narrativa fortalece uma perspectiva que no lançamento da startup ainda não oferecia a riqueza de possibilidades geradas atualmente: a análise de dados muda a forma como as decisões sempre foram tomadas, gerando alternativas de insights transformadores como o do empreendedor.

Na obra *Competing in the Age of AI* [A competição na era da inteligência artificial], os autores Marco Iansiti e Karim R. Lakhani articulam uma visão de como o ambiente para gestão de dados mudou drasticamente nos últimos anos graças ao advento da computação em nuvem e de novas tecnologias que permitem às empresas processar mais rapidamente e dar sentido a uma vasta quantidade de dados.

Os efeitos da Lei de Moore, que sentencia que todo e qualquer sistema computacional dobra de capacidade a cada dezoito meses, mais uma vez dão as caras, gerando um ambiente em que esse incremento acelerado no processamento de dados ofereça oportunidades inéditas no que diz respeito a análise e gestão de informações relevantes à disposição de líderes e gestores.

A rápida adoção de novos produtos e serviços conectados à web pela sociedade é um fenômeno que acelera esse processo. Reflita sobre como você se desloca utilizando aplicativos de geolocalização; sobre a frequência com a qual realiza pesquisas em sites de busca na internet ou navega por suas redes sociais. Todos esses usos, cada vez mais cotidianos e frequentes, geram informações sobre seu padrão de comportamento, permitindo que empresas coletem e analisem esses dados.

Esses mecanismos tornam o processo de geração de insights sobre o cliente infinitamente mais poderoso do que no passado. Isso, por consequência, gera a imperativa necessidade de adotar esse recurso no processo de formulação e execução estratégica.

Não é razoável manter um padrão de tomada de decisões tradicional fortemente baseado no empirismo quando o contexto gera um volume quase infindável de informações e variáveis que contribuem para análises mais assertivas.

Não se trata de desprezar o poder do conhecimento empírico ou da intuição. Pelo contrário: diz respeito a potencializar essa modalidade, oferecendo mais insumos para que emerjam ideias e insights ainda mais poderosos.

Indo muito além dos insumos para tomada de decisões, as novas tecnologias permitem que algoritmos automatizem processos até então realizados por seres humanos. São eles que definem os melhores caminhos dos aplicativos de geolocalização, os melhores resultados que serão apresentados com prioridade em suas pesquisas nos sites de busca ou ainda as informações e os contatos mais relevantes para você interagir em suas redes sociais.

(Cabe aqui uma observação acerca do risco excessivo da adoção desses algoritmos que definem e direcionam conteúdos de acordo com seus interesses. É inegável que esse é um tema relevante que demandará diligência e atenção de todos os agentes sociais e merece reflexão profunda e consequente. Nosso foco aqui, no entanto, é explorar seu potencial à luz do novo tratado estratégico, deixando essa discussão fundamental para outros fóruns e arenas.)

O potencial gerado pelas novas tecnologias de gestão de dados permite a reinvenção dos mecanismos tradicionais das companhias ao potencializar o nível de automação de diversos processos analíticos até então operados por trabalhadores com um nível de assertividade menor do que o proporcionado por potentes sistemas computacionais.

É mais um movimento de eliminação das barreiras tradicionais e inserção de um novo elemento com potencial de reconfigurar todo o sistema estratégico clássico tanto na otimização dos processos analíticos quanto na potencialização da tomada de decisões.

A sistematização analítica converte dados internos e externos em previsões, insights e escolhas que, por sua vez, orientam e automatizam os fluxos de trabalho operacional.

A estratégia adaptativa tem como um dos seus elementos centrais a análise de dados, já que é por meio dessa leitura que será possível conquistar a agilidade necessária para inovar continuamente e diminuir a fricção existente no relacionamento com o cliente.

Atualmente, a gestão de dados é essencial para colocar o cliente no centro da jornada de criação de valor da organização. Só para referenciar exemplos apresentados no capítulo anterior, são algoritmos que encontram os automóveis mais próximos a quem os solicita em um aplicativo de transporte, ou as melhores músicas em sua *playlist*, ou ainda os perfis de potenciais consumidores mais adequados para sua campanha de mídia.

O conceito do *Jobs to Be Done* e da gestão de dados são interdependentes e totalmente conectados.

Não é de hoje que o ambiente empresarial valoriza a gestão de dados como elemento relevante para a estratégia corporativa. No entanto, o modelo clássico sempre esteve relacionado, prioritariamente, à geração de uma visão que permitisse uma maior otimização da produtividade do negócio, uma melhoria em sua eficiência operacional.

A perspectiva atual migra o foco da atividade de otimização dos recursos internos para o incremento da experiência com os clientes da organização.

Uma visão mais racional de um sistema de informações nos ajuda a entender a diferença dessas dimensões.

A definição clássica aponta que a gestão de dados de um sistema de informações permite quatro níveis de análise:

1. **Análise em tempo real**

   Com o domínio das informações em tempo real do negócio é possível entender "o que está acontecendo".

2. **Análise histórica**

Com o domínio do histórico das informações, é possível analisar tendências e avaliação antecedente do negócio, permitindo entender "o que aconteceu".

3. **Análise preditiva**

Com o domínio da ciência de gestão de dados, é possível ter a visão de possíveis comportamentos, entendendo "o que pode acontecer" no negócio.

4. **Análise prescritiva**

Com o domínio de inteligência artificial e a arquitetura de sistemas fornecendo orientações baseadas em cenários, é possível entender "o que é preciso fazer" no negócio.

O modelo clássico estratégico sempre esteve centrado na gestão das fases 1 e 2 do processo, analisando as informações em tempo real e a comparação com dados históricos que oferecem insumo para o incremento da produtividade do negócio e a análise de sua evolução. As análises preditivas e, sobretudo, as prescritivas são fenômenos recentes que trazem um novo potencial na formulação de estratégias que favorecem a inovação, já que oferecem os insumos para que esse sistema seja otimizado.

Não é de se estranhar, dessa forma, a vantagem competitiva obtida pelas organizações da nova economia que tiveram um entendimento mais rápido sobre o potencial advindo dessas novas tecnologias e adotam estratégias baseadas nessa nova realidade, reconfigurando seus negócios.

O Alibaba, uma das maiores empresas em valor de mercado e líder do setor de e-commerce na China, constituiu em 2014 o Ant Financial Services Group, destinado a gerenciar todas as demandas financeiras do grupo, sobretudo no relacionamento com seus milhões de clientes. O objetivo de concentrar essas atividades em uma empresa externa foi potencializar todas as oportunidades financeiras geradas pelas inúmeras conexões geradas na plataforma.

Atualmente, a empresa, que conta com mais de 1 bilhão de clientes, atua em uma ampla variedade de negócios, como empréstimos ao consumidor, fundos de investimento, planos de assistência média, seguro-saúde, serviços de avaliação de crédito, entre outros negócios que não param de crescer.

Em 2018, chamou a atenção a valorização de mercado do negócio, que chegou a 150 bilhões de dólares. Notícias dão conta de que em 2020 a empresa intenciona abrir o capital na bolsa de Hong Kong com uma estimativa de valor de mercado na casa dos 200 bilhões de dólares. Isso, se concretizado, a colocará no ranking das cinco maiores instituições financeiras do mundo.

Por trás de todo esse otimismo reside uma informação sobre a operação do negócio que salta aos olhos. A companhia consegue atender dez vezes mais clientes do que um banco convencional com menos de 10% do número de empregados. Essa dinâmica do negócio lhe confere uma vantagem competitiva singular e uma perspectiva de crescimento exponencial, já que não depende no modelo clássico de investimento em ativos físicos como agências, colaboradores etc.

Como esse modelo se sustenta?

A resposta reside na adoção generalizada da inteligência artificial em todo o negócio. Utilizando a análise dos dados do comportamento de seus clientes aliada às informações do Alipay, o serviço de pagamentos via celular do Alibaba (que já exploramos em *Gestão do amanhã* como referência de plataforma de negócios), a empresa automatizou todo o processo, excluindo os trabalhadores de suas atividades operacionais.

Não existem gerentes autorizando os empréstimos, analistas realizando aconselhamento financeiro, representantes aprovando despesas médicas. Tudo é realizado por algoritmos que tomam decisões com base nos abundantes dados que têm à disposição.

Sem as restrições operacionais impostas pelo modelo tradicional das organizações, a Ant Financial pode competir em condições sem precedentes em inúmeros negócios, impactando uma ampla variedade de setores com uma produtividade singular.

O modelo, além de gerar uma lucratividade muito superior à mediana de mercado, fortalece o posicionamento de centralidade no cliente, já que resulta em dinamismo e velocidade incomparáveis em relação ao modelo tradicional. Decisões são tomadas quase que em tempo real, com uma assertividade e isenção muito maiores do que aquelas ancoradas em percepções e opiniões individuais.

A gestão adequada dos dados permite a adoção da inteligência artificial como forma de potencialização da performance do negócio e geração de maior assertividade na tomada de decisões. Toda a estratégia da companhia está ancorada nessa premissa, que é central para entendermos seu êxito.

A Ant Financial é um exemplo de organização que se preparou para ter a gestão de dados a seu favor adotando, em seu sistema de informação, os quatro níveis de análise que favorecem a identificação de novas oportunidades de negócios não mapeadas por eventuais concorrentes.

O modelo de adoção da inteligência artificial no negócio tem potencial de crescimento exponencial, já que o sistema aprende com as interações e aprimora-se de forma autônoma. Reflita como era no passado a utilização de ferramentas que adotam esse modelo em sua constituição, como o Google Translator.

As traduções eram incompletas, muitas vezes pouco assertivas, e as opções disponíveis eram apenas para utilização de textos escritos. Atualmente, o sistema se aprimora cada vez mais, com traduções cada vez mais completas. A plataforma aprende com as interações com o cliente, tendo a perspectiva dessa assertividade de acordo com a aprovação ou não da tradução. Essa análise não acontece mais como antes – por meio de uma avaliação formal do cliente –, e sim por meio da análise do comportamento do cliente após ter acesso a determinada tradução (o texto foi recortado e colado? Foi compartilhado? O cliente fechou a janela na sequência? Quanto tempo? E assim por diante...).

Se no passado era necessário que seres humanos supervisionassem o processo, esse recurso é cada vez mais raro e tende a desaparecer, já que o sistema enriquece seu repertório a cada dia. As funcionalidades atuais já permitem traduzir textos por meio de imagens (fotos) e áudio, e, no futuro, serão um recurso para conversas entre pessoas que não dominam o mesmo idioma.

A gestão de dados e utilização de inteligência artificial quando adequadamente orientadas à jornada do cliente levam a empresa a outro patamar competitivo (lembra-se da metáfora da Champions League com o Campeonato Paulista da segunda divisão?).

Um dos principais desafios na adoção de estratégias baseadas na sistematização de gestão de dados e inteligência artificial sempre foi a complexidade na adoção desses sistemas, além dos robustos investimentos financeiros requeridos para realizar uma arquitetura com essas características.

Como mais um dos efeitos da onipresença da tecnologia e da Lei de Moore, atualmente, esse não é um processo tão sofisticado e inatingível. Quase que diariamente, as empresas do setor oferecem soluções modularizadas, e a computação em nuvem permite o potencial de processamento de dados necessário para geração de variáveis para análises.

A implantação de um modelo baseado em dados não é mais um aparato tão distante daqueles disponíveis apenas aos grandes *hubs* científicos como a Nasa ou similares. Um bom sistema de gestão de informações pode ser constituído a partir de um sistema computacional que seja capaz de processar e gerar dados para análises.

Os autores de *Competing in the Age of AI* definem que quatro componentes são essenciais para a construção de um sistema com essas características capaz de utilizar a inteligência artificial para potencializar o negócio.

O primeiro é o pipeline de dados, um processo semiautomatizado que reúne, limpa, integra e protege os dados de forma sistêmica, sustentável e escalável.

O segundo são os algoritmos que geram previsões sobre estados futuros ou ações da empresa.

O terceiro é uma plataforma de experimentação em que as hipóteses geradas pelos algoritmos são testadas para garantir que as sugestões terão os efeitos almejados.

O quarto é a infraestrutura, sistemas que incorporam esse processo no software e o conectam aos usuários internos e externos.

Há, no entanto, um quinto elemento fundamental para que esse sistema tenha a performance almejada: as pessoas. Um sistema de inteligência artificial é composto de uma esfera computacional, tecnológica. Essa dimensão é conhecida como *"strong AI"* (algo como "inteligência artificial forte"). A outra esfera é a humana. Não sem justificativas, essa é conhecida como a *"weak AI"* (algo como "a inteligência artificial fraca").

Não basta a construção de um sistema tecnológico robusto que gere todas as informações analíticas requeridas para o negócio se não houver uma integração com o capital humano da organização. É por esse motivo que a estratégia adaptativa integra sistemas de gestão de dados com a cultura organizacional. Se não houver um sistema de pensamentos e crenças da companhia que abrace esse modelo, oferecendo todas as condições para que as pessoas façam a diferença por meio de sua adoção, nada vai acontecer.

Da mesma forma e relacionado a essa visão, é necessário adotar métodos ágeis para executar a estratégia com as informações advindas desse sistema. Do contrário, toda a arquitetura apenas vai acelerar os gargalos já existentes na organização, pois trará de forma mais rápida um volume de dados e demandas a serem interpretados que não estão alinhados aos processos existentes. O resultado é que todo o sistema ficará travado pela velocidade do sistema de execução da companhia. A estratégia adaptativa demanda a integração da gestão de dados aos modelos ágeis de gestão.

A abissal e crescente distância das empresas que têm adotado esse modelo estratégico para as companhias tradicionais mais do que justifica a imperativa necessidade de adoção de um modelo que integre todas essas dimensões.

Como estudamos ao avaliar a evolução da estratégia ao longo dos anos, o conceito de escala sempre foi central no pensamento sobre gestão. As organizações tradicionais sempre buscaram esse benefício em seus negócios, dominando a cadeia de valor. Com essa estratégia, obtinham a escala por meio da oferta.

Um segundo conceito central da estratégia tradicional é o escopo. O adequado portfólio de produtos ou serviços aliado à orientação da organização em setores específicos lhe conferia vantagem competitiva sustentável, favorecendo seu foco restrito com a visão já tanto explorada por aqui dos *trade-offs* de Michael Porter.

Como já demonstrado, na nova estratégia entra em cena um terceiro elemento em adição a escala e escopo: o aprendizado. Escala, escopo e aprendizado são considerados os direcionadores essenciais de uma empresa orientada a performance.

As empresas que adotam esse novo paradigma estratégico estão mudando radicalmente os paradigmas de escala, escopo e aprendizado.

Como visto no caso da Ant Financial, os processos dirigidos por gestão de dados e inteligência artificial podem ser escalados muito mais rapidamente que os processos tradicionais. Geram um aumento crescente no escopo, já que são facilmente conectados com outros negócios e plataformas. Criam poderosas oportunidades de aprendizado e melhorias, pois tornam possível a construção de sofisticados e assertivos modelos de análises do comportamento do consumidor.

No modelo tradicional, é inevitável que o os ganhos de escala cheguem a um ponto em que o retorno gerado pelo seu benefício comece a ser reduzidos, tendo em vista que demandam investimentos crescentes, principalmente, em estruturas físicas.

Essa é uma perspectiva distinta nos modelos que adotam a gestão de informações e inteligência artificial no centro de sua estratégia. Afinal, a expansão do negócio tem potencial de crescimento contínuo em níveis até então não testemunhados no ambiente empresarial principalmente devido à virtualização dos canais de distribuição e relacionamento com o cliente.

O efeito rede dá as caras, novamente, e torna exponencial esse crescimento. O incremento das conexões geradas pela organização com seus clientes e demais *stakeholders* proporciona mais atratividade para que novos agentes se integrem ao ambiente, gerando ainda mais numerosas e profundas interações. É o círculo virtuoso da nova economia.

A gestão adequada dos dados permite a adoção da inteligência artificial como forma de potencialização da performance do negócio e geração de maior assertividade na tomada de decisões.

A gestão de dados é central na concepção do novo tratado estratégico, pois traz consigo uma nova perspectiva de gestão para a companhia, com uma atuação em mão dupla. Se, por um lado, permite uma otimização dos recursos a níveis inéditos, gerando uma dinâmica expansionista e altamente lucrativa para o negócio, por outro, traz insumos essenciais para um novo modelo de tomada de decisões que usa a geração de insights poderosos, provenientes da análise de dados, para acelerar a intuição e sensibilidade tão necessárias em um ambiente em transformação.

O ponto crítico de qualquer modelo estratégico vai muito além de seu processo de formulação. É na execução precisa de todos os seus elementos, encarados de forma interdependente e integrada, que reside a concretização do valor de seus atributos. O sistema de execução da estratégia adaptativa tem em sua essência a agilidade como recurso fundamental.

CAPÍTULO 8:
A GESTÃO ÁGIL E A EXECUÇÃO EFICAZ

A Segunda Guerra Mundial representou um dos momentos mais marcantes da história da humanidade. Uma das passagens-chave na deflagração e consolidação de todo o conflito aconteceu com a invasão alemã à França em maio de 1940, um movimento totalmente inesperado pelos países aliados.

Os nazistas conquistaram uma vitória avassaladora ao invadir com sucesso uma das nações mais poderosas e bem equipadas da época. O êxito dessa manobra está atrelado à estratégia adotada pelos alemães e conhecida como Blitzkrieg ou simplesmente Blitz.

Na essência da estratégia da "guerra relâmpago" está a agilidade coordenada do deslocamento de todas as forças que agem conjuntamente para perfurar as linhas inimigas. Assim, infantaria, blindados e aviação alemães atuaram harmonicamente em ataques velozes e concentrados, rompendo pontos estratégicos e avançando rapidamente sem dar tempo para o inimigo se reorganizar. A velocidade das manobras foi tão grande que um dos efeitos mais decisivos causados junto às forças francesas foi a dificuldade de tomada de decisões e transmissão das ordens entre suas linhas de defesa.

A estratégia já havia sido adotada com êxito na invasão à Polônia, porém foi no ataque à França que ela demonstrou toda a sua ferocidade. Os líderes aliados, principalmente os franceses, estimavam que os exércitos nazistas levariam cerca de um mês para se mobilizar e atacar suas fronteiras.

Com a Blitz, em três dias, as forças alemãs invadiram e conquistaram as fronteiras francesas com a Bélgica e, em cerca de vinte e cinco dias, desfilavam vitoriosamente nas ruas de Paris em uma das ocupações mais emblemáticas e traumáticas de toda a história.

Muitos historiadores se debruçaram nesse caso para entender os motivos de uma diferença tão brutal de desempenho entre os dois exércitos. A despeito de diversas interpretações e teses, há um consenso: os exércitos britânicos e franceses haviam sido treinados em um modelo adotado com sucesso na Primeira Guerra Mundial (e acostumados a ele), adaptado a batalhas mais curtas e localizadas, que envolviam deslocamentos lentos. Os alemães, ao adotar uma estratégia até então inovadora em um conflito em larga escala que, em sua essência, trazia a agilidade como principal fundamento, introduziram um elemento novo de difícil entendimento e interpretação aos aliados. Quando estes se deram conta, já era tarde demais. Em 25 de junho de 1940, a França declarou sua rendição total à Alemanha.

Essa passagem histórica guarda inúmeros aprendizados ao ambiente empresarial, sendo uma poderosa metáfora para nosso tempo. Utilizando com o devido cuidado essa figura de linguagem como recurso de aprendizado e sem nenhum compromisso ou viés ideológico, é possível comparar o movimento da Blitz dos exércitos alemães com as manobras adotadas pelas novas empresas vitoriosas dessa nova era. As outrora startups que hoje compõem o rol das empresas mais valiosas do planeta geraram uma ruptura no mercado empresarial ao adotar modelos de gestão mais ágeis, o que lhes conferiu uma velocidade inédita em sua evolução.

Da mesma forma e com os mesmos cuidados, é possível comparar a reação dos exércitos aliados com as companhias tradicionais que, incrédulas, demoraram para entender o que estava acontecendo, ficando presas às suas crenças e verdades enraizadas há século.

Os líderes consagrados e estrelados do exército francês, com sua arrogância típica, simplesmente consideravam que não era possível o ataque alemão pela densa floresta das Ardenas, região da Bélgica onde se iniciou o movimento.

Registros históricos apontam que um aviador do exército francês reportou a seus líderes a imensa coluna de panzers e veículos de guerra alemães na região, em um dos maiores congestionamentos dessa natureza já testemunhados. A despeito das evidências, a reação dos líderes aliados foi de incredulidade e desconfiança com a informação de um representante de seu próprio exército. Preferiram ignorar o risco.

Qualquer semelhança com a reação dos atuais líderes corporativos diante das novas ameaças advindas desse novo mundo, seguramente, não é mera coincidência.

A opção pela manutenção do status quo em detrimento de uma reflexão mais aprofundada sobre a gestão de inovações impostas pela nova dinâmica tem cobrado um preço cada vez mais alto das já citadas empresas. As que demoram a abrir os olhos sucumbem diante da irremediável realidade que se impõe de forma cada vez mais marcante e explícita.

Como no bem-sucedido ataque nazista à França, uma das perspectivas mais relevantes do novo contexto, também chave para a estratégia adaptativa, é a agilidade.

Em um ambiente que se transforma com uma velocidade inédita, acelerada pela pandemia do novo coronavírus, é simplesmente ilógico manter o ritmo de tomada de decisões do passado. Não se trata mais de uma figura de linguagem ou aconselhamento típico de palestrantes ou consultores: não é razoável ou exequível supor que o modelo de gestão adotado tenha o mesmo ritmo do passado. Essa é uma sentença que, já é consenso, está pacificada.

A questão que deve ocupar lugar central nessa reflexão é de outra natureza: como obter a agilidade necessária para manter-se competitivo nesse ambiente, já que os novos protagonistas se movimentam de forma ágil e dinâmica?

Não é à toa que a resposta a essa provocação passa pela análise do comportamento dessas novas organizações em sua próspera escalada.

Uma das contribuições mais relevantes do surgimento das startups no mercado empresarial foi a introdução de novos modelos de gestão em contraponto aos tradicionais. Dentro desse espectro, um dos conceitos que mais chamam a atenção e têm íntima relação com a temática da velocidade são os chamados modelos ágeis de gestão.

Eric Ries, na obra *A startup enxuta*, teve importância fundamental no entendimento dessa visão ao enunciar como as startups estavam adotando a agilidade em seus sistemas de gestão. O sucesso do livro contribuiu para a popularização do conceito cujo domínio, até então, estava circunscrito ao clube das novas empresas de tecnologia localizadas do Vale do Silício, a meca do empreendedorismo digital.

Não deixa de ser curioso que, como consequência dessa populariza-ção, testemunhamos um movimento pendular típico do efeito manada tão presente no ambiente empresarial. Se, em sua origem, o conceito sobre agilidade era ignorado solenemente pelas organizações tradicio-nais, hoje, todos adotam – ou pensam que adotam – métodos ágeis em seu negócio.

Tem-se a percepção de que aqueles que não dominam o modelo estão totalmente por fora de um movimento óbvio. "Você não conhece Scrum, Sprint, Squad? Humm..." Pois os riscos da superexposição de um con-ceito sem seu domínio em profundidade são tão grandes quanto o da sua ignorância.

É necessário aprofundar o conhecimento sobre o que são os métodos ágeis de gestão para que seu processo de adoção seja legítimo e integrado à estratégia da organização.

Muitas pessoas ligam a origem desse conceito à abordagem *lean man-ufacturing* adotada pela Toyota, que, como já explorado no capítulo 1 desta obra, foi responsável por uma revolução no setor automotivo ao aumentar o foco na eficiência operacional por meio de um sistema de processo enxuto (*lean*) focado na diminuição de custos por meio da re-dução dos desperdícios.

É inegável que essa é uma influência importante para a evolução do conceito. Não à toa, foram dois japoneses, Nonaka e Takeuchi, no artigo "The New Product Development Game", publicado em 1986 na revista *Harvard Business Review*, que introduziram pela primeira vez de forma estruturada o conceito do *framework* Scrum.

Os autores fazem uma analogia com um dos movimentos principais do jogo de rúgbi – o Scrum – para apresentar as bases de um modelo de desenvolvimento de novos produtos mais ágil e participativo do que o convencional. É uma das primeiras referências de uma metodologia que se consagraram futuramente e que têm como essência os conceitos dos modelos ágeis.

A despeito da influência dessa concepção para a formação de suas teses, os métodos ágeis remontam, na realidade, ao campo da informática. A origem da sua construção teve como protagonista um grupo de programadores que buscavam uma opção mais flexível para o processo de desenvolvimento de softwares, pois estavam descontentes com as limitações impostas pelo modelo tradicional

Foi no ano 2000 que líderes de uma comunidade de programadores intitulada Extreme Programming se reuniu nos Estados Unidos com o objetivo de discutir diversas questões que envolviam o método de desenvolvimento de software XP (sigla para Extreme Programming, em inglês).

Nessa reunião, foram debatidas as características de uma nova metodologia conhecida como "método leve". Essa técnica representava uma contraposição aos chamados métodos pesados, já percebidos como excessivamente burocráticos, pois seguiam uma linha de formalização exagerada nas documentações e regulamentações de todo o sistema. A consequência do sistema tradicional gerava um modelo de desenvolvimento em cascata, em que todas as decisões eram encadeadas em um fluxo contínuo de ações, o que resultava em perda de agilidade e velocidade em todo o processo. Já havia um claro desconforto com o descompasso entre os métodos clássicos e o novo ritmo requerido pelos mercados.

Ao chegarem a essa conclusão, os participantes concordaram que a oportunidade de reflexão era muito maior do que a discussão específica sobre o método XP. Havia espaço e oportunidade para uma conceituação mais clara dos chamados métodos leves, construindo um novo arcabouço para essa metodologia.

Com o ambicioso objetivo de estruturar esse novo conceito, indivíduos da comunidade interessados nessa discussão foram convocados para uma reunião que aconteceu em fevereiro de 2001.

Esse encontro é um marco para a concepção dos métodos ágeis, pois dele surgiu e foi propagada toda a conceituação sobre o sistema de desenvolvimento de softwares ágeis. Como resultado das discussões, que contaram com a presença de dezessete pessoas, foi estruturado o documento central que formaliza o entendimento de todo o movimento: o manifesto ágil.

O manifesto ágil tem como fundamento doze princípios subordinados a quatro valores centrais:

- **Indivíduos e interação entre eles mais que processos e ferramentas.**
- **Software em funcionamento mais que documentação abrangente.**
- **Colaboração com o cliente mais que negociação de contratos.**
- **Responder a mudanças mais que seguir um plano.**

A abrangência do manifesto ágil vai além de princípios para o desenvolvimento de software, pois abarca alguns dos principais conceitos-chave da nova realidade empresarial, como a valorização das interações entre indivíduos; o valor da experiência prática em detrimento dos requisitos predeterminados; a importância da colaboração com o cliente; e a valorização da experiência em contraposição ao planejamento inflexível.

Essa adesão às demandas contemporâneas do ambiente empresarial em ebulição foi rapidamente percebida pelos empreendedores da nova economia. Com isso, além de impactar decisivamente o processo de desenvolvimento de software, os valores do manifesto ágil foram absorvidos por novos empreendedores que já estavam em busca de modelos mais adaptados à velocidade que visavam impor em seus mecanismos gerenciais.

Aos poucos, os conceitos começaram a migrar para os sistemas de gestão, fazendo emergir com força o conceito dos métodos ágeis de gestão, com uma miríade de novas metodologias surgindo, todas embaixo do mesmo guarda-chuva conceitual. O vocabulário corporativo é inundado por novos termos como Scrum, Sprint, Squad, entre tantos outros modelos desenvolvidos com o mesmo propósito: oferecer agilidade à gestão do negócio.

É importante entender que os métodos ágeis são, acima de tudo, uma filosofia de modelo de gestão. É sob esse conceito que estão contidos os diversos modelos que se popularizaram mais recentemente, como os já citados Scrum, Sprint, Squad, e os mais tradicionais, como Kanban, XP, entre outros.

Em não raras ocasiões, há a confusão da interpretação de entendimento de que o modelo específico é o método. Na realidade, são ferramentas relacionadas e interligadas a um contexto maior, que devem ser adotadas de acordo com sua sinergia com a dinâmica da empresa. **Não existe um modelo superior ao outro. Existe aquele mais adequado a determinada circunstância quanto a suas alternativas.**

A relação desse conceito com o novo tratado estratégico advém do entendimento de que os métodos ágeis são uma resposta a um ambiente carregado de imprevisibilidade e que demanda um processo de tomada de decisões mais ágil.

Um dos motores principais dessa agilidade provém da estrutura dessa metodologia, que está concentrada na visão de projetos. Essa concepção confere mais agilidade para a gestão, já que segrega a tomada de decisões em compartimentos menores relacionados à visão do todo em detrimento do modelo de cascata, que subordina todas as decisões ao mesmo sistema.

Os projetos selecionados são estruturados em ciclos de entregas incrementais e iterativas, o que confere mais cadência e velocidade ao processo. Lembrando que iteração e interação são palavras parônimas, isto é, apresentam som e grafia semelhantes, mas significados distintos. A iteração, característica dos métodos ágeis, tem como definição os movimentos que fazem progresso por intermédio de tentativas sucessivas de refinamento. A evolução por intermédio da prática é outro conceito central da metodologia.

Essa estrutura torna todo o processo muito mais ágil e baseado em experimentos práticos, diminuindo o espaço para interpretações pessoais sem lastro com as respostas dos clientes ou interlocutores impactados por cada ação. Essa peculiaridade reforça a interdependência dos métodos ágeis com a gestão de dados na estratégia adaptativa, já que só mesmo por meio do acesso a informações qualificadas é possível tomar as melhores decisões. Um sistema reforça o outro com referências e insumos que corroboram ou não as teses geradas para o negócio.

Esse é um contraponto ao modelo tradicional, que tem como base a concepção de um longo processo de planejamento e a implantação de um fluxo contínuo de acordo com o planejado, de forma mais inflexível e estruturada. A velocidade de todo o sistema é equivalente às transmissões de informações de uma camada a outra desse fluxo linear que não comporta iniciativas paralelas.

Como os métodos ágeis são construídos a partir de ciclos de entregas, as próximas fases respondem aos aprendizados das anteriores e determinam os próximos passos. Dessa forma, a metodologia é muito menos determinista do que o conceito clássico, já que a evolução de projetos nessa nova perspectiva é imprevisível por definição.

Na sua essência, o principal objetivo dos métodos ágeis é permitir uma entrega rápida e de alta qualidade de um projeto, tendo uma abordagem orientada ao cliente (no centro de nosso modelo sempre está o *customer centricity*) aliada aos objetivos do negócio.

Uma dimensão fundamental para que esse modelo funcione e que representa uma ruptura em relação ao clássico modelo de silos e departamentos funcionais é que os métodos ágeis pressupõem o trabalho em equipe, com a formação de times multidisciplinares que atuam em conjunto, independentemente de seu cargo ou função.

As equipes multifuncionais se reúnem de acordo com o problema a ser resolvido e os objetivos a serem alcançados. A seleção dos indivíduos que farão parte dos times obedece a uma visão das competências requeridas para a exploração daquele projeto, não de seus cargos específicos. Não são raras as situações em que líderes de times têm cargos inferiores a alguns componentes da equipe que devem se subordinar às suas decisões.

Essa peculiaridade representa um desafio e tanto para empresas acostumadas ao modelo hierarquizado em que as relações de poder dão a tônica dos relacionamentos. As organizações que adotam qualquer método ágil sem entender que se trata de uma filosofia, e não apenas de uma estrutura de trabalho, tendem a não apenas gerar resultados insatisfatórios com a iniciativa, mas, sobretudo, acelerar o processo de incertezas na companhia, já que estão acelerando um fluxo de informações que chegará mais rapidamente a seu gargalo.

Esse nível de consciência é imperativo para que a estratégia adaptativa seja adotada pela organização e justifica a relevância da comunicação como uma das ferramentas essenciais em todo o processo. Esse recurso tem uma natureza mais conceitual, pois define claramente as razões para a adoção desse modelo; e outra mais factual, pois comunica frequentemente a todos a evolução de cada etapa do processo.

Uma boa referência para o entendimento de uma aplicação prática bem-sucedida de um método ágil, integrado à estratégia do negócio, pode ser observada em uma das organizações mais reluzentes da atualidade: o Spotify.

A empresa, fundada em 2006 em Estocolmo, na Suécia, é a atual líder no segmento de streaming de áudio. A companhia fechou o primeiro trimestre de 2020 com 260 milhões de usuários em todo o mundo, sendo que, destes, 130 milhões são assinantes pagos da plataforma (o restante utiliza seu serviço gratuito). A empresa, que fez sua abertura de capital em 2018, teve um valor de mercado aproximado de 30 bilhões de dólares em 2019 e faturou 7,4 bilhões de euros no mesmo ano.

Um dos eixos principais desse êxito concentra-se na obstinação da empresa em proporcionar a seus clientes uma experiência superior com seu serviço. Para isso, utiliza-se fartamente de algoritmos e gestão de dados aliada a métodos ágeis para dar cadência e velocidade ao desenvolvimento de novas funcionalidades e melhorias em seu produto.

Foi no Spotify que se desenvolveu um dos modelos de gestão ágil mais populares da atualidade: o Squad.

Desde seu nascimento, a empresa já adota a filosofia ágil no desenvolvimento de seu software e em seu sistema de gestão. O Scrum foi a metodologia selecionada pela organização, e a então startup adotou os preceitos desse *framework* para se organizar em times pequenos (menos de oito componentes) trabalhando em iterações de poucas semanas no desenvolvimento e na entrega de versões funcionais de seu software.

Um dos motivos do rápido crescimento do negócio foi justamente essa abordagem ágil, já que em pouco mais de dois anos do lançamento de sua versão operacional a plataforma já contava com uma base de mais de 1 milhão de assinantes.

Um dos desenvolvimentos mais bem-sucedidos do aplicativo demonstra claramente a influência dessa filosofia na organização, pois foi proveniente dessa prática. Um pequeno time de desenvolvimento utilizou a metodologia para resolver um problema do cliente do serviço previamente identificado e que estava gerando insatisfação e cancelamentos.

A plataforma já contava com milhões de músicas disponíveis a seus ouvintes (hoje, estima-se que sejam mais de 35 milhões de opções). Nesse contexto, totalmente novo para qualquer indivíduo acostumado com as limitações impostas pelo modelo tradicional repleto de LPs e fitas cassete, seu usuário ficava perdido e não conseguia identificar outras músicas além daquelas que já constavam em sua *playlist*. Com isso, a percepção era de baixo valor, pois toda a potencialidade do aplicativo não estava sendo explorada adequadamente.

Um pequeno time de desenvolvimento se reuniu para analisar uma questão bem prática e assertiva (essa construção faz parte do método): como diminuir o esforço para que os ouvintes encontrem as músicas desejadas em meio a uma biblioteca com milhões de opções?

Dentro de duas semanas, a equipe dedicada desenvolveu um protótipo de uma funcionalidade que tem como base algoritmos que analisam o gosto musical de cada cliente, tendo como base suas músicas e álbuns preferidos, e os compara com a de outros ouvintes com perfil similar em todo o mundo. Com essa correlação, o sistema faz inferências sobre a preferência musical de usuários com características semelhantes, gerando uma lista de sugestões customizadas a cada cliente com opções alternativas àquelas às quais o usuário está habituado. Dessa forma, ampliam-se as possibilidades de escolhas para cada ouvinte, além de permitir uma maior usabilidade e exploração da plataforma.

Em um primeiro momento, a funcionalidade foi testada junto aos próprios funcionários da plataforma, todos usuários ativos, que aprovaram a novidade. O time, então, fez um novo experimento, dessa vez impactando 1% da base de clientes ativos do serviço (essa amostra já representava dezenas de milhares de pessoas). Mais uma vez, o retorno foi positivo, validando a tese de que aquele novo serviço seria valorizado pelos clientes.

Em dois meses, estava disponível a toda a base de usuários da plataforma a opção "Descobertas da semana". A funcionalidade apresenta uma lista de músicas sugeridas customizadas para cada indivíduo com essa periodicidade. As estimativas da empresa apontam que, desde seu lançamento, esse serviço foi responsável pela descoberta de mais de 6 bilhões de músicas. O sucesso foi tão expressivo que essa opção se consolidou como uma das principais marcas da plataforma, fortalecendo seu posicionamento e a conexão com seus clientes.

A expansão acelerada da startup, no entanto, começou a gerar desafios para a manutenção do modelo Scrum, já que o crescimento da quantidade de times tornava a gestão de todas as frentes complexa e trazia o risco da perda de agilidade advinda da dificuldade de integração de todas as equipes.

A escalabilidade do modelo não era proporcional à do negócio, e as práticas do *framework* começavam a causar dificuldades em vez de trazer velocidade para a expansão do projeto.

Seguindo um dos valores essenciais do manifesto ágil, que aponta que pessoas são mais importantes do que processos, a empresa reviu todas as práticas de Scrum, tornando-as opcionais a seus times de desenvolvimento. Eles tinham, a partir daquele momento, autonomia para fazer aquilo que fosse útil para a evolução do projeto, de acordo com sua interpretação, sem se ater aos requisitos literais do método. O que não funcionasse deveria ser descartado, sem apego.

Mesmo oferecendo essa autonomia e liberdade para as equipes, muitos ainda se sentiam culpados em não seguir à risca as técnicas descritas no guia Scrum. A solução foi renomear todo o processo. Os times foram batizados de Squads (esquadrões, em português) em vez de Scrum Teams. Os líderes de cada equipe foram renomeados para Agile Coaches em substituição a Scrum Masters.

A despeito do impulso e da relevância gerados pela mudança das nomenclaturas, o processo deveria ser muito mais profundo do que essa dimensão. Os líderes do Spotify decidiram evoluir na estrutura do modelo. Cada Squad deveria ser composto de um time multifuncional (sempre com menos de oito componentes) que ocuparia o mesmo ambiente de trabalho, com todo o mobiliário adaptado a fornecer a colaboração total entre os participantes. O espaço deveria ser confortável, com áreas para rápidas reuniões entre todos e as paredes transformadas em quadros brancos para a captura e o registro das ideias com agilidade.

Cada um dos Squads teria um objetivo de longo prazo aliado a outros de curto prazo alinhados com a estratégia do negócio. Esses objetivos seriam combinados trimestralmente com o time executivo da companhia, porém cada equipe teria autonomia total para atingir suas metas. Ou seja, cada Squad tem poder de decisão sobre quais funcionalidades devem ser desenvolvidas, como devem ser implementadas e o método de trabalho adotado. As entregas deveriam ser completas, considerando design, programação, instalação, acompanhamento do experimento e tudo necessário para entregar um produto funcional do começo ao fim.

Essa estrutura é crítica para o sucesso do processo, já que confere velocidade à tomada de decisões da empresa em substituição às deliberações centralizadas em comitês cuja aprovação tende a consumir muito tempo.

A decisão de trabalhar com esse modelo foi um sucesso. Em pouco tempo, já havia mais de cinquenta times espalhados por quatro cidades de todo o mundo desenvolvendo simultaneamente diversas funcionalidades para o produto, como a opção "Álbuns recomendados", as opções de *player* para web, a adaptação para impulsionar *podcasts* na plataforma e assim por diante.

A agilidade conferida pelo novo modelo não tem comparação com o modelo tradicional e conferiu uma velocidade inédita ao negócio.

É evidente que a crescente complexidade do projeto gerada pela expansão acelerada da organização torna a colaboração e sincronização de tantos times altamente desafiante. Essa dinâmica fez com que o processo fosse aprimorado cada vez mais.

Dessa demanda, surgiram as Tribes (tribos, em inglês), que reúnem um conjunto de Squads atuando em dimensões de gestão distintas, e também o conceito de Guilds (algo como associações ou comunidades de interesse, em inglês), que reúnem pessoas de diversas tribos em torno de assuntos similares, como a Guild de Liderança ou Qualidade de Código e assim por diante.

A despeito do êxito do modelo, é imperativo reconhecer os desafios de sua implementação, que requer alta dose de comprometimento e foco em sua execução, pois certamente muita coisa dará errado pelo caminho. **Um dos preceitos fundamentais para que essa jornada seja bem-sucedida é um dos princípios mais relevantes dos modelos ágeis: confiança.**

Esse atributo permeia todo o sistema, pois deve estar presente no relacionamento entre membros de cada equipe e entre os times e o corpo executivo da organização, que deve aceitar e assumir os erros como parte do processo de aprendizado. Se não houver essa aceitação legítima e genuína em todo o contexto, a inovação será tolhida, já que não serão buscadas novas abordagens devido ao receio de represálias.

Essa abordagem é tão relevante que muitos Squads da empresa mantêm em seus espaços uma *"Fail Wall"* (algo como "Muro de fracassos"), uma parede repleta das histórias das falhas mais importantes já cometidas pela empresa. É uma forma de não deixar cair no esquecimento as lições aprendidas com os erros do passado.

O modelo dos Squads extrapolou os muros do Spotify e tem sido adotado por inúmeras empresas interessadas em gerar mais agilidade em seus negócios em todo o mundo.

É importante registrar, mais uma vez, o risco de entender a implantação de um método ágil como mais um modelo de gestão sem que ocorra um cuidado maior com o sistema de crenças da organização.

Copiar o modelo do Spotify, em vez de ser uma solução, pode configurar-se em um verdadeiro desastre se o processo não vier acompanhado de uma interferência direta na cultura da organização. **O segredo não**

está na substituição do modelo clássico ou na adoção de equipes multidisciplinares. O aspecto central reside na conexão de todos os elementos da estratégia adaptativa que atuam de forma interdependente.

É nessa interdependência que está contida uma dimensão que extrapola a simples adoção de modelos ágeis e que, com frequência, é negligenciada pelas organizações. Isso resulta em gargalos para quem não tem uma preocupação maior com seus efeitos: a alocação de recursos e formação dos orçamentos corporativos.

O modelo clássico de formação de orçamento sempre foi estruturado em cascata, com os recursos sendo alocados de forma contínua em um fluxo de atividades interligadas a um objetivo central. Como resultado, há um desdobramento do planejamento estratégico segregado por áreas funcionais e cada departamento é responsável por um orçamento de acordo com suas metas e objetivos.

Para garantir a homogeneidade de todo o sistema, o processo é centralizado em uma única estrutura que controla a execução do orçamento e sua evolução.

Esse sistema foi estruturado para privilegiar estabilidade e previsibilidade e, como consequência, tem como padrão pouca flexibilidade para alterações ou mudanças. Fazia sentido em um ambiente estável e previsível no qual havia condições de entender, *a priori*, as oscilações e mutações do cenário externo.

Uma das principais consequências e características desse método é que ele tem notória dificuldade em acolher oportunidades e iniciativas que estejam fora do padrão mapeado no planejamento estratégico com antecedência. Essa particularidade gera falta de mobilidade e lentidão na tomada de decisões, principalmente aquelas relacionadas à inovação caracterizadas por alta dose de incerteza quanto a seus resultados e evolução.

A agilidade, tão requerida no sistema da estratégia adaptativa, requer mais do que a adoção de modelos ágeis de gestão. É mandatório que seja definido um novo padrão nesse processo de orçamentação. De modo algum preconizamos que seja necessário desvencilhar-se do método tradicional, que tem inomináveis méritos por permitir uma orientação única a toda a organização em relação aos objetivos estabelecidos.

É imperativo reconhecer, no entanto, que esse sistema apresenta limitações perante o novo momento que vivemos e, por isso, requer uma visão complementar para torná-lo mais apto a ser bem-sucedido no atual cenário dos negócios, um indutor na conquista de mais agilidade nos mecanismos de gestão da organização – e não um obstáculo.

A visão complementar à clássica compreende um processo mais descentralizado e flexível que também esteja concentrado na destinação de recursos para inovação e em torno da descoberta e exploração de novas oportunidades. Para garantir unicidade da implantação estratégica, mesmo descentralizados, esses recursos devem estar ligados a uma governança única.

Essa governança deverá ser estabelecida tendo a flexibilidade – e todos os seus desafios em processos como esse – em sua essência. Em contraposição ao passado, a alocação de recursos deve ser ágil, sendo estes mobilizados e desmobilizados rapidamente de acordo com as resoluções de saída ou manutenção das oportunidades mapeadas. O sistema formal de tomada de decisões em comitês e conselhos ou aqueles que optam pelo processo de concentração de deliberações em poucas pessoas não gerarão a agilidade necessária.

Uma das distinções centrais desse novo modelo que demanda muita coragem de toda liderança é que é requerida a abertura para alocações de recursos descentralizados orientados a oportunidades reais de negócio, com pouca visibilidade sobre seu êxito. Essa é uma dinâmica diametralmente oposta à convencional, que foi estruturada e aprimorada ao longo de mais de cem anos justamente para evitar o fracasso. Não só o sistema foi fundamentado nessa lógica como todo o sistema de pensamento de líderes está ancorado nessa perspectiva exitosa no passado, porém colocada em xeque pelas transformações do presente.

A flexibilidade da alocação de recursos do orçamento tem exatamente o objetivo de diminuir o impacto causado por iniciativas mal-sucedidas. A liberação dos fundos deve ter íntima relação com as fases de validação dos experimentos e projetos sendo liberados ou não de acordo com sua evolução. O exemplo citado do desenvolvimento da funcionalidade "Descobertas da semana" pela Spotify apresenta uma referência prática desse processo. À medida que a nova funcionalidade era validada, os esforços eram mobilizados para a nova etapa de validação, e os recursos eram liberados de acordo com a ratificação da tese.

Se no modelo convencional o foco estava centrado na precisão da execução do orçamento de acordo com o planejado, aceitando a maior lentidão do processo, o atual é rápido, mas com uma menor precisão, já que essa particularidade faz parte da dinâmica de aprendizado e da ênfase na rápida execução da estratégia. Essa nova filosofia em alocação de recursos tem como principal orientação as descobertas em detrimento de cumprir rigorosamente o planejamento e as previsões construídas antes.

Essa agilidade é fator crítico em todo o sistema para que as iniciativas pouco promissoras não drenem energia e recursos desmedidos da organização. A prática do desapego com os projetos que demonstram ser pouco promissores é parte integrante desse novo sistema. **Se, no modelo convencional, as estratégias de saída são vistas como estrategicamente indesejáveis, no novo modelo a ordem é falhar rapidamente e aprender com as saídas que ocorrem em um ritmo estável em contraposição às inesperadas e, muitas vezes, com dramas no pensamento tradicional.**

É por entender as distinções entre a evolução dos parâmetros convencionais da organização e as incertezas advindas do processo de desenvolvimento de inovações que é recomendado que o orçamento destinado a novas iniciativas seja segregado daquele orientado à rotina do negócio.

Não apenas a gestão deve ser particular, mas também é necessário que exista uma alocação específica de recursos para as ações relacionadas à inovação. Se isso não ocorrer de forma disciplinada e organizada, há o risco iminente de, na menor instabilidade gerada no negócio usual, decidir-se pela desmobilização dos fundos determinados para as novas e incertas iniciativas. Em não raras ocasiões, temos testemunhado essa dinâmica em empresas consolidadas que, como consequência, não conseguem desprender-se do foco restrito ao curto prazo, colocando em perigo a sustentabilidade do negócio.

Um outro aspecto a ser refletido no processo clássico de orçamentação diz respeito à tendência por privilegiar a centralização das atividades e recursos internos das organizações com pouco espaço para parcerias estratégicas externas ou arranjos com outras empresas.

Para obtenção de mais agilidade, o modelo de gestão e alocação de recursos deve considerar a alavancagem com agentes externos. Em muitas situações, os benefícios da agilidade conquistada por parcerias estratégicas bem estruturadas são maiores do que a perda potencial advinda do compartilhamento das receitas em projetos com esse perfil.

Esse pensamento não é intuitivo para o pensamento tradicional, que sempre se dedicou a valorizar e acumular recursos próprios visando a obtenção de ganhos de escala e maior poder de barganha nas relações corporativas com os demais *stakeholders* da companhia. A mobilização da expansão e exploração de oportunidades por meio de iniciativas com agentes externos deve ser uma das vertentes estratégicas na alocação dos recursos da companhia.

A agilidade é aspecto central no novo tratado estratégico, pois garantirá a execução da implantação da estratégia da organização na velocidade requerida. Se esse modelo não for adotado, por mais que ocorra uma gestão baseada em dados e que o cliente seja um ator central na jornada de criação de valor da companhia, a cadência de sua evolução não acompanhará a do mercado, gerando um perigoso descompasso e ameaça perante companhias mais velozes e adaptadas ao meio.

O êxito desse novo sistema advém do alinhamento do sistema de alocação de recursos e formação de orçamento da organização com a adoção dos modelos ágeis de gestão. São dois sistemas de alta complexidade que evidenciam o tamanho do desafio do processo de migração do modelo estratégico clássico para esse novo. Não se trata de um movimento factual ou apenas baseado em uma "reestruturação organizacional".

É, sobretudo, uma mudança no sistema de pensamento da organização. Uma interferência direta em todo o conjunto de crenças e valores da empresa fundamentados há décadas ou, em alguns casos, séculos.

Esse novo modelo não será absorvido por meio de diretrizes arbitrárias ou autoritárias advindas do topo da organização. Seu sucesso depende, sobretudo, da adoção dessa nova filosofia por toda a companhia. Do contrário, cairemos no velho e bom risco do "me engana que eu gosto". Essa dinâmica, tão característica no ambiente empresarial, acontece quando líderes fingem que seus liderados estão adotando as premissas ordenadas ao mesmo tempo que esses últimos fingem que estão fazendo tudo de acordo com o definido. No final das contas, nada está se transformando, e a empresa apenas está mimetizando práticas do passado com uma roupagem nova, mais modernosa e bonita, ideais para serem divulgadas além dos muros da organização.

Essas ações cosméticas e acessórias fazem muito bem ao ego de líderes empresariais quando publicadas nas capas das revistas de negócios ou são muito favoráveis a estratégias de assessoria de imprensa. Na prática, porém, impera o caos nas organizações vitimadas por esse mal, já que se por um lado as práticas anteriores não estavam dando o mesmo resultado, por outro, eram pelo menos conhecidas e familiares a todos.

Sem uma mudança na filosofia da organização, a estratégia adaptativa é mera peça de ficção. Por isso, é central para o modelo a reflexão sobre a cultura organizacional e sua influência em sua consolidação – ou não.

O segredo não está na substituição do modelo clássico ou na adoção de equipes multidisciplinares. O aspecto central reside na conexão de todos os elementos da estratégia adaptativa que atuam de forma interdependente.

CAPÍTULO 9:
A IMPORTÂNCIA DA CULTURA ORGANIZACIONAL NA ESTRATÉGIA ADAPTATIVA

Como diz aquele ditado popular, "não podemos tapar o sol com a peneira":** o processo de migração do sistema organizacional com a adoção de novos elementos que compõem a essência da estratégia adaptativa é altamente complexo e desafiador.

Por mais que seja alto o nível de consciência da organização a respeito da imperativa necessidade de mudanças, a estabilidade e manutenção do status quo são condições muito mais confortáveis e mais desejadas do que a postura de confrontar todas as crenças e sistemas estabelecidos há décadas – ou, em alguns casos, há séculos – na companhia.

É mandatório reconhecer que não se trata de uma mera mudança na arquitetura organizacional da empresa ou da adoção de novos sistemas tecnológicos e processos. É um movimento que vai muito além dessas decisões. Trata-se, sobretudo, de uma interferência direta em todo o sistema de crenças e filosofia da empresa. Se essa visão não for considerada no processo de transformação da organização, todo esforço será em vão. Irremediavelmente.

A relevância da cultura organizacional na composição da estratégia adaptativa emerge dessa convicção. O elemento que dá a liga unindo todas as partes do modelo é o sistema de pensamentos da empresa que se expressa em sua cultura.

A gestão baseada em dados ou a adoção de métodos ágeis só conferirão seus ganhos potenciais à medida que estiverem introjetadas nas crenças de todos os colaboradores do negócio. Esse processo deve ser legítimo e verdadeiro, sendo vivenciado de fato por toda a organização sem cair na armadilha fácil dos discursos polidos e politicamente corretos.

Esse é um dos temas mais relevantes do momento e mereceu nossa atenção especial no livro *O novo código da cultura*, publicado em 2019. Recomendamos que o leitor que tem interesse pelo aprofundamento do tema leia atentamente esse material para ter os subsídios necessários para seu entendimento sobre o sistema, sua formação e consequências nessa nova era.

Considerando sua pertinência e relevância como um dos componentes da estratégia adaptativa, exploraremos, por aqui, os principais elementos de sua influência para a construção desse conceito – haja vista que, desde sempre, cultura organizacional e estratégia andam de mãos dadas.

Não deixa de ser paradoxal observarmos como culturas fortes, que se configuraram ao longo dos anos como fonte de vantagem competitiva de organizações tradicionais, acabam por se estabelecer como um dos principais desafios a serem suplantados para o processo de transformação da empresa.

Ao mesmo tempo que proporciona a estabilidade necessária para a sobrevivência da organização, a cultura tem a capacidade de prover a inflexibilidade que impede a mudança, uma vez que seus mecanismos tendem a ser mais rígidos.

Até então, esse não era um problema capaz de merecer a atenção dos líderes empresariais, já que a lógica da estabilidade funciona muito bem em um mundo previsível com o sistema inflexível adaptado aos modelos estratégicos tradicionais. No novo ambiente, porém, trata-se de uma armadilha e um obstáculo decisivo para adaptação a um modelo mais versátil, flexível e alinhado ao meio.

As peculiaridades desse ambiente demandam a adoção de uma cultura que esteja alinhada a essa nova realidade. Uma que seja muito mais flexível, uma vez que as verdades absolutas ruíram; muito mais aberta ao exterior, posto que as respostas estão presentes no exterior da organização; cooperativa, pois o novo ambiente envolve conhecimento multidisciplinar, opiniões complementares e, sobretudo, uma nova cultura que esteja aberta ao aprendizado.

Para os líderes de empresas tradicionais competirem em pé de igualdade com os novos protagonistas do ambiente empresarial, é preciso que confrontem suas verdades absolutas e instituam um sistema de crenças mais adaptado a este novo mundo.

Isso não significa confrontar a sua essência. Pelo contrário, todos os nossos estudos mostram que os casos bem-sucedidos de transformação organizacional emergem a partir dos valores essenciais da organização. Esse movimento se evidencia na bem-sucedida adaptação da Microsoft aos novos tempos liderada por Satya Nadella ou ainda, no Brasil, no caso do Magalu, conduzido por Frederico Trajano – ambos explorados em detalhes em *O novo código da cultura*. Essas organizações têm sido capazes de introduzir um modelo mais adaptado de sua filosofia empresarial sem descartar ou desprezar todo o potencial gerado em sua trajetória e história.

A transformação da organização é derivada de sua essência, e não é desprezando suas crenças que esse processo será exitoso.

É do encontro do novo com o essencial, em um movimento no qual a empresa e seus líderes têm a coragem de descartar o que não é mais útil ou adequado e absorver novos elementos e valores, que vai emergir uma nova cultura mais adaptada a este novo mundo e integrada ao novo tratado estratégico.

O "efeito manada" dá as caras e culmina no erro de imaginar que uma empresa tradicional tem de agir como uma startup, simplesmente devido à popularidade desta. Mais do que se comportar como empresas digitais ou uma startup, as organizações devem encontrar sua própria identidade, entendendo o que têm a aprender com os padrões adotados, com sucesso, por essas novas companhias.

Uma confusão comum relacionada a esse território é ver cultura apenas como um resultado a ser obtido. Na realidade, a cultura de uma organização é um sistema interdependente de causa e efeito.

É causa na medida em que há uma relação causal entre sua influência na empresa e os resultados obtidos em todas as dimensões – inclusive a financeira – do negócio. Os efeitos do sistema de pensamentos da organização influenciam de forma decisiva a sua performance, principalmente no que tange a seu alinhamento com as demandas externas. Quanto mais a cultura for aderente ao ambiente em que atua – e a todos os seus agentes –, maior será a tendência de um resultado positivo para o projeto.

Em contrapartida, cultura também é consequência. Todos os comportamentos e práticas da organização influenciam seu sistema de crenças que é aprendido e modelado pelo fazer, sendo resultante de atos que se tornam habituais e derivam em algo coerente e significativo.

Se por um lado a cultura é a maneira como a organização pensa e age, por outro, ela se modela e é modelada pela ação individual de seus colaboradores nas suas práticas diárias. Por esse motivo, apenas palavras e pronunciamentos motivacionais que não refletem as crenças mais arraigadas do negócio não passam de recursos superficiais que não se consubstanciam em resultado algum.

A cultura se traduz na prática do negócio, nas atividades executadas diariamente, na forma como as decisões são tomadas, no modo como seus líderes se relacionam com seus colaboradores, no jeito como a empresa trata seus clientes e assim por diante. Em uma tradução mais livre, podemos afirmar que cultura é o jeito de ser da organização.

Ela é a filosofia que define a missão, prioridades e o modo de fazer as coisas na companhia, indo muito além de slogans bonitos ou escritórios modernos. Uma cultura forte não prospera espontaneamente em uma organização. É fruto de um processo deliberado e dinâmico construído de maneira propositiva, tendo a liderança da companhia papel fundamental nessa orquestração. Os elementos que compõem uma cultura sempre emergem do topo.

Há um aparente paradoxo nessa orientação, no entanto. Por mais que as deliberações e influência sobre o sistema de crenças da organização tenha sua origem de cima para baixo, ou seja, da liderança para a base da pirâmide organizacional, em um movimento conhecido como *"top-down"* (de cima para baixo, em inglês), para que o processo de adesão ao sistema seja pleno e tenha validade, é necessário que exista o engajamento de todas as camadas da empresa que terão influência decisiva em seu processo de formação, em um movimento conhecido como *"bottom-up"* (de baixo para cima, em inglês).

O clássico modelo de comando e controle, que se expressa em um fluxo vertical de informações e decisões, não irriga adequadamente o sistema, culminando com a falta de engajamento de todos. É requerida uma abordagem mais aberta e participativa que considere todos da organização como protagonistas do processo, envolvendo e motivando-os a participarem ativamente de sua constituição e preservação.

A principal função da cultura é garantir coesão necessária junto a todos os agentes organizacionais, assegurando seu alinhamento com o conjunto de crenças e normas definido por aquele sistema. Sem engajamento de toda a companhia, esse objetivo não é atingido, já que há dispersão de esforços e direcionamento.

A correlação da cultura organizacional com a estratégia adaptativa é evidente, e uma das vertentes nas quais ela se revela de forma mais clara é no principal resultado almejado com o novo tratado estratégico: a inovação constante.

Essa perspectiva tem se tornado muito comum no ambiente empresarial com a popularização da demanda pelo fortalecimento da chamada cultura de inovação.

Considerando que cultura não é um resultado, nossa perspectiva é que a conhecida cultura de inovação é, em realidade, a consequência de um sistema que tem em sua essência elementos que contribuirão para que a inovação esteja introjetada na filosofia e mentalidade da organização.

No final das contas, cultura de inovação não existe. O que existe é um sistema mais adaptado a essa perspectiva que terá como base a identidade da empresa, suas crenças, seus valores e pressupostos básicos. Assim e com o tempo, a adoção dessa mentalidade vai culminar com um processo contínuo e cada vez mais autônomo orientado à inovação, permeando a tudo e a todos na organização.

Tendo como base essa visão, enunciamos em *O novo código da cultura* os elementos de um novo modelo de cultura organizacional mais adaptado aos novos tempos, revelado pela figura abaixo:

Uma das principais fontes para concepção desse modelo foi um estudo profundo sobre o perfil das organizações protagonistas dessa nova era. Não é à toa que todas as empresas, sem exceção, que compõem esse núcleo valorizam de forma obstinada os elementos de sua cultura organizacional. Jeff Bezos, da Amazon, Satya Nadella, da Microsoft, Reed Hasting, da Netflix, são apenas alguns líderes que já externalizaram a importância desse sistema para a expansão e prosperidade de seus projetos.

Da mesma forma que no modelo da estratégia adaptativa, no centro do *framework* sobre a nova cultura está presente o cliente. Não é coincidência que todos os sistemas e modelos de gestão adaptados ao novo ambiente tragam essa mesma perspectiva. Se todo pensamento estratégico deve emergir para colocar o cliente no centro da jornada de criação de valor da companhia, o sistema de pensamentos da empresa deve caminhar para a mesma orientação, promovendo esse agente ao âmago de todas as reflexões geradas na companhia.

Se no centro do modelo está o cliente, o farol da nova cultura deve ser o propósito da organização.

Os anos recentes têm testemunhado a valorização do propósito dentro do âmbito empresarial. Esse comportamento é consequência da valorização do tema na própria sociedade cujos indivíduos ambicionam cada vez mais ser protagonistas, independentemente do ambiente em que estejam atuando. Essa é uma perspectiva bem distinta da clássica, que dava as cartas no contexto empresarial no qual, em não raras as ocasiões, o indivíduo apenas encarava seu emprego como uma forma de sustento e geração de renda, independentemente de outros atributos.

Indivíduos, cada vez mais, têm se relacionado com visões de mundo, e não mais com marcas ou companhias frias. O propósito torna clara a visão da empresa e seu conjunto de valores e crenças. Por isso, uma das dimensões mais relevantes do sistema é que, ao ser enunciado de forma explícita e transparente, ele permite a atração de indivíduos afinados com as crenças da companhia, que acreditam na sua causa e se identificam com ela.

É por isto que a visão de propósito de uma organização é parte integrante de sua cultura: está incorporada ao seu sistema de pensamentos.

Em uma visão simplista, o propósito se consubstancia pela integração da vocação da companhia, sua identidade, com as demandas da sociedade. Toda organização tem um propósito e quanto mais ele for aderente a uma necessidade real da sociedade, maior será sua força de atração junto a todos os agentes sociais.

Há uma passagem muito representativa a respeito do poder dessa visão para a Amazon. Jeff Bezos comenta que, no início do negócio, surgiu a ideia de oferecer aos compradores a possibilidade de eles próprios avaliarem os livros consumidos. O que é tão trivial no presente, o sistema de *rating* (aquele em que se dá uma nota a um produto inserindo seus comentários na plataforma) não existia na época. A ausência da funcionalidade não era apenas por uma questão tecnológica, já que inexistiam alternativas viáveis para dar voz aos clientes de forma massificada. Um aspecto central é que não havia uma dimensão cultural que valorizasse esse benefício, já que, como vimos na visão evolutiva da estratégia, orientar-se às demandas do cliente, considerando-o como protagonista no processo de criação de valor da organização, não era o padrão das práticas daquela realidade empresarial.

Entusiasmado, o fundador da Amazon comenta que levou a ideia a um grupo de líderes do setor editorial. A conversa foi como um balde de água fria, refreando o entusiasmo do empreendedor. Os representantes do segmento foram absolutamente resistentes à nova funcionalidade. O motivo dessa reação? Simples: o que acontecerá com as obras que receberem uma avaliação negativa? "Nós venderemos menos livros", foi a frase uníssona recebida por Bezos.

A resposta do empreendedor a essa indagação demonstra a força do propósito da marca, que se expressa em sua visão de negócios: "Mas quem disse que a Amazon está no negócio de vender livros? Nosso principal objetivo é contribuir para que nossos clientes tomem a melhor decisão de compra para suas vidas".

Observe como o enunciado conecta uma vocação da companhia a uma demanda maior da sociedade traduzida em um comportamento de compras mais qualificado e otimizado aos indivíduos. Esse propósito foi essencial para que a empresa não ficasse restrita à comercialização de livros e ampliasse seus tentáculos para todo o varejo mundial.

O enunciado é unificador e alia todos os quase 1 milhão de colaboradores da companhia em uma direção única, atraindo aqueles que desejam se aliar à causa ao mesmo tempo que não acolhe quem não se identifica com a visão.

Uma cultura organizacional forte e aderente a esses novos tempos tem como orientação clara o propósito da organização.

Ladeando o cliente, o modelo considera duas vertentes: a cultura de resultados e a de aprendizado, que funcionam com um sistema de peso e contrapeso, oferecendo equilíbrio ao sistema.

Não deixa de ser curioso notar que, em muitas ocasiões, indivíduos se fascinam com a aparência das novas companhias, sobretudo as digitais, com seus escritórios modernos e benefícios distantes dos convencionais, como espaços de entretenimento e interação, práticas informais e assim por diante. Alguns têm a sensação de que essas empresas mais se assemelham a clubes ou espaços de diversão do que a negócios formais.

Ledo engano. Basta uma boa pesquisada em dados secundários ou então uma abordagem ativa junto a colaboradores ou ex-colaboradores dessas companhias para ter a convicção de que uma das características mais claras dessas empresas é seu foco quase que obstinado na geração de resultados.

Não é coincidência observarmos o crescimento acelerado de empresas como Google, Facebook, Apple, entre outras. Mesmo considerando que no momento de amadurecimento do negócio essas organizações não apresentavam lucro, seu foco estava centrado em outros indicadores essenciais para sua escalada de expansão.

A cultura de resultados é fundamental para qualquer companhia, já que ela é caracterizada por realizações e conquistas, sendo decisiva para a execução da estratégia de acordo com o planejado. Esse sistema valoriza o atingimento das metas e fortalece a aspiração pelo desempenho com excelência.

Dois dos pontos fortes mais relevantes desse modelo são o fortalecimento da disciplina e o modelo de execução, que contribuem para que a organização atinja alta performance em seu negócio.

É um dos aspectos mais marcantes dessa cultura, no entanto, que se constitui um dos pontos de atenção mais importantes a ser observado, principalmente à luz da dinâmica atual dos negócios. **Não são raras as situações em que o foco na geração de resultados leva a uma orientação excessiva da empresa na dimensão financeira de curto prazo.**

Com isso, o sistema torna-se rígido, pouco flexível. É a antítese da mentalidade requerida para inovação, já que a aversão ao risco tende a aumentar e toda e qualquer perspectiva que difere da planejada ou habitual tem a tendência de ser rechaçada, principalmente pelos líderes do negócio.

Não é de se estranhar que uma pesquisa publicada na revista *Harvard Business Review* em 2018, conduzida pelos pesquisadores Boris Groysberg, Jeremiah Lee, Jesse Price e Yo-Jud Cheng com mais de 1.300 executivos que atuam em mais de 230 empresas de diversos setores e localidades em todo o mundo, aponte que 89% das empresas abordadas têm como estilo preponderante em seus negócios a cultura de resultados.

A aderência de seus elementos ao modelo estratégico clássico é evidente, já que está alinhada à capacidade de execução conforme o planejado e atingimento de resultados acima de tudo.

É pelo risco do peso excessivo do modelo nesses atributos que são obstáculos ao processo de inovação que se exige o balanceamento, na nova cultura, com a presença da cultura de aprendizado.

Esse sistema valoriza a flexibilidade e interação com o meio na obtenção de referências e novas perspectivas para o negócio, considerando que é necessário absorver novos conhecimentos e experiências para lidar com as incertezas do ambiente.

A cultura de aprendizado incentiva a inovação, a agilidade e o aprendizado organizacional, que são encarados como aspectos centrais de seu sistema de crenças.

Inquietude, questionamento, desconforto constante, mobilização para mudança são alguns traços dessa filosofia que a contrapõem à cultura de resultados.

No ambiente tradicional, a demanda pelo controle da cadeia de valor e meta pela construção das barreiras de entrada instransponíveis consolidou a necessidade de as organizações se movimentarem rapidamente para ocupar os espaços no mercado. Essa tendência mobilizou empresas a instalarem cada vez mais espaços de vendas físicos e plantas industriais, contratarem grandes contingentes de trabalhadores e assim por diante. A máxima que norteia essa visão é conhecida em inglês como *"the first mover takes all"* (algo como "o primeiro a se mexer leva tudo").

Nesse novo ambiente, essa lógica deve ser substituída por *"the first* **learner** *takes all"* (algo como "o primeiro a aprender leva tudo", em português). Mais importante do que lançar o projeto perfeito ou estabelecer as bases físicas rapidamente é a capacidade de a organização aprender continuamente para incrementar suas qualidades e superar as expectativas do mercado. É a partir desses aprendizados que o processo é acelerado.

Uma das frases mais marcantes que caracterizam essa visão é do fundador do LinkedIn, Reid Hoffman, que comenta: "Se você não tem vergonha da primeira versão de seu produto, demorou demais para lançar".

Por mais intuitiva que seja essa sentença hoje, até considerando a já explorada abordagem da agilidade na nova estratégia adaptativa, trata-se de um contrassenso absoluto ao modelo convencional em que cumprir o planejado é dimensão central para a evolução da organização.

A maior capacidade de aprendizado da cultura de uma empresa se traduzirá em uma maior velocidade no processo de tomadas de decisões e respostas às demandas cada vez mais rápidas e caóticas do ambiente.

Está evidente a extrema relevância desse sistema de pensamento para a adoção dos modelos ágeis e da gestão baseada em dados. Sem essa mentalidade, não haverá flexibilidade suficiente para suportar as incertezas características do modelo e abertura para todo aprendizado gerado no processo.

Se a cultura de resultados orienta a empresa para a disciplina de seu modelo de execução e geração de performance que tende a concentrar os esforços para o curto prazo, a de aprendizado tenciona o processo para o futuro, preparando as bases para a empresa inovar e construir novas proposições para o negócio. Os dois sistemas devem conviver harmonicamente e de forma interdependente para que exista o equilíbrio necessário de entrega dos resultados de curto prazo ao mesmo tempo que são pavimentadas as condições que oferecem sustentabilidade ao negócio.

Observe que o *framework* da nova cultura organizacional conta com elementos de mais de uma cultura. Este é um aspecto relevante para o entendimento desse contexto: uma organização nunca tem apenas um traço específico em seu sistema de pensamentos e crenças. Existem alguns que são mais preponderantes do que outros, porém, em geral, uma cultura é resultante de diversos sistemas que interagem entre si. Assim, você nunca encontrará uma empresa que tem 100% da cultura de resultados ou da de aprendizado.

A cultura de uma organização é um mosaico de perspectivas e visões que interagem continuamente, construindo a identidade do negócio.

O modelo que desenvolvemos visa tornar a organização mais apta a lidar com a complexidade do atual ambiente empresarial e é central no novo tratado da estratégia adaptativa.

Os três elementos interdependentes – métodos ágeis, gestão de dados, cultura organizacional – atuam com um único fim: tornar o processo de inovação um fluxo contínuo e frequente para a organização, já que estamos na era da vantagem competitiva transitória.

Essa é a essência da estratégia adaptativa: tornar a inovação uma prática totalmente integrada ao negócio e ao seu sistema de crenças. Dessa forma, a organização se torna apta a se proteger das ameaças e aproveitar as oportunidades advindas no novo ambiente empresarial.

Esse novo modelo estratégico já está presente e se evidencia em organizações líderes do atual ambiente empresarial. A despeito de não existir, até hoje, uma articulação mais estruturada das características desse novo *framework*, observamos claramente sua expressão ao estudar a evolução dessas organizações e como elas foram capazes de se reinventar ao longo dos anos de sua – breve – existência.

Tendo em vista que um dos processos mais ricos de aprendizado é entender como conceitos e teorias se aplicam na prática, nos dedicaremos a apresentar como a estratégia adaptativa se evidencia em três organizações que têm sido protagonistas desses novos tempos: Netflix, Amazon e XP Investimentos.

Para essa jornada, utilizaremos como método estudar os principais movimentos dessas organizações em sua linha do tempo evolutiva, desde a sua fundação até os dias atuais, nos concentrando nos marcos que demonstram como se manifesta a estratégia adaptativa em seus negócios.

De acordo com uma visão que se popularizou nos últimos tempos, "não há nada mais poderoso do que aprender com a prática". Considerando essa uma premissa importante, vamos arregaçar as mangas e contar a história de como empresas líderes têm adotado os elementos da estratégia adaptativa em seus prósperos negócios.

No final das contas, cultura de inovação não existe. O que existe é um sistema mais adaptado a essa perspectiva que terá como base a identidade da empresa, suas crenças, seus valores e pressupostos básicos.

Parte 3:

A ESTRATÉGIA ADAPTATIVA NA PRÁTICA

A linha do tempo de uma organização expressa sua história, evolução e principais acontecimentos, aqueles que foram decisivos para seu desenvolvimento. Estudar a cronologia de uma empresa concentrando-se em seus marcos evolutivos mais relevantes permite uma visão mais clara sobre como seus sistemas organizacionais se expressam na prática.

Não é de hoje que se evidencia a importância de aprender administração por meio de estudos de caso de empresas. A mais notória escola de negócios do mundo, a Harvard Business School, popularizou essa metodologia em um processo que se transformou em uma marca da instituição: as famosas Harvard Business Cases.

Nossa proposta aqui, no entanto, não é estruturar os estudos de casos das organizações que selecionamos – até porque a jornada de cada uma merece um ou mais livros dedicados exclusivamente a esse fim.

O objetivo é mostrar as evidências de elementos da estratégia adaptativa presentes em casos concretos por meio do estudo da linha do tempo de organizações para que o leitor entenda como seus conceitos se aplicam na prática. Essa visão vai permitir uma melhor correlação da teoria com a sua realidade particular, gerando uma reflexão propositiva sobre como aplicar as teses em seu negócio.

Selecionamos três empresas de setores distintos que nos reservam lições poderosas: Netflix no entretenimento, Amazon no varejo e XP Investimentos no segmento financeiro.

Notaremos que as designações dos setores de atuação são menos relevantes do que os ensinamentos que podem e devem ser refletidos em segmentos diversos e variados sem restrições. Além disso, considerar que a Amazon, por exemplo, atua apenas no segmento de varejo é um risco a uma avaliação mais abrangente como a requerida para nossa análise (quando você estudar a evolução da empresa, observará que o "pulo do gato" do modelo de negócio da empresa veio de outro setor que não o varejo, seu *core*).

Da mesma forma, selecionamos duas empresas globais e uma nacional para trazer uma perspectiva regional ao tema com um caso que pode ser objeto de estudo internacional devido a sua abrangência e relevância.

A abordagem de cada empresa vai considerar uma síntese sobre sua história, explorando os principais marcos de sua evolução. Na sequência, exploraremos como os elementos da estratégia adaptativa se expressam no desenvolvimento do negócio até os dias atuais.

Este livro foi produzido exatamente quando eclodiu a pandemia do novo coronavírus. Dessa forma, já foi possível avaliar os primeiros passos da adaptação dessas companhias ao "novo normal". Por esse motivo, ao fim de cada análise apresentaremos uma visão sintética de ações concretas que estão sendo realizadas por cada uma dessas organizações. Mesmo considerando que se trata de uma obra em andamento, sujeita a todas as oscilações derivadas de um ambiente caótico, resolvemos assumir esse risco para trazer ao leitor mais uma aplicação prática de nossa tese.

Mais do que empresas que fazem parte da história, essas companhias estão fazendo história com sua ousada trajetória. Vamos, então, nos aprofundar nessas jornadas – começando pela Netflix.

I. NETFLIX: A VERDADEIRA EMPRESA-CAMALEÃO

1997 Lançamento da Netflix

1998 Lançamento do site Netflix.com

1999 Lançamento do modelo de assinaturas de filmes com entrega postal

2000 Introdução das recomendações personalizadas de filmes para seus assinantes

Conquista da marca de 1 milhão de assinantes nos Estados Unidos

2002 Realização da abertura de capital (IPO) na bolsa de valores americana NASDAQ com valor de mercado de 309 milhões de dólares

2003

Fundação da Red Envelope Entertainment
2006

2005 Conquista da marca de 5 milhões de assinantes nos Estados Unidos

Início da expansão internacional, começando pelo Canadá
2010

2007 Introdução do streaming de vídeo em seu negócio

Lançamento de suas três primeiras produções originais: House of Cards, Orange Is the New Black e Hemlock Grove
2012

Plataforma se faz presente na América Latina e inicia sua atuação na Europa (Inglaterra e Irlanda)

2013

Conquista da marca de 25 milhões de assinantes da plataforma digital nos Estados Unidos

Consolidação de sua presença global com atuação em todos os continentes do mundo
2016

2014 Anúncio de um crescimento de 574% nos últimos 5 anos

2017 Plataforma ultrapassa a marca de 100 milhões de assinantes

2019 Netflix conta com cerca de 165 milhões de assinantes globalmente

OS MARCOS DA HISTÓRIA DA NETFLIX

Pouca gente sabe que Reed Hastings, fundador da Netflix, já era um empreendedor bem-sucedido antes de criar a companhia.

Formado pela prestigiosa Universidade de Cambridge, Hastings decidiu ingressar na Marinha americana recém-formado, porém nem chegou a completar seu treinamento militar, já que descobriu logo cedo seu espírito empreendedor.

Em 1991, depois de uma experiência no mercado corporativo em uma empresa de tecnologia, decidiu fundar sua primeira empresa, a Pure Software. Em 1996, a empresa se fundiu com outra do mesmo setor, a Atria Software e mudou seu nome para Pure Atria. Em 1997, o empreendedor vendeu o negócio por 700 milhões de dólares para a Rational Software, a aquisição mais cara do Vale do Silício até então.

A despeito de ser convidado para ser o Chief Technology Officer (CTO) do negócio, o espírito empreendedor falou mais alto e Hastings resolveu empreender novamente.

Era o período da explosão da internet no mundo e, em uma percepção comum a muitos visionários da época, o empreendedor entendeu que surgiriam inúmeras oportunidades nesse novo contexto. Hastings nunca escondeu a admiração que tinha pelo modelo que Jeff Bezos havia acabado de implementar com a Amazon e decidiu pesquisar produtos ou serviços que também pudessem ser vendidos pela web.

O mercado que identificou junto com seu sócio na empreitada, Marc Randolph, que havia atuado com ele na empresa anterior, foi o de locação de filmes. O segmento já movimentava cerca de 16 bilhões de dólares na economia americana e, até então, os serviços destinados ao consumidor final se restringiam a locadoras físicas.

Em 1997, os dois sócios fundaram a Netflix, que começou a operar para o público em geral em 1998, quando lançaram o site Netflix.com. Por meio dessa plataforma digital, o cliente fazia sua solicitação de qual filme desejava alugar e a empresa entregava, pelo correio, os DVDs desejados. Após ter assistido ao filme, o cliente o devolvia à empresa, pelo mesmo método postal, pagando pelos valores da locação.

No seu lançamento, a empresa ainda seguia um modelo convencional de e-commerce, com os valores sendo cobrados de acordo com os produtos consumidos. Já era um modelo revolucionário, na medida em que não era necessário se deslocar fisicamente a um cinema ou locadora para assistir a um filme, que era entregue no conforto do lar do cliente.

De acordo com a obra *Uma pergunta mais bonita*, de Warren Berger, Hastings teve um insight definitivo para seu negócio quando foi devolver um filme alugado em uma Blockbuster. De acordo com essa história, o fundador da Netflix, como inúmeros clientes da empresa, atrasou a devolução de títulos que tinha alugado. A regra vigente era que, em casos como esse, deveria ser paga uma multa por atraso que compensaria a entrega do produto no período de tempo maior do que o planejado.

Só para que o leitor tenha uma ideia da frequência de situações como essa no segmento: cerca de 15% das receitas da Blockbuster, empresa líder do setor na época, eram originadas desses casos.

A despeito da lógica da regra, Hastings identificou uma oportunidade proveniente da sua insatisfação e da de milhares de clientes. Formulou uma questão: e se o consumidor pudesse alugar a quantidade de filmes que desejasse e devolver quando bem entendesse pagando um valor mensal predefinido por esse serviço?

Essa formulação foi responsável pelo desenvolvimento de um inovador modelo de negócios lançado em 1999 que culminou com a primeira grande reinvenção da empresa (não perca as contas, pois você observará que a Netflix é pródiga em reinvenções ao longo de toda a sua trajetória): o modelo de assinaturas em que o cliente pagava um valor mensal predefinido e recebia quantos títulos desejava em sua casa (até o máximo de oito, de acordo com seu pacote), devolvendo-os no período de tempo que decidisse. Além disso, o assinante ainda tinha a opção de adquirir o DVD, caso desejasse. O modelo foi um êxito, atendendo a uma necessidade latente dos consumidores que, como resposta, aderiram ao serviço rapidamente.

A despeito desse sucesso, no entanto, em 2000, com o estouro da bolha da internet, a empresa se viu em dificuldades para gerar o caixa necessário para a operação do dia a dia. Marc Randolph comenta em seu livro *That Will Never Work* [Isso nunca vai funcionar], que surgiu uma oportunidade que poderia salvar a startup desse risco. John Antico, CEO da até então poderosa Blockbuster, aceitou agendar uma reunião sobre uma possível oferta de compra.

Estimulados pela possibilidade de fazer negócios com a líder mundial do setor, os dois fundadores partiram imediatamente para Dallas, sede da empresa.

Na reunião com executivos da Blockbuster, quando questionado sobre o preço de compra da Netflix, Hastings não hesitou: 50 milhões de dólares. Era o exato valor necessário para manter a empresa em operação nos meses seguintes.

A percepção dos líderes de a Netflix era que os executivos da Blockbuster não levavam a sério o negócio da startup. A rede de locadoras havia acabado de realizar uma das maiores aberturas de capital de até então e levantado 465 milhões de dólares, um montante para lá de expressivo para a época.

Em contrapartida, a bolha da internet havia acabado de estourar, e uma nuvem de incredulidade se fortalecia quanto às novas empresas digitais. Não é de se estranhar que o sucesso da companhia líder do setor, aliado a esse contexto de indefinições, levou os líderes da Blockbuster a duvidarem do poder da web e dos benefícios de ter uma empresa on-line como parceira.

As conversas esfriaram e o negócio nunca foi viabilizado. (Dez anos depois dessa conversa, a Blockbuster anunciou a falência.)

A Netflix continuou sua jornada sem esse aporte e conseguiu passar por sua fase mais crítica, focando seus esforços em ações para fortalecer seu negócio e o relacionamento com seus clientes. Um exemplo dessa orientação é o lançamento, em 2000, da funcionalidade de recomendações de filmes personalizadas, um primeiro movimento da utilização de algoritmos para contribuir com o processo de seleção de seus assinantes.

Os anos posteriores da quase descontinuidade do negócio foram muito bem-sucedidos, culminando com a abertura de capital da empresa na bolsa americana Nasdaq em 2002, com valor de mercado de 309 milhões de dólares.

Com os investimentos gerados nesse processo, a organização teve fôlego para seu crescimento. Em 2003, atingiu a marca de 1 milhão de assinantes nos Estados Unidos, número que cresceu cinco vezes nos dois anos seguintes, até chegar a 5 milhões de assinantes em 2005.

A empresa crescia e prosperava em uma escalada acelerada, com um acervo de DVDs físicos de mais de 35 mil títulos diferentes disponíveis e um volume de mais de 1 milhão de entregas postais por dia. Um verdadeiro fenômeno.

Seus líderes, porém, não se acomodaram com essa evolução e inquietamente se dedicavam a pensar e explorar caminhos para uma expansão ainda maior.

Em 2006, a empresa, dando os primeiros passos em uma escalada futura que seria muito relevante para o que é o negócio hoje, criou a Red Envelope Entertainment. Foi a primeira iniciativa da organização na distribuição de conteúdos de terceiros, além do esboço para a criação de produções originais. O negócio não evoluiu e foi encerrado em 2008, após a companhia ter distribuído e produzido mais de cem títulos. O principal motivo da descontinuidade dessa iniciativa não foi exclusivamente sua performance, mas, sobretudo, o receio de a Netflix entrar em colisão com os estúdios de cinema, seus principais fornecedores de conteúdo.

De qualquer forma, já se evidenciava com esse passo uma das perspectivas que seriam chaves na evolução da companhia: a percepção do risco para o negócio do fato de seu principal insumo, os filmes, ser de propriedade de terceiros. Não era daquela vez que a Netflix iria se tornar um estúdio de cinema, porém esse movimento não tardaria.

Antes disso, no entanto, a companhia protagonizaria uma nova reinvenção.

Motivada pelo sucesso de sua expansão e enxergando a evolução do negócio da Netflix, a Amazon (mais uma vez ela) lançou, no final de

2006, a Amazon Video, por meio da qual seus clientes podiam baixar milhares de programas de televisão e filmes em uma plataforma web. Além disso, o YouTube crescia aceleradamente e as pessoas, a despeito das dificuldades impostas pela infraestrutura disponível, adquiriam crescentemente o hábito de consumir conteúdo em vídeo pela internet.

Esse movimento representava uma ameaça ao bem-sucedido negócio de entrega de filmes por via postal da Netflix. Da mesma forma, no entanto, se traduzia em uma oportunidade e tanto. Calejada por ter testemunhado o erro da miopia da Blockbuster, Hastings não vacilou e, pouco mais de quatro meses depois do surgimento da Amazon Video, anunciou em 15 de janeiro de 2007 que começaria a oferecer o acesso a seus conteúdos por meio de uma plataforma na internet.

No início, o serviço tinha características muito mais modestas do que o modelo atual. Cada assinante tinha direito a um volume limitado de horas consumidas por mês. O plano mensal de 16,99 dólares permitia o consumo de dezessete horas de conteúdo no período.

A validação do projeto por parte dos seus clientes aliada ao surgimento de novos competidores como o Hulu e a venda de vídeos pela Apple fizeram com que a Netflix introduzisse rapidamente em seu projeto as bases do modelo atual. No ano seguinte ao seu lançamento, a plataforma já oferecia um pacote de acesso indiscriminado a seus conteúdos por uma tarifa mensal única.

Ao lançar esse inovador modelo de negócios, a companhia se fortaleceu e começou a fechar parcerias com os principais estúdios do mundo, como Warner Brothers, Columbia, Paramount, MGM, Fox, entre outros.

A base de assinantes se ampliava na mesma medida que o acervo de título da companhia, que decidiu dar mais um passo ousado em seu processo de crescimento: a expansão internacional.

Em um movimento que só se tornou possível graças à mudança do seu modelo de negócios (a entrega postal era um impeditivo para o crescimento regional da companhia, já que são raros os países com a estrutura logística dos Estados Unidos), a empresa iniciou sua expansão pelo Canadá em 2010, seguido pela América Latina e Europa em

2012, em um processo que se consolidou em 2016, com a plataforma estando presente em todos os continentes do planeta.

O período inicial da expansão da organização foi o mais próspero em termos de crescimento – mais acelerado ainda do que o ciclo anterior com as entregas postais. Em 2012, a empresa atingiu a incrível marca de 25 milhões de assinantes apenas em território americano. O negócio estava andando às mil maravilhas, porém...

Motivados por sua inquietude e cultura de aprendizado constante, os líderes da organização mapearam um risco já enunciado anos atrás: o principal insumo de sua plataforma era de propriedade de terceiros, os estúdios e produtoras. E se essas empresas desejassem interromper as parcerias com a Netflix e lançar suas próprias plataformas de streaming?

O futuro demonstraria que o diagnóstico foi para lá de assertivo e, mesmo ostentando um crescimento vertiginoso, a companhia decidiu se reinventar mais uma vez.

Resgatando as lições aprendidas com o lançamento da Red Envelope Entertainment em 2006, a Netflix desenvolveu sua estrutura para produção de conteúdos proprietários, arquitetando um modelo de parcerias com as principais produtoras de filmes em todo o planeta, que são as responsáveis pela viabilização das obras publicadas na plataforma.

Em 2013, a iniciativa se consolidou com o lançamento das três primeiras produções originais da empresa: *House of Cards*; *Orange Is the New Black* e *Hemlock Grove*.

As duas primeiras séries foram um sucesso absoluto de crítica e público e se transformaram nos primeiros fenômenos de obras egressas das plataformas de streaming de vídeo. *House of Cards* foi indicada a nove categorias do Emmy, a premiação mais relevante atribuída a programas e profissionais de televisão, que equivale ao Oscar dessa mídia. Foi a primeira vez na história que um seriado produzido para a internet teve esse reconhecimento.

É importante destacar os riscos que o negócio de conteúdo proprietário gerou para a Netflix. Ao mesmo tempo que ingressava em uma estrutura totalmente distinta daquela com que está familiarizada – o negócio de produção de filmes é muito distinto do modelo original –, a organização abria um flanco de desavenças com os estúdios de cinema, fornecedores da maioria de seus conteúdos que, sobretudo no início do processo, ainda sustentavam sua plataforma.

Além disso, há um impacto financeiro para lá de representativo. Quando a plataforma era composta exclusivamente de conteúdos de terceiros, estes recebiam royalties de acordo com os contratos de exposição de seus filmes, cujos valores são calculados tendo como base o número de assinantes da empresa. Assim, há um alinhamento entre o montante recebido por meio das assinaturas e aquele pago aos fornecedores.

No modelo de produção de conteúdos, é necessário antecipar os valores requeridos para viabilizar os filmes, sendo que os recebíveis retornam em conta-gotas de acordo com o pagamento das assinaturas ao longo do tempo. Soma-se a isso a imprecisão de uma visão mais clara de qual produção será bem-sucedida ou não e temos um contexto de maior imprevisibilidade que o modelo anterior.

No entanto, **estava claro para os líderes da Netflix que não havia outro caminho. Ou aceleravam o processo de transformação, ou ficariam nas mãos dos estúdios e produtoras líderes do setor mais cedo ou mais tarde.**

Para diminuir o risco da introdução da nova estratégia, a organização procurou diminuir também sua dependência de terceiros ao acelerar o processo de produção de conteúdos proprietários, realizando parcerias com produtoras regionais em todos os cantos do planeta ao mesmo tempo que arquitetou uma estrutura de capital mais agressiva para captar os investimentos requeridos nessa nova fase do projeto. Em 2017, a companhia investiu cerca de 9 bilhões de dólares com a aquisição de conteúdos proprietários, valor que foi escalando ao longo do tempo até chegar aos estimados 15 bilhões de dólares em 2019. Conseguimos entender a representatividade e agressividade da companhia nessa estratégia ao evidenciar que a receita da empresa em 2019 foi de 20 bilhões de dólares, ou seja, 75% de toda a sua receita foi investida nessa frente.

A despeito do seu risco, a escolha se mostrou acertada. Em 2017, a empresa informou ter ultrapassado a marca de 100 milhões de assinantes globalmente, número que escalou para 165 milhões em 2019.

Em abril de 2019, a plataforma contava com cerca de 6 mil títulos em seu acervo nos Estados Unidos (cerca de 4.400 no Brasil), e o volume de produções originais só cresceu em todo o mundo, com o surgimento de séries que se transformaram em fenômenos, como *Stranger Things*, *La Casa de Papel*, *Black Mirror*, entre tantas outras e, mais recentemente, com filmes indicados ao Oscar como *Roma*, *O irlandês* e *Dois papas*. Estima-se que cerca de 20% de todo o conteúdo da plataforma seja composto de produções proprietárias.

As previsões da companhia sobre os riscos de estúdios e produtoras investirem nas próprias plataformas também se mostraram assertivas. As principais empresas do segmento ensaiam ou já dão passos concretos nessa direção, com o movimento mais representativo sendo protagonizado pela Disney, que lançou sua plataforma, a Disney Plus, em novembro de 2019 nos Estados Unidos. Em três meses de vida o projeto alcançou cerca de 29 milhões de assinantes, superando todas as expectativas iniciais da companhia.

Ao mesmo tempo, as ameaças também vêm de competidores clássicos, como a Amazon. O Amazon Prime já conta com 150 milhões de assinantes, e a empresa tem investido pesadamente em produções originais bem-sucedidas, como *A maravilhosa Sra. Maisel*, *Fleabag*, *The Boys*, entre outras (só uma ressalva importante: esse volume de assinantes do serviço Prime da empresa não contempla apenas a plataforma de vídeos, sendo estendido para uma série de outros benefícios, como frete gratuito, entrega prioritária e outras ações exclusivas).

A Apple tem manifestado publicamente sua estratégia de investir em serviços como um dos principais vetores de seu crescimento. O Apple TV+ foi reformulado e conta com acordos com grandes nomes do segmento que produzirão conteúdo para a plataforma, como Steven Spielberg, Jennifer Aniston, entre outras estrelas de Hollywood.

Estimativas dão conta de que a empresa está destinando incríveis 6 bilhões de dólares para esse projeto.

Ficam evidentes os desafios que a Netflix terá para consolidar sua posição de líder no futuro. Sua estratégia ao longo dos anos, no entanto, nos reserva importantes lições sobre como a companhia conseguiu evoluir seu projeto de forma acelerada até os dias atuais, estruturando os fundamentos para uma batalha que só tende a se acelerar.

A ESTRATÉGIA ADAPTATIVA NA NETFLIX

Não há dúvida de que a evolução da Netflix é uma demonstração poderosa da aplicação dos principais elementos da estratégia adaptativa. Ao longo de cerca de vinte anos de existência, a organização se reinventou totalmente, migrando de uma empresa de entrega postal de DVDs para uma das principais produtoras de conteúdo do mundo.

Se a empresa seguisse o receituário estratégico clássico, teria imensas dificuldades em superar as amarras de seu segmento original, cujas bases estão mais para o varejo tradicional do que para uma pujante empresa digital com presença global.

A base dessa evolução tem como essência o eixo central da estratégia adaptativa: o cliente.

A própria origem da companhia demonstra como ela é voltada para a *customer centricity* e se dedica a entender em profundidade a tarefa que seu cliente deseja realizar (o *Jobs to Be Done*). As evidências desse comportamento são inúmeras, dando as caras desde a fundação da empresa que foi criada para facilitar o processo de aquisição de filmes por seus clientes, passando pela sua primeira reinvenção, com a inserção do modelo de assinaturas, até chegar aos dias atuais com um modelo de plataforma que transformou a forma como a sociedade consome entretenimento.

O desenvolvimento da plataforma digital também evidencia como colocar o cliente no centro da jornada de valor da organização é um valor importante para a empresa. São demonstrações da efetividade dessa

orientação: a utilização de algoritmos para contribuir com a identificação dos filmes mais alinhados com os interesses de assinantes com perfis diversos (lembre-se de que o embrião desse serviço foi lançado quando ainda sequer existia a plataforma digital, em 2000, com a introdução
do sistema de recomendações); funcionalidades como a introdução da
possibilidade de o cliente continuar assistindo ao próximo capítulo da
série automaticamente sem a necessidade de retornar ao menu original;
e até mesmo a estrutura simples da página de acesso, que se transformou
em um modelo para a maioria das plataformas de conteúdo do mundo.

**O foco em gerar valor superior ao seu cliente se revela em todos
os passos da companhia, que, ao aumentar essa conexão, tem o potencial de geração de novas perspectivas para seu negócio.** A conexão
com seus clientes e penetração da Netflix são tão expressivas que a
organização tem conseguido criar, de forma muito rápida, marcas poderosas que criam a possibilidade de geração de novos negócios.

Séries como *Stranger Things* e *The Witcher* se tornam tão populares
que extrapolam sua presença das telas dos computadores e televisores
e migram para diversas outras plataformas de negócios como jogos,
livros, vestuário etc. A empresa está seguindo o modelo tradicional
dos grandes estúdios de cinema na arquitetura de poderosas franquias,
com alto potencial de geração de receita em outros setores da economia
em um movimento muito distante do conceito clássico de foco preco-
nizado nos modelos estratégicos convencionais.

**A gestão baseada em dados oferece uma vantagem competitiva ab-
solutamente expressiva para a organização, que consegue avaliar em
tempo real o comportamento de milhões de clientes que interagem
diariamente com seus conteúdos.** O levantamento dessas informações
permite à companhia desenvolver conteúdos mais assertivos a seu público, mitigando os riscos dos insucessos. Informações não oficiais dão
conta de que a série *Stranger Things* foi toda pautada em elementos que
geram forte identificação com a ampla maioria dos assinantes da Netflix, como as referências aos anos 1980. A utilização dessa estratégia
pode explicar o estrondoso e rápido sucesso desse projeto, que, mesmo

sendo apresentado com exclusividade na plataforma web, alcançou penetração global para fora dos limites virtuais.

O alcance e as possibilidades geradas pela tomada de decisões baseadas na gestão de dados do seu consumidor tornam o projeto da Netflix muito distante do modelo clássico, em que as empresas do segmento tinham condições muito menos favoráveis de catalisar os desejos de seus clientes, já que estavam muito distantes deles, que se encastelavam em salas de cinema ou no seu lar. A vantagem da Netflix nesse território é gigantesca.

A estimativa é que a companhia conte com mais de oitocentos engenheiros de dados dedicados exclusivamente à gestão de seus algoritmos, em um obstinado esforço para entender com uma profundidade cada vez maior o comportamento dos clientes da empresa.

A agilidade é um dos traços mais marcantes da companhia. A Netflix é uma das empresas citadas como referência de adoção do método no Scrum Case Studies, relatório que aponta os principais casos de sucesso de aplicações da metodologia ágil Scrum.

Só mesmo adotando a agilidade como elemento central de sua estratégia torna possível todos os ciclos de reinvenção da companhia que se transformou totalmente, pelo menos quatro vezes em menos de vinte anos:

a. **Primeiro ciclo:** Entrega física de DVDs locados no site
b. **Segundo ciclo:** Modelo de assinaturas para entrega postal
c. **Terceiro ciclo:** Desenvolvimento da plataforma de vídeo (streaming)
d. **Quatro ciclo:** Produção de conteúdos proprietários

Se a agilidade não estivesse introjetada no modelo de execução da estratégia da companhia, não seria possível fazer essas transformações em período tão curto. Vale resgatar a informação de que a plataforma de vídeo da Netflix foi lançada apenas quatro meses depois do lançamento da Amazon Video. Só mesmo um método ágil baseado em projetos confere a velocidade requerida para a introdução de um novo sistema com essa complexidade.

A história da empresa mostra a relevância da cultura organizacional para apoiar a aplicação de sua estratégia. Adaptação, inquietude, flexibilidade são traços do sistema de crenças da companhia e se manifestam em todos os marcos de sua evolução, sem exceção.

Hastings sempre fez questão de evidenciar e valorizar a relevância desse sistema na jornada da companhia. O desenvolvimento da cultura Netflix teve uma contribuição importante de Patty McCord, que foi Chief Talent Officer da empresa durante catorze anos e liderou a consolidação dos principais pilares do sistema de pensamentos e crenças, como o conceito de liberdade com responsabilidade, que norteia todas as relações da organização com seus colaboradores. A filosofia por trás dessa visão contempla oferecer autonomia extrema a todos os indivíduos que fazem parte da organização e que, como contrapartida, devem se responsabilizar por suas obrigações e com os resultados requeridos.

Para tornar tangível e compartilhar os elementos integrantes de sua cultura, a organização elaborou um documento que foi disponibilizado gratuitamente na internet intitulado *Netflix Culture Deck*. Esse material, que evidencia claramente o sistema de crenças da organização, já foi baixado mais de 15 milhões de vezes, influenciando inúmeros empreendedores e líderes em todo planeta.

A cultura de aprendizado se evidencia nesse sistema claramente e, sobretudo, ao observamos como o negócio se reinventou e recebeu adaptações contínuas de acordo com a evolução do comportamento de seu cliente e os inputs do mercado. Em paralelo, a organização tem no atingimento de resultados um de seus valores centrais. Essa perspectiva foi e tem sido fundamental para a rápida expansão do projeto.

A organização acredita e vivencia a harmonização desses dois sistemas – aprendizado e resultado – na sua prática, e o enunciado "liberdade com responsabilidade" é um artefato dessa visão. Em entrevista para a revista *Business Insider*, um porta-voz da companhia afirmou que a empresa "acredita em manter uma cultura de elevada performance e em dar a liberdade para as pessoas fazerem o seu melhor trabalho". E ele continua: "Menos controle e mais responsabilidade permite aos nossos colaboradores serem bem-sucedidos e tomarem decisões mais inteligentes e mais criativas... Estamos constantemente trabalhando para aprender a melhorar".

Esse enunciado traduz de forma clara e evidente os efeitos da implantação da estratégia adaptativa: maior velocidade na tomada de decisões originais e criativas orientadas a gerar uma experiência superior a seus clientes.

O objetivo central dessa estratégia é tornar a inovação um fluxo contínuo que abrange a todos os setores e indivíduos da organização conforme demonstrado na história da Netflix.

O caso evidencia o quão relevante é a integração de todos os elementos da estratégia adaptativa (gestão de dados, agilidade e cultura) que interagem entre si de forma interdependente, gerando um modelo de negócios único, com alta capacidade de reinvenção e geração de resultados concretos.

Os desafios impostos à companhia daqui por diante são intensos e de outra natureza. A despeito das incertezas de seu futuro, é inegável o valor dos aprendizados gerados ao longo desses pouco mais de vinte anos por uma das organizações que estão sendo protagonistas da própria história.

A NETFLIX E A PANDEMIA DE COVID-19

Inercialmente, a Netflix foi uma das companhias mais beneficiadas pelos efeitos do isolamento social gerado pela pandemia de Covid-19. Com boa parte da população mundial tendo de ficar confinada compulsoriamente em seus lares, a opção pelo entretenimento em vídeo explodiu e, como não poderia ser diferente, a companhia, por estar muito bem posicionada em seu segmento, beneficiou-se desse movimento.

Esse comportamento já se evidenciou em números quando foi apresentado o relatório para investidores do primeiro trimestre de 2020. A despeito de esse levantamento só retratar os efeitos de um mês da pandemia (março de 2020), houve uma evolução expressiva e até surpreendente para os analistas financeiros, que testemunharam o número de assinantes da líder mundial do segmento de streaming de vídeo escalar para a marca global de 182,9 milhões. Houve um incremento recorde de 15,8 milhões de novas assinaturas para a plataforma apenas nesse período.

Como consequência desse resultado, aliado à perspectiva de crescimento do setor, as ações da empresa tiveram pico de valorização, atingindo seu recorde histórico em maio de 2020 com um valor de 454 dólares, o que leva a companhia a um valor de mercado de cerca de 190 bilhões de dólares.

Analistas do mercado financeiro acreditam na continuidade da valorização das ações da companhia, pois estimativas apontam que o mercado potencial de assinantes de plataformas de streaming de vídeo global é de mais de 850 milhões de assinantes.

Nessa jornada recente, a Netflix beneficiou-se de uma peculiaridade em seu modelo de negócios resultante de sua estratégia.

Desde que migrou seu foco para a produção de séries originais, a companhia optou por um modelo de concentração total dos seus esforços e investimentos na produção completa da série antes de levá-la ao ar. Isso significa que, mesmo que o material seja disponibilizado semanalmente na plataforma (como é a opção de algumas séries), a produção completa daquele projeto já está toda finalizada. Esse modelo é distinto da esmagadora maioria das empresas concorrentes, que optam por produzir o conteúdo de forma fracionada de acordo com sua apresentação ao público, sempre obedecendo a uma antecedência segura – de acordo com a lógica de um mundo "normal".

O modelo da Netflix representa um ônus financeiro em relação a seus competidores, pois, conforme já abordamos na apresentação do caso, há a demanda por um volume expressivo de capital adiantado para toda a produção do material.

Curiosamente, no entanto, foi bem essa opção que proporcionou uma vantagem importante da companhia em relação a seus concorrentes quando da eclosão da pandemia global.

No momento em que todas as empresas do setor tiveram de interromper a produção de seus conteúdos, diminuindo a intensidade do lançamento de produções inéditas ou até mesmo, como no caso das novelas da Rede Globo, interromper a apresentação de obras que estavam no meio de sua narrativa, a Netflix continuou a sua jornada, lançando novas séries e temporadas.

Isso foi consequência do fato de que a maioria das produções da plataforma estava em seu período de edição ou pós-edição. Mesmo com todas as dificuldades operacionais, essa etapa do processo produtivo pode acontecer remotamente.

Esse movimento estratégico altamente arriscado da empresa – pois demanda capital intensivo e gera um descolamento do seu fluxo de caixa, já que, como demonstramos antes, as receitas advindas dessas despesas são retornadas como receita na forma de assinaturas fracionadas ao longo do tempo – permitiu uma vantagem competitiva importante para a organização, que não perdeu tempo e distanciou-se de seus concorrentes.

O resultado é que, no primeiro trimestre de 2020, o aplicativo da Netflix teve mais de 59 milhões de downloads, sendo o app de streaming mais baixado do planeta.

A organização não apresenta seus dados segregados por região, porém existem amplos sinais de que esse processo não foi diferente no Brasil. Pesquisas realizadas para avaliar a conexão de brasileiros com marcas durante a Covid-19 apontam a empresa no ranking das vinte mais lembradas positivamente por entrevistados no país.

Um outro efeito nada desprezível dessa estratégia resultou em um lucro recorde. Ainda no primeiro trimestre de 2020, a empresa registrou lucro líquido de 709 milhões de dólares, o que representa um aumento de 106% em comparação ao mesmo período do ano passado.

Esse crescimento advém do maior número de receitas geradas pela evolução do número de assinantes, mas também da redução de despesas com novas produções. Como todo o processo produtivo teve de ser interrompido, as despesas previstas para novos projetos não foram utilizadas. Isso gerou uma economia nada desprezível, que impactou positivamente os números da companhia.

Um aspecto relevante a ser observado é que, com a retomada das produções, a companhia não precisará de um investimento superior ao

A gestão baseada em dados oferece uma vantagem competitiva absolutamente expressiva para a organização, que consegue avaliar em tempo real o comportamento de milhões de clientes que interagem diariamente com seus conteúdos.

que havia planejado, já que o ritmo de lançamentos será impactado a partir de 2021 de qualquer forma. Assim, essas despesas não utilizadas resultarão em economia líquida, fortalecendo ainda mais o caixa da companhia.

Essa mesma dinâmica não teve o mesmo efeito positivo junto aos principais concorrentes da empresa que foram severamente impactados pela Covid-19.

A Disney, que se posiciona como uma das ameaças mais relevantes para a companhia, a despeito de apresentar um crescimento expressivo em seu projeto de streaming, o Disney+, enfrentou perdas de 1,4 bilhão de dólares nos lucros apenas no primeiro trimestre de 2020, devido aos efeitos negativos dos parques e lojas fechadas da companhia em todo planeta, principalmente nos Estados Unidos.

A desaceleração das receitas geradas por seus parques temáticos e outros negócios pode prejudicar a alocação de recursos ao seu serviço de streaming.

Mesmo sendo favorecida por esse movimento, a Netflix reconhece os riscos futuros para o negócio, já que uma diminuição do poder aquisitivo global pode resultar no incremento do cancelamento das assinaturas da empresa por parte de massa expressiva de seus clientes, já que esse serviço é considerado como supérfluo.

Além disso, o avanço global da companhia gera um maior volume de caixa em moedas que passam por um processo de desvalorização perante o dólar, o que vai gerar menores dividendos.

Mesmo considerando essas nuvens negras no horizonte, a companhia demonstra estar bem preparada no que se refere tanto a seu caixa quanto a seu sistema estratégico.

É essencial acompanhar essa trajetória para entender a evolução de sua estratégia adaptativa.

CAPÍTULO 11:
AMAZON: A LOJA DE TUDO

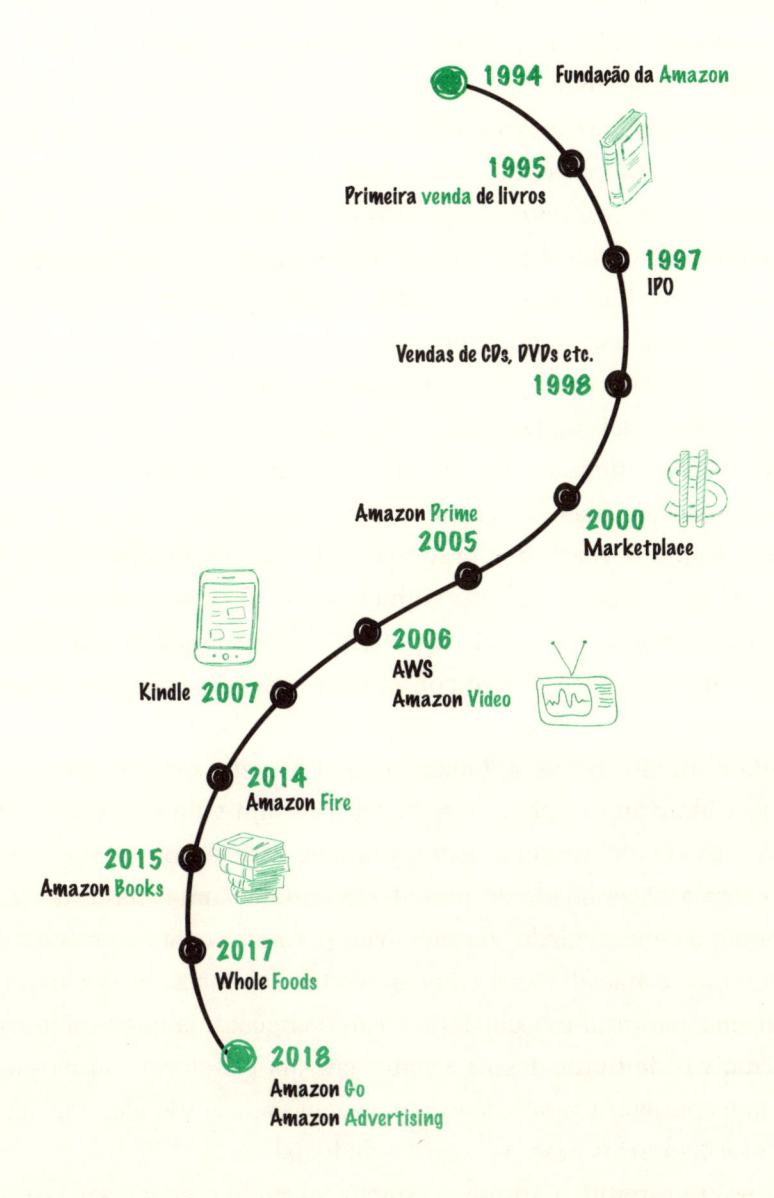

OS MARCOS DA HISTÓRIA DA AMAZON

A melhor fonte para se ter uma visão completa da trajetória da Amazon é a já citada obra *A loja de tudo*. Misto de biografia do fundador e história da empresa, o livro traz uma visão muito apropriada da origem e fundamentos do projeto.

Como comentamos no capítulo anterior, Bezos fundou a Amazon quando teve a clara visão do alto impacto que seria gerado pela evolução da internet. Seu entendimento original foi que os livros seriam uma matéria-prima ideal para começar essa jornada, porém desde o início a visão da "loja de tudo" já estava evidenciada para o empreendedor. A Amazon não surgiu "apenas" para ser a maior livraria on-line do mundo. As ambições de seu fundador eram – e continuam sendo – muito maiores e mais audaciosas.

A empresa foi fundada em 1994, porém, devido ao perfil metódico e ao nível de exigência de Bezos, o site demorou um ano para ficar pronto. A primeira venda de um livro na Amazon aconteceu em 1995. A primeira versão da plataforma tinha funcionalidades limitadas que pouco se assemelham às atuais, no entanto a facilidade de aquisição de um livro pela internet já se configurava em um benefício e tanto para a época.

Desde o início, Bezos entendeu que o aspecto central para ser bem-sucedido com seu novo projeto seria ter um volume expressivo de opções ao cliente com uma entrega rápida. Para ter um catálogo numeroso sem a necessidade de imobilizar grande capital na formação de estoque, o empreendedor desenvolveu parcerias com as principais distribuidoras e atacadistas do mercado editorial dos Estados Unidos. Dessa forma, garantiu um portfólio vasto de opções, já que espelhava as alternativas de livros desses agentes em sua plataforma ao mesmo tempo que conseguiu gerar uma entrega com mais agilidade, pois não havia intermediários para o processo de logística.

A adesão do público ao novo projeto foi rápida: com apenas um mês de funcionamento do site, a empresa já havia recebido pedidos em todos os cinquenta estados dos Estados Unidos, além de 45 países ao redor do planeta.

Agilidade sempre foi uma das características mais marcantes da organização. Aproveitando o crescimento acelerado do negócio e toda a atenção que as novas empresas digitais despertavam no mercado financeiro na primeira grande onda de expansão da internet, Bezos decidiu realizar em 1997, após menos de três anos de sua fundação e pouco mais de dois anos do lançamento do site, a abertura de capital da Amazon na bolsa de valores americana Nasdaq.

Naquele momento, a empresa se definia como a maior livraria do mundo, com um catálogo de 2,5 milhões de livros e 148 milhões de dólares de receita. A empresa arrecadou 54 milhões de dólares, atingindo um valor de mercado de 300 milhões. O valor da ação foi lançado inicialmente a 18 dólares e, devido à demanda, atingiu a marca de 24 dólares (em março de 2020, o valor da mesma ação estava listado a 4.307 dólares).

O investimento contribuiu para impulsionar a organização rumo a sua maior ambição: ir além de ser a maior livraria do mundo, utilizando sua plataforma para comercializar uma infinidade de produtos e serviços.

Em 1998, adicionou a comercialização de DVDs e CDs em sua oferta e, na sequência, brinquedos em geral. O êxito das vendas desses produtos fortaleceu a visão da empresa e, em 2000, a Amazon deu o passo que representa a primeira grande revolução do negócio: lançou o seu marketplace.

O conceito do marketplace no meio eletrônico tem sua origem nos anos 1980, quando surgiram softwares que reuniam ofertas de diferentes empresas que comercializavam seus produtos ou serviços naquele espaço. Foi com a internet, no entanto, que o modelo adquiriu escalabilidade para o crescimento. Seu potencial foi evidenciado por outra empresa pioneira da primeira onda de expansão da web: o site de leilões eBay.

A ideia inicial desse projeto era permitir que pessoas físicas oferecessem seus produtos ou serviços a interessados que deveriam fazer sua oferta em um modelo de leilões. O sucesso do projeto foi avassalador, e os leilões on-line se popularizaram em todo o mundo.

Com o tempo, no entanto, observou-se que as plataformas estavam sendo muito utilizadas por empresas que encontravam nesses espaços um novo canal de vendas para suas ofertas. O eBay apressou-se em acelerar sua expansão para esse público, potencializando seu próprio marketplace, ou seja, um espaço que empresas de diversos setores podem utilizar para vender seus produtos e serviços. Como contrapartida da cessão e gestão da plataforma, seu proprietário recebe uma comissão pelas vendas efetuadas em seu ambiente.

O modelo foi o gatilho para Bezos, com sua ambição, desse forma à loja de tudo, já que permitia uma expansão acelerada do seu site sem a necessidade de imobilização de capital na aquisição de produtos das inúmeras categorias existentes. A estratégia de construir seu próprio marketplace foi decisiva para a Amazon aumentar sua penetração de mercado e, de forma exponencial, sua audiência.

Fazendo um recorte para o presente para entendermos o sucesso dessa estratégia ao longo dos anos, hoje, estima-se que a Amazon conte com cerca de 2,5 milhões de *sellers* (a nominação adotada pelas empresas que vendem suas ofertas nesses espaços) em todo o mundo. Em 2019, essas empresas foram responsáveis por 19% de todas as vendas que aconteceram na plataforma, o que representa um volume de cerca de 54 bilhões de dólares de receita.

Com essa estratégia, a Amazon trouxe para seu ambiente uma quase infindável lista de novos itens, como joias, móveis, eletrônicos em geral, peças de vestuário, entre outras categorias, sem ter a necessidade de imobilizar pesados investimentos na formação de estoques para atender a sua demanda.

A inédita participação de cerca de 47% em todas as vendas realizadas no comércio eletrônico americano (dados de 2019) só foi possível graças a essa estratégia, que permitiu à empresa nutrir seu maior ativo e fonte de todas as suas receitas: sua audiência.

Foi a penetração e conexão da empresa com milhões de consumidores globais que lhe permitiram introduzir, aos poucos, produtos proprietários e outros serviços que seriam decisivos para o êxito da companhia em um futuro muito próximo.

No entanto, no mesmo ano em que lançou seu marketplace, a Amazon recebeu os impactos negativos do mesmo fenômeno que quase sentenciou ao fracasso a Netflix: o estouro da bolha da internet.

No ápice da crise de 2000, as ações da empresa caíram de 100 para 6 dólares subitamente. A organização ainda não gerava lucro e dependia de investimentos para manter-se de pé. Foi um dos momentos mais críticos do negócio, que, rapidamente, reduziu seu tamanho, diminuiu o quadro de funcionários e focou seus esforços na busca pela rentabilidade para diminuir sua dependência de capital externo.

A companhia conseguiu sobreviver à tormenta e, no primeiro trimestre de 2001, atingiu lucro pela primeira vez em sua história. O valor de 5 milhões de dólares não era representativo financeiramente, porém sua relevância era muito mais expressiva: apontava que o modelo de negócios era viável (ainda havia um ceticismo generalizado quanto à viabilidade das chamadas empresas "ponto com" depois do estouro da bolha da internet).

A partir desse marco, a Amazon cresceu de forma acelerada e sustentável.

Em 2005, a companhia deu mais um passo decisivo em seu fortalecimento da conexão com seus clientes. Também foi uma resposta aos concorrentes, que começaram a se proliferar no ambiente digital com a criação de inúmeras novas empresas atuando no comércio eletrônico. Foi o ano do lançamento da assinatura Amazon Prime.

O serviço foi concebido orginalmente como forma de oferecer aos clientes Amazon o benefício de uma entrega mais ágil dos produtos adquiridos na plataforma a um custo de frete menor. É um modelo de clube de afinidades ou benefícios exclusivo àqueles que aderem ao programa. A iniciativa, além de incrementar o nível de fidelização junto a seus clientes, concebe uma fonte de geração de receita recorrente à empresa, já que o modelo de negócios do projeto é o de assinatura mensal paga pelos participantes do programa.

O projeto tem alta receptividade junto aos clientes, o que incentiva a empresa a incorporar outros benefícios aos assinantes do programa, como o já citado Amazon Prime Video; o Prime Music, seu streaming de áudio; o Prime Reading, que oferece uma série de revistas e livros gratuitos; descontos exclusivos em ofertas e assim por diante, em um cardápio extenso de benefícios. Ao longo dos anos, o projeto transforma-se em um dos maiores programas de benefícios do mundo com mais de 150 milhões de assinantes ativos globalmente (dados de 2019). Um em cada três americanos faz parte desse projeto.

A força de atração da Amazon na construção de uma audiência que cresce exponencialmente se constitui na principal fortaleza da companhia. No entanto, a despeito de todo o seu crescimento, a organização ainda não contava com um modelo de lucratividade similar ao de seus maiores competidores como Apple, Google e Microsoft. Essa dinâmica é característica do modelo de negócios dos e-commerces e varejo, cujas margens de lucro, em geral, são pequenas, fazendo com que as organizações do setor desenvolvam uma estratégia de ganho de escala para gerar os dividendos necessários para manutenção e crescimento de seus projetos.

Esse quadro mudou de forma surpreendente em 2006, quando a Amazon introduziu um novo serviço que é o verdadeiro responsável pela escalada vertiginosa da lucratividade da companhia. Curiosamente, esse novo negócio não tem relação alguma com o varejo. Na sua essência, porém, ele demonstra o potencial e a pujança de uma vibrante e robusta plataforma de negócios.

O embrião desse serviço foi constituído alguns anos antes de seu lançamento ao público em geral. O tema começou a ser explorado internamente em 2002, mas foi no ano seguinte que suas bases começaram a ser estruturadas.

Em um retiro executivo que aconteceu na residência de Jeff Bezos, os principais líderes da Amazon foram estimulados a identificar as fortalezas mais importantes da companhia. Essa reflexão gerou uma convicção: a infraestrutura da empresa lhe conferia uma importante vantagem competitiva, já que garantia agilidade na escalabilidade do seu crescimento, tão necessária em um movimento de rápida aceleração e expansão do negócio. A arquitetura que a companhia construiu de servidores para hospedagem de seus dados e de utilização de serviços via web se configurava em um ponto forte para a empresa, pois permitia a velocidade exigida para atender à demanda crescente de acessos a sua plataforma e ao compartilhamento de informações entre todos os colaboradores cujo contingente se expandia aceleradamente em todo o planeta.

Com base nessa visão, Chris Pinkham e Benjamin Black, líderes da organização, publicaram um documento em que apresentam uma visão consolidada que detalha as características da infraestrutura de computação da Amazon, que deveria ser completamente padronizada, automatizada e baseada em serviços na web para conferir agilidade no compartilhamento de informações e armazenamento dos milhões de dados já disponíveis na plataforma. É no final do documento, no entanto, que se encontra o embrião do projeto que impulsionou o crescimento do negócio definitivamente: os autores mencionam a possibilidade de esse serviço, originalmente destinado a atender a uma demanda interna da companhia, ser oferecido ao público em geral, proporcionando uma nova fonte de geração de receita para a organização baseada na comercialização de serviços de estrutura em TI a terceiros.

É importante fazer um recorte temporal de quando foi enunciada essa oportunidade. Foi em uma época em que todas as principais organizações do mundo estavam investindo pesadamente em tecnologia para se adaptar à consolidação da internet em todo o mundo. Além disso, após o susto do estouro da bolha das "ponto com", começavam a emergir novas organizações do meio digital que iniciavam sua escalada de crescimento, seguindo a mesma dinâmica de expansão vertiginosa da Amazon.

Depois de três anos de estudos e aprimoramento do modelo com a oferta de serviços específicos ao mercado para validar a tese do novo negócio, em março de 2006 foi lançada oficialmente a Amazon Web Services ou simplesmente AWS, como ficou mais conhecida.

Essa divisão oferece uma série de serviços e ferramentas tecnológicas ao mercado em geral, com destaque para o serviço de *hosting* (hospedagem) no modelo de computação em nuvem (*cloud computing*). Ele permite às empresas não imobilizarem capital na propriedade de robustas estruturas de servidores, podendo utilizar o serviço de hospedagem à medida que necessitam e pagando proporcionalmente a seu uso.

A onda da computação em nuvem ainda era embrionária quando a Amazon lançou seu projeto. Está evidente que essa iniciativa foi fundamental para a popularização desse negócio que hoje, de acordo com a Consultoria Gartner, deve movimentar cerca de 266 bilhões de dólares globalmente em 2020.

A empresa teve um benefício adicional em sua estratégia de acesso ao mercado, já que boa parte de seus clientes do marketplace (os *sellers*) também era composta de varejistas que necessitavam desses serviços para manter seus e-commerces funcionando. Mesmo considerando essa vantagem, no entanto, o impulsionamento do crescimento da AWS ocorreu na aquisição de clientes que se transformaram em verdadeiras fortalezas digitais, como Netflix, Pinterest, Airbnb, entre outros.

A AWS cresceu na mesma medida do crescimento vertiginoso desses clientes que, quanto mais se expandem, mais têm a necessidade de serviços de hospedagem para seus dados.

Em 2015, a base de clientes do AWS já ultrapassava 1 milhão de empresas em 190 países, incluindo, além das líderes digitais, as principais companhias do mundo e organizações como a Nasa.

A introdução desse novo projeto para a Amazon teve um impacto decisivo para o negócio, já que se trata de um modelo de alta lucratividade. Enquanto o negócio de e-commerce gera uma margem que não passa de 3%, o lucro da divisão AWS é de cerca de 21%. O resultado dessa dinâmica pode ser observado quando se avalia a composição geral dos lucros da companhia. Em 2019, a Amazon lucrou 11,6 bilhões de dólares, enquanto a AWS teve no mesmo período lucro de 7,3 bilhões de dólares, ou seja, cerca de 65% da lucratividade de toda a organização é gerada por essa divisão.

Ao longo dos anos, a AWS consolidou sua liderança global no segmento de computação em nuvem, com uma participação de mercado de cerca de 33% e faturamento aproximado de 35 bilhões de dólares em 2019 (12,5% das receitas totais da empresa).

Não à toa, a lucratividade de toda a companhia a partir da tração da Amazon Web Services cresceu exponencialmente ao longo dos anos posteriores, fazendo com que o grupo, até então caracterizado por um negócio de baixas margens, se transformasse em um forte gerador de caixa. Isso possibilitou dar vazão a suas ambições expansionistas por meio de novos investimentos e aquisições.

Com caixa disponível para investimento e uma base de clientes crescente, a Amazon começou um processo de lançamento de produtos proprietários. Em 2007, lançou o Kindle, o leitor digital mais popular do mercado. O projeto final foi a evolução de pilotos iniciados três anos antes. O formato definitivo que foi ao mercado representou uma nova experiência de leitura por meio de um equipamento digital com controle de luminosidade e uma tela de 6 polegadas. O lançamento foi um sucesso: em cinco meses os estoques foram todos liquidados. A Amazon começava sua jornada de produção de equipamentos físicos destinados a mudar a forma como as pessoas interagem com conteúdos.

Não é de se estranhar, dessa forma, que a empresa lançasse em 2014 uma de suas estratégias mais ambiciosas: ingressou no segmento de *smartphones* com o lançamento do Fire Phone.

O projeto foi pensando cuidadosamente e recebeu pesados investimentos no desenvolvimento de uma interface que dava a impressão de efeitos em profundidade, além de um software de câmera integrado às lojas da Amazon que levava o usuário diretamente a esse ambiente virtual.

A aposta da companhia era que sua forte penetração de mercado facilitaria a distribuição e adoção do novo produto na sua base de clientes. No entanto, as coisas não aconteceram conforme o planejado...

O mercado, dominado por dois pesos pesados – Apple e Samsung –, simplesmente ignorou o novo produto da Amazon, o que resultou no maior fracasso da companhia até os dias atuais. O investimento total recebido pelo projeto foi de cerca de 170 milhões de dólares, que foram computados como perda quando a companhia comunicou, em agosto de 2015, pouco mais de um ano depois do lançamento, que o produto não seria mais comercializado.

São diversas as teses sobre os motivos da falta de êxito do projeto: o produto não apresentava tantos diferenciais em relação a seus competidores, o mercado era dominado por companhias consolidadas ou o preço definido no lançamento foi muito alto. Independentemente de uma maior precisão no diagnóstico – no fim das contas, o insucesso foi resultante de um pouco de todos esses fatores interdependentes –, o fracasso do projeto foi definido por Bezos como parte do processo de aprendizado e risco inerente ao desenvolvimento de inovações. Essa adversidade em nada refreou o ímpeto de crescimento e ousadia do grupo.

A propósito, uma referência importante que mostra o valor de se evidenciar a estratégia a todos os públicos de interesse da organização de forma clara e transparente é que, a despeito do enorme montante investido sem êxito no projeto, as ações da Amazon não perderam um centavo de valor no mercado acionário, que reconheceu que esse insucesso faz parte do processo evolutivo da companhia.

Em paralelo ao desenvolvimento do Fire, a organização já estudava os passos de mais um movimento que foi um marco na sua evolução: a criação de lojas físicas.

A cada ano, ficava mais clara a integração do mesmo consumidor nos ambientes digitais e físicos. E a Amazon, que já detinha a liderança na web, ambicionava ir além, gerando uma conexão cada vez mais profunda e valiosa com seus clientes.

Em 2015, a empresa inaugurou a primeira livraria física em Seattle: a Amazon Books. A loja procura mimetizar a experiência virtual que os clientes já têm com a plataforma, evidenciando os produtos no ponto de venda físico de acordo com sua popularidade no ambiente digital. Repleto de rankings, o espaço tenta facilitar o processo de seleção de seus clientes apresentando os livros mais populares e destacados.

Além disso, há uma perspectiva mais abrangente do que a comercialização de livros. Grande parte das lojas é destinada a apresentar outros produtos da companhia, como o Kindle, a Alexa (seu assistente pessoal) e outros. Assim, a Amazon desenvolve um novo canal de vendas também para os itens proprietários.

A reação geral foi de surpresa com a iniciativa da companhia, já que havia o senso comum de que era contraintuitivo migrar do digital para o físico. Na realidade, não era esse o movimento que a companhia estava fazendo, e sim o de aliar os dois universos, tendo como eixo central o cliente. Considerando que o principal propósito da Amazon é contribuir para que seu cliente tome as melhores decisões de compra, faz sentido expandir seus tentáculos para todos os ambientes nos quais esse processo acontece.

A ambição da companhia em relação à integração dos dois universos ficou evidente em 2017, com a aquisição de um dos principais varejistas físicos dos Estados Unidos: o Whole Foods. A Amazon assumiu o controle da rede de supermercados que tem como principal característica o foco da comercialização de produtos in natura, por meio de um investimento de 13,7 bilhões de dólares.

Foi um movimento para lá de ambicioso não só pelo porte do investimento, mas também pela complexidade de integrar ao contexto da Amazon um negócio com características bastante distintas do já dominado comércio digital.

O passar do tempo evidencia que uma das principais perspectivas com esse passo foi aprender as peculiaridades de um projeto com pontos de vendas físicos. Esse aprendizado é essencial para a integração definitiva dos esforços analógicos e digitais que a companhia tanto ambiciona.

Nos anos iniciais da aquisição, a Amazon influenciou muito pouco na estratégia da empresa adquirida, porém em 2018 os frutos desse aprendizado se materializaram quando a organização lançou um de seus projetos mais ambiciosos: a Amazon Go.

A empresa já vinha testando internamente desde 2016 um modelo de lojas que se diferenciasse do padrão atual, integrando tecnologia no ponto de venda de forma inédita. Na Amazon Go, não existem caixas de pagamento ou atendentes e todo o processo é realizado por meio de aplicativos, inclusive a cobrança dos produtos adquiridos.

O cliente simplesmente seleciona aquilo que deseja adquirir, coloca na sua cesta de compras e vai embora. Automaticamente, o sistema desenvolvido pela companhia realiza a contabilização da compra, enviando as informações de cobrança ao aplicativo que utiliza o meio de pagamento cadastrado pelo comprador na conta Amazon para finalizar o processo.

Bezos comenta que almeja, com o projeto, libertar os clientes do atual modelo de lojas físicas que mais se assemelham a prisões e geram sofrimentos como filas, pouca agilidade no processo de compras e assim por diante. Um sistema integrado de câmeras e reconhecimento de imagens em um banco de dados faz toda a dinâmica acontecer, criando um novo paradigma de compras com potencial para transformar a lógica do varejo físico no mundo.

O único requisito para comprar na Amazon Go é ter uma conta ativa da Amazon e o aplicativo baixado em seu celular.

Esse é um ponto essencial na estratégia da companhia: a gestão dos dados dos clientes. Ao integrar sua atividade presencial com seu sistema, a organização tem acesso, em tempo real, a todo o seu padrão de consumo. Essas informações retroalimentam o sistema, gerando mais informações e conhecimento sobre cada cliente.

São esses dados que gerarão outra frente de negócios muito próspera e com potencial de criação de valor para a companhia, que se caracteriza por margens de lucro muito mais altas do que o padrão do varejo.

Em 2018, a empresa lançou oficialmente a Amazon Advertising. Essa iniciativa é um desdobramento de um projeto anterior intitulado de Amazon Marketing Services, ou AMS, que já era a base de um modelo de negócio destinado a oferecer às empresas em geral a possibilidade de impactarem os clientes da plataforma por meio de anúncios e publicidade dirigida.

A principal inspiração para o negócio, inegavelmente, é o Google, cuja principal fonte de geração de receitas é a sua divisão Google Ads, que introduziu uma nova forma de publicidade no mundo, utilizando a internet de modo muito dirigido e assertivo por meio do rastreamento das informações de seus usuários no ambiente digital (no próximo capítulo, apresentaremos detalhes dessa iniciativa e seus resultados).

A lógica por trás da iniciativa da Amazon com publicidade é bastante simples. Sua plataforma é o site de e-commerce mais visitado nos Estados Unidos, recebendo mais de 2 bilhões de visitas por mês (impulsionado pelo Natal, em dezembro de 2019 esse número foi de 2,73 bilhões). São centenas de milhões de pessoas que utilizam esse ambiente para realizar inúmeros itens de compras. Os algoritmos da companhia entram em cena, conseguindo gerar perfis específicos e uma leitura mais precisa dos hábitos de compra de cada consumidor. Tendo a posse desse ativo, a organização oferece a possibilidade para as empresas impactarem esses compradores, com ofertas em anúncios inseridos na plataforma, e cobra de acordo com a interação desses indivíduos com essas peças publicitárias.

Apesar de recente, o projeto já é um sucesso. A empresa ainda não informa ao mercado os números segregados dessa operação, que está inserida em uma categoria de seu balanço denominada como "Outros". Essa categoria foi uma das que mais cresceram de 2018 para 2019: 39,4%. Seu faturamento total foi de 14 bilhões de dólares. Como existem poucos itens considerados nessa divisão, está claro que esse impacto é proveniente da Amazon Advertising. A expansão tem se acelerado a cada trimestre, demonstrando alta na demanda do mercado pela adoção desse novo mecanismo de publicidade.

O impacto da consolidação desse negócio para a Amazon tende a ser tão expressivo quanto aquele gerado pela inserção da AWS, já que as margens geradas pelo segmento de publicidade são ainda maiores, pois os principais ativos já estão amortizados na operação (principalmente, a formação de audiência).

Em 2019, o Google Advertising faturou 116 bilhões de dólares, e o Facebook, apenas com publicidade, 70 bilhões de dólares. Esses números continuam apresentando expansão, já que anunciantes tradicionais seguem migrando suas verbas publicitárias para o ambiente digital. Esse é o universo que a Amazon desbravará com a aceleração de sua iniciativa com a divisão.

Em apenas pouco mais de um ano de operação, o impacto desse modelo de negócios é tão grande na Amazon que analistas financeiros já indicam que a empresa, hoje, perde dinheiro com sua operação convencional de varejo, em um movimento largamente compensado pelas receitas de publicidade e comercialização de outros negócios (com destaque para a AWS).

A arquitetura de negócios desenvolvida pela Amazon guarda poucos similares no ambiente empresarial. É um equívoco irreparável a interpretação de que a companhia é "apenas" uma varejista eletrônica. Sua expansão e seus resultados apontam que o projeto vai muito além dessa visão. A empresa encerrou 2019 com cerca de 800 mil colaboradores e faturamento global de 280,5 bilhões de dólares. Uma informação dá a dimensão da abrangência que a companhia vem adquirindo na sociedade: para o período de pico de compras no final do ano de 2019, a empresa contratou mais de 200 mil colaboradores temporários.

Ainda existem frentes a serem validadas e desenvolvidas na evolução do negócio. Os desafios da companhia crescem à medida de sua expansão e ousadia. No entanto, essa trajetória, até aqui, já nos reserva lições importantes da manifestação da estratégia adaptativa em toda a trajetória de uma das maiores organizações do mundo contemporâneo.

A ESTRATÉGIA ADAPTATIVA NA AMAZON

Desde seu início, a Amazon dá mostras inquestionáveis de que é uma empresa *customer centric*. Um dos instrumentos de gestão desenvolvidos por Bezos é a carta dos catorze princípios de liderança da Amazon. Esse documento é um registro da cultura da companhia, relacionando, de forma clara e transparente, aquilo que é tolerável e aceito na organização. O primeiro item dessa carta é a "obsessão pelo cliente", já apontando a prioridade da companhia.

A própria formação da empresa é oriunda da observação atenta dos impactos que a web teria no comportamento de milhões de consumidores. Quando a companhia elege disponibilidade de opções e entrega com agilidade como objetivos centrais da plataforma em sua origem, ela enuncia as bases por meio das quais toda a empresa se organizaria para conseguir atender às demandas de seus clientes de forma inédita no padrão existente até então.

A passagem citada no capítulo anterior quando da criação do sistema de *rating* é um artefato da visão de seu fundador. A resposta de Bezos àqueles que eram resistentes a inserir essa nova funcionalidade na plataforma é emblemática e dá o tom de sua visão: "Mas quem disse que a Amazon está no negócio de vender livros? Nosso principal objetivo é contribuir para que nossos clientes tomem a melhor decisão de compra para suas vidas". Além da orientação ao cliente, já se evidencia o propósito central que norteou toda a jornada da organização desde sua fundação.

A constituição do Amazon Prime, cuja proposta original era, basicamente, entregar os produtos adquiridos com mais agilidade e menor custo, mostra como a organização nutriu essa visão de centralidade do cliente no início do projeto. A expansão do programa com a inserção de diversos outros serviços dá sinais dos benefícios dessa estratégia, já que o negócio da companhia evoluiu de acordo com o aprofundamento na conexão com seus clientes, o que gerou e continua gerando inúmeras outras alternativas de projetos.

Não é à toa que o cliente está no centro da estratégia adaptativa. As companhias que, como a Amazon, conseguem introjetar essa visão em todas as suas práticas e filosofia são expansionistas por definição, já que sua jornada evolui de acordo com a jornada do cliente.

É essa estratégia que fez com que a Amazon, mais do que um simples site de e-commerce, se transformasse em uma vibrante plataforma de negócios que não está ancorada em nenhum segmento específico da economia, mas em diversas frentes que evoluem de acordo com a jornada do seu cliente. Sem estar aprisionada em determinado setor, a organização expande seus tentáculos de acordo com as arenas determinadas pela evolução de seus consumidores.

Uma das passagens que é um marco na trajetória da Amazon mostra como a empresa leva ao limite extremo essa visão. O modelo de marketplaces representa um contraponto importante em relação ao pensamento estratégico convencional, já que a companhia, em vez de erigir barreiras de entrada em relação a seus concorrentes, os atrai a seus próprios domínios.

Enquanto no pensamento estratégico clássico esse movimento representa uma ameaça à evolução do negócio, pois os competidores devem ser isolados irremediavelmente, na estratégia adaptativa ele faz sentido e está orientado a seu pilar fundamental: a centralidade do cliente.

A lógica por trás dessa dinâmica é razoavelmente simples: os benefícios gerados ao cliente disponibilizando uma plataforma repleta de ofertas com uma variedade e qualidade de alternativas que seria impossível por meio de uma ação autônoma compensam a perda potencial de receita propiciada pelo pagamento das comissões e, sobretudo (e aqui reside o principal desafio junto ao pensamento convencional), pela diminuição das vendas dos produtos comercializados por terceiros.

Vale aqui reforçar, novamente, uma visão que por vezes não está clara a todos acerca do modelo dos marketplaces: o mesmo produto, por exemplo, um aparelho celular, tanto é vendido pelo proprietário da plataforma, a Amazon, no caso, quanto por um terceiro, um *seller* qualquer. Muitas vezes, essa mesma opção tem condições mais vantajosas de aquisição junto a esse terceiro, e o proprietário da plataforma simplesmente perderá essa receita. Essa dinâmica faz parte do modelo, já que se houver uma ingerência da parte mais forte (nesse caso, a Amazon) nesse movimento, certamente haverá perda de credibilidade e afastamento dos demais *sellers*, que são indispensáveis para a atratividade da plataforma junto a seus clientes (lembrando que só na Amazon são mais de 2,5 milhões de empresa que se enquadram nessa categoria).

Os benefícios de gerar valor ao cliente compensam as perdas potenciais advindas de movimentos com esse fim. Esse é um enunciado-chave para as empresas que, como a Amazon, adotam elementos da estratégia adaptativa.

Em um movimento que gera um círculo virtuoso, a gestão de dados fortalece esse sistema, já que gera insights e formas de aumentar ainda mais a conexão com os clientes da organização.

Observe como, no caso da Amazon, a compreensão do comportamento do seu consumidor foi originária da produção de insights gerados de seus algoritmos. E essas informações foram fundamentais para a evolução do negócio.

O já citado sistema de *rating*, funcionalidade orientada a empoderar o cliente, gera insights sobre as preferências de cada usuário da plataforma. Essas informações oferecem a possibilidade de apresentar a esse mesmo indivíduo novas alternativas de produtos adequados a seu perfil. Essa exposição cria novas compras que, como consequência, proporcionam um maior entendimento do consumidor para oferecer novas opções e assim por diante. Considere que esse ciclo acontece bilhões de vezes todo mês e entenda o motivo de as empresas que adotam a estratégia adaptativa, tendo a gestão baseada em dados como valor, serem tão superiores àquelas que mantêm seus mecanismos convencionais dando as cartas.

É importante evidenciar que a Amazon foi uma das pioneiras nessa análise preditiva do comportamento do consumidor. A prática, atualmente pulverizada em todos os ambientes virtuais, de apresentar soluções alternativas de acordo com o perfil de cada cliente foi introduzida pela companhia desde o início do negócio. Observe como esse comportamento está inoculado em seu sistema de crenças desde sua fundação e faz parte da filosofia do negócio, inquestionavelmente.

A visão da relevância da gestão baseada em dados é a principal responsável pelo surgimento da Amazon Advertising, serviço que vai, com o tempo, gerar um impacto virtuoso na lucratividade da companhia. Só mesmo devido a décadas de acompanhamento e análise do comportamento do consumidor foi possível a geração de tanta informação relevante sobre esse agente. Esse conhecimento agora está sendo monetizado por meio da oferta ao mercado da possibilidade de uma comunicação dirigida, com alto potencial de assertividade. Se a organização não tivesse uma cultura de gestão de dados, essa oportunidade de negócios simplesmente não existiria, sendo ignorada solenemente por seus líderes.

Além de aprimorar a intimidade e conexão com seus clientes, a gestão de dados permite a estruturação de novas linhas de negócios com potencial extraordinário de geração de valor à companhia.

Todos os componentes da estratégia adaptativa atuam de forma sinérgica e interdependentes. Um dos efeitos mais tangíveis dessa relação é a geração de uma companhia extremamente ágil.

Esse atributo está presente na Amazon desde sua formação. Basta recordarmos que a empresa abriu seu capital com apenas três anos desde sua fundação e dois desde que a plataforma estava no ar. Esse mesmo movimento, em não raras situações, leva décadas para ser viabilizado em uma companhia tradicional. Só mesmo por meio de uma estrutura de gestão extremamente ágil é possível movimentar-se nessa velocidade.

A Amazon é a típica empresa "agilista", sempre atenta e focada em implementar e melhorar processos ágeis nas suas diversas camadas de negócios. Na companhia, toda nova iniciativa é um experimento que deve ser metodicamente testado e validado de acordo com as métricas definidas por seus líderes. Nenhum projeto novo é deflagrado na organização se não estiver clara uma pergunta-chave: como será mensurado, com exatidão, o resultado da resposta do cliente ao novo estímulo? **Note a correlação do método ágil com a centralidade na orientação ao cliente.**

A perspectiva dos experimentos como forma de acelerar a agilidade da companhia se evidencia no amadurecimento de projeto revolucionários antes de serem disponibilizados efetivamente ao mercado. Antes de ser lançada oficialmente em 2006, a Amazon Web Services levou diversos módulos ao mercado experimentalmente para validar sua tese de negócios. A Amazon Advertising é uma evolução da Amazon Marketing Services, que, da mesma forma que os demais projetos, já apresentava ao mercado soluções de publicidade como a oferta de links patrocinados na plataforma para validar sua tese sobre um negócio maior.

Mais recente, a Amazon Go é um *mix* de experimentos em projetos relacionados à Internet das Coisas (IoT), *machine learning, data science*, entre outras frentes que seguem o primeiro tópico do manifesto ágil: "Indivíduos e interações mais que processos e ferramentas". É importante evidenciar que a própria formação do projeto advém de iniciativas geradas anos antes com o projeto experimental de loja de conveniência destinado ao público interno da companhia em Seattle.

A adoção da metodologia ágil no sistema de gestão da companhia é essencial para a avaliação de todas as novas possibilidades desenvolvidas, descontinuando rapidamente aquelas pouco promissoras e acelerando as que apresentam perspectivas favoráveis.

A cultura de adoção dos experimentos como vetor central da inovação na companhia é um traço evidenciado a todo momento por Jeff Bezos. Os principais êxitos da empresa, como Amazon Web Services, Kindle, Amazon Prime e seu marketplace, foram resultantes de experimentações bem-sucedidas.

Os principais fracassos, com destaque para o Amazon Fire, também se enquadram nessa categoria. Em 2014, no evento Business Insider's Ignition Conference, Bezos apresentou uma palestra e comentou que não há como saber se experimentos darão certo ou não. Pelo contrário, as novas experiências são, por natureza, propensas ao fracasso. Por outro lado, "grandes sucessos compensam dezenas e dezenas de coisas que não funcionam".

Mais do que um conjunto de métodos ou modelos de gestão, a visão da ousadia e inovação é um traço da cultura organizacional da Amazon. As perspectivas de centralidade do cliente, tomada de decisões baseada em dados e agilidade do sistema de gestão fazem parte da filosofia e do sistema de crenças da companhia que foram forjadas desde seu início por seu fundador.

Um dos sistemas mais valorizados por Bezos, sem dúvida alguma, é a cultura do negócio. Sempre que tem oportunidade, o empreendedor comenta sobre a relevância desse sistema que leva tempo para se constituir, mas, para o bem e para o mal, também é estável, duradouro e difícil de mudar.

A organização sempre teve a dimensão de que, para manter unicidade em seu projeto espalhado aos quatro quantos do mundo e envolvendo quase 1 milhão de colaboradores, é necessária uma cultura forte que defina claramente o que é aceito na organização e o que é desprezado.

Para isso, a empresa adota fartamente o uso de artefatos que evidenciam sua filosofia. O nome de todos os principais prédios do quartel--general da Amazon, conhecido como campus, é "Day One", para que os funcionários se recordem da origem da organização e encarem todos os dias como o primeiro dia do negócio. As reuniões internas sempre acontecem com a cadeira da cabeceira da mesa vaga para lembrar a todos que o principal agente daquele encontro não está presente: o cliente. Até pouco tempo, todas as mesas de reuniões eram compostas de madeira de portas, pois esse foi o meio de Bezos conseguir montar suas primeiras mesas quando começou o negócio sem recursos. Esses são apenas alguns exemplos que demonstram a notória preocupação da organização e seus líderes em evidenciar, em todos os momentos, a cultura da organização.

A Amazon é uma prova concreta do equilíbrio entre uma cultura de resultados e uma de aprendizado. A companhia sempre foi incansável no atingimento e superação de metas, bem como na gestão de indicadores de desempenho. Porém, da mesma maneira, nunca abandonou a tentativa de novos formatos a fim de atingir esses resultados extraordinários.

O êxito da AWS é uma evidência dos benefícios desse equilíbrio, culminando com uma inovação que é responsável por cerca de 63% de toda a lucratividade da companhia. Se a empresa estivesse exclusivamente orientada ao resultado, esse projeto não evoluiria, pois não havia garantias sobre sua exequibilidade. Por outro lado, se ela só tivesse como foco o aprendizado, sem a cultura de resultados, não obteria a liderança do setor criando um novo paradigma para todo segmento.

Foi da união do aprendizado com o resultado que emergiram soluções responsáveis pela evolução da empresa até aqui e que poderão revolucionar o projeto daqui por diante, como a Amazon Advertising e Amazon Go.

No mencionado evento da *Business Insider*, Bezos comentou que já despendeu, literalmente, bilhões de dólares em falhas na Amazon. O empreendedor afirma que não se diverte nada quando algo não sai como programado e resulta em perdas financeiras importantes. Nenhum líder gosta de perder dinheiro. No entanto, o que realmente importa, de acordo com o fundador da companhia, é que as empresas que não continuarem experimentando entrarão em uma posição desesperadora ao longo do tempo, pois os ciclos de reinvenção demandados pelo ambiente são cada vez mais estreitos.

O sucesso da Amazon está intimamente relacionado a sua alta capacidade de inovar continuamente. A companhia representa como poucas o modelo da estratégia adaptativa, já que todo o seu sistema foi arquitetado para gerar, de forma ininterrupta, novas soluções e alternativas que têm potencial de destruir os modelos originais. Observe que as principais inovações da companhia foram resultado de alternativas anteriores que simplesmente deixaram de existir quando soluções mais maduras se provaram mais efetivas. É a prática do abandono, sentenciada por Peter Drucker, expressa em uma companhia que se reinventa a cada dia adotando a estratégia adaptativa em seu projeto.

A AMAZON E A PANDEMIA DE COVID-19

Em 21 de março de 2020, Jeff Bezos publicou um comunicado aberto destinado aos colaboradores da Amazon, que reproduzimos abaixo:

> *Queridos Amazonianos,*
> *Isso não é normal, e é um momento de grande estresse e incerteza, e também um momento no qual o trabalho que estamos fazendo é mais crítico.*
> *Alteramos nossa logística, transporte, cadeia de suprimentos, de compras e vendedores terceirizados para priorizar o estoque e a entrega de itens essenciais, como utensílios domésticos, desinfetantes, leite em pó e suprimentos médicos.*
> *Não sou o único a agradecer o trabalho que vocês estão fazendo. Recebi centenas de e-mails de clientes e vi postagens nas redes sociais agradecendo a todos.*

Seus esforços estão sendo notados nos mais altos escalões do governo, e o presidente Trump nesta semana agradeceu profundamente a essa equipe.

Em todo o mundo, as pessoas estão sentindo os efeitos econômicos dessa crise, e também estou triste em dizer que prevejo que as coisas vão piorar antes de melhorarem. Estamos contratando para 100 mil novas vagas e aumentando os salários de nossos funcionários que coletam pedidos e os entregam aos clientes durante esse período de estresse e turbulência. Ao mesmo tempo, outras empresas, como restaurantes e bares, estão sendo forçadas a fechar as portas. Esperamos que as pessoas que foram demitidas venham trabalhar conosco até que possam voltar aos empregos que tinham.

Grande parte do trabalho essencial que realizamos não pode ser realizado de casa. Implementamos uma série de medidas preventivas de saúde para funcionários e prestadores de serviços em nossas instalações em todo o mundo – desde o aumento da frequência e intensidade da limpeza até o ajuste de nossas práticas nos centros de atendimento para garantir as diretrizes recomendadas de distanciamento social. Estamos nos reunindo todos os dias, trabalhando para identificar maneiras adicionais de melhorar essas medidas.

Fizemos pedidos de compra de milhares de máscaras faciais para dar a nossos funcionários e contratados que não podem trabalhar de casa, mas poucos desses pedidos foram atendidos. As máscaras permanecem escassas em todo o mundo e, neste momento, estão sendo direcionadas pelos governos para as instalações de maior necessidade, como hospitais e clínicas. É fácil entender por que os incríveis prestadores de serviços médicos que atendem às nossas comunidades precisam ser os primei-

ros da fila. Quando chegar a nossa vez de receber as máscaras, nossa prioridade será entregá-las aos funcionários e parceiros, que estão trabalhando para levar produtos essenciais às pessoas.

Agora, o meu tempo está totalmente focado na Covid-19 e na melhor forma de a Amazon desempenhar seu papel. Quero que vocês saibam que a Amazon continuará fazendo sua parte e não deixaremos de procurar novas oportunidades para ajudar.

Não há manual de instruções sobre como se sentir em um momento como esse, e eu sei que isso causa estresse para todos. Minha lista de preocupações agora – como a de vocês, tenho certeza – é longa: desde meus próprios filhos, pais, família, amigos, até a segurança de vocês, meus colegas, daqueles que já estão muito doentes e até os verdadeiros danos que serão causados pelas consequências econômicas em nossas comunidades.

Por favor, cuidem de si mesmos e de seus entes queridos. Eu sei que vamos superar isso juntos.

Jeff.

Como demonstramos anteriormente, Bezos usa e abusa dos artefatos para fortalecer a cultura desejada em sua organização. E o recurso da utilização de cartas abertas é um desses instrumentos (como, por exemplo, as cartas anuais aos acionistas adotadas pelo empreendedor desde a fundação da companhia em 1997).

Esse comunicado foi divulgado pouco antes de a companhia apresentar o relatório dos resultados do primeiro trimestre de 2020.

Todos já testemunhavam o crescimento avassalador da empresa, que foi uma das maiores beneficiadas da explosão do e-commerce advinda do isolamento da população e fechamento das lojas físicas em todo o mundo.

Quando o relatório trimestral foi publicado, essa constatação foi expressa em números: as vendas da Amazon cresceram 26% no período, atingindo a marca de 75,5 bilhões de dólares. Como não poderia ser diferente, logo na sequência da apresentação desse resultado, as ações das empresas obtiveram alta histórica, o que levou o valor da companhia a superar a marca de 1,2 trilhão de dólares.

A performance da companhia, no entanto, foi severamente impactada de modo negativo pela Covid-19, em um prenúncio da mensagem de Bezos quanto às providências para lidar com a pandemia.

Para lidar com a explosão da demanda, a empresa teve de contratar mais de 175 mil trabalhadores, em um movimento não previsto. Além disso, a organização teve de despender mais de 4 bilhões de dólares para lidar com a disseminação do vírus em diversas iniciativas, como fornecer equipamento de proteção individual a seus colaboradores, realizar operações de desinfecção em seus gigantescos armazéns, entre outras ações.

Bezos tem como objetivo testar todos os colaboradores da companhia em um curto período de tempo. Para isso, a empresa está construindo um laboratório interno por meio de equipe própria composta de cientistas, engenheiros e gerentes de software.

Os resultados iniciais dessas despesas refletiram-se no lucro do primeiro trimestre de 2020, que, mesmo com o aumento das vendas, caiu 29% na comparação com o trimestre anterior, atingindo 2,5 bilhões de dólares (Bezos considera que, em circunstâncias normais, esse valor seria de 4 bilhões de dólares).

O comunicado de Bezos e as ações concretas da organização também são resultado das críticas recebidas pela companhia, questionando sua postura perante a pandemia e ações concretas para proteger seus colaboradores.

O movimento da pandemia e a aceleração da adoção do comércio eletrônico que, em uma primeira análise, dão como certa a vantagem da companhia, no entanto, resultam em desafios importantes para a organização.

Essa explosão de consumo inesperada traz, além de todos os temas sanitários já explorados, o desafio da preparação logística para atender à demanda global. É natural que, em um primeiro momento, as providências para responder adequadamente ao volume de pedidos resultem em maiores despesas para adequação da malha logística.

Um aspecto estratégico, porém, que não pode passar despercebido e deve ser ressaltado tem profunda relação com a estratégia adaptativa e diz respeito ao legado que todos esses desafios deixarão para a organização.

Com a crescente utilização do comércio eletrônico, um contingente vultuoso de novos consumidores ingressa nesse ambiente para atender a suas demandas mais básicas.

Uma pesquisa realizada no Brasil pela Intelipost, empresa focada em tecnologia para logística, aponta um crescimento de 37% nos pedidos realizados por e-commerce entre fevereiro e março de 2020 em comparação ao mesmo período do ano anterior. Pesquisas globais vão na mesma linha e apontam uma estimativa de 25% no crescimento do consumo por meio do ambiente digital.

A despeito das maiores despesas incorridas no momento em que esse universo de consumidores começa a adotar esse novo meio, os resultados gerados por essas vendas tendem a ser crescentes e regulares, já que se instila um novo comportamento de compra que veio para ficar.

Fazendo uma reflexão acerca dos benefícios gerados por essa transição para o futuro da Amazon, entendemos a relevância da gestão baseada em dados já que, além da receita advinda das compras em seu ambiente, serão geradas milhões de informações provenientes do comportamento digital de cada novo cliente da plataforma.

A tendência que já enunciamos do crescimento da Amazon Advertising ganha novos contornos favoráveis, já que o universo de consumidores presentes nesse ambiente cresce exponencialmente. Essa é uma perspectiva para lá de promissora para a companhia, pois a lucratividade desse negócio excede as bases regulares de outros serviços da empresa.

Nessa mesma linha, é importante evidenciar outro negócio de alta lucratividade que sai fortalecido e ganha ainda mais robustez: a Amazon Web Services.

Com o fechamento de pontos de vendas físicos, milhões de varejistas tiveram de migrar rapidamente para o ambiente digital. Todas as resistências anteriores quanto a esse contexto sucumbiram perante a necessidade premente pela sobrevivência. Aqui no Brasil, estima-se que, nos meses de abril e maio de 2020, houve a abertura de cerca de 107 mil novas lojas de e-commerce, atingindo a incrível marca de uma nova loja virtual por minuto. Para efeito de comparação, no ano inteiro de 2019, houve no país o lançamento de cerca de 120 mil negócios similares. Ou seja, em dois meses foi atingida quase a mesma marca de um ano, em um movimento que só tende a se acelerar.

Novos negócios que migram para o negócio digital demandam os serviços de estrutura da AWS cuja vocação é, justamente, o varejo devido a sua origem.

Além disso, esses novos negócios recorrem à plataforma da Amazon, seu marketplace, para atrair novos clientes para o projeto.

Esse movimento tende a ser virtuoso para o futuro da companhia e gerar resultados exponenciais e consistentes ao longo dos anos.

Toda essa dinâmica impulsionada pela Covid-19 resulta em uma perspectiva clara: a Amazon tende a fazer todos os esforços e investimentos necessários para atender às demandas emergentes de seus clientes e não dar brecha para seus concorrentes.

Isso pode resultar em prejuízos ainda maiores no curto prazo, porém a companhia está estabelecendo com força uma estrutura que poderá gerar dividendos expressivos e sustentáveis a seu futuro.

TALKSHOW COM DAVE NIEKERK
Dave Nierke foi um dos primeiros Diretores da Amazon onde ingressou em 1999 e atuou até 2016. Foi VP de RH para Operações Globais e de Customer Service por 12 anos. Neste vídeo você terá acesso a um talkshow exclusivo com a visão em profundidade de um dos líderes da organização.

A Amazon é uma prova concreta do equilíbrio entre uma cultura de resultados e uma de aprendizado. A companhia sempre foi incansável no atingimento e superação de metas, bem como na gestão de indicadores de desempenho. Porém, da mesma forma, nunca abandonou a tentativa de novos formatos como forma de atingir esses resultados extraordinários.

CAPÍTULO 12:
XP INVESTIMENTOS: UMA EMPRESA DE EDUCAÇÃO

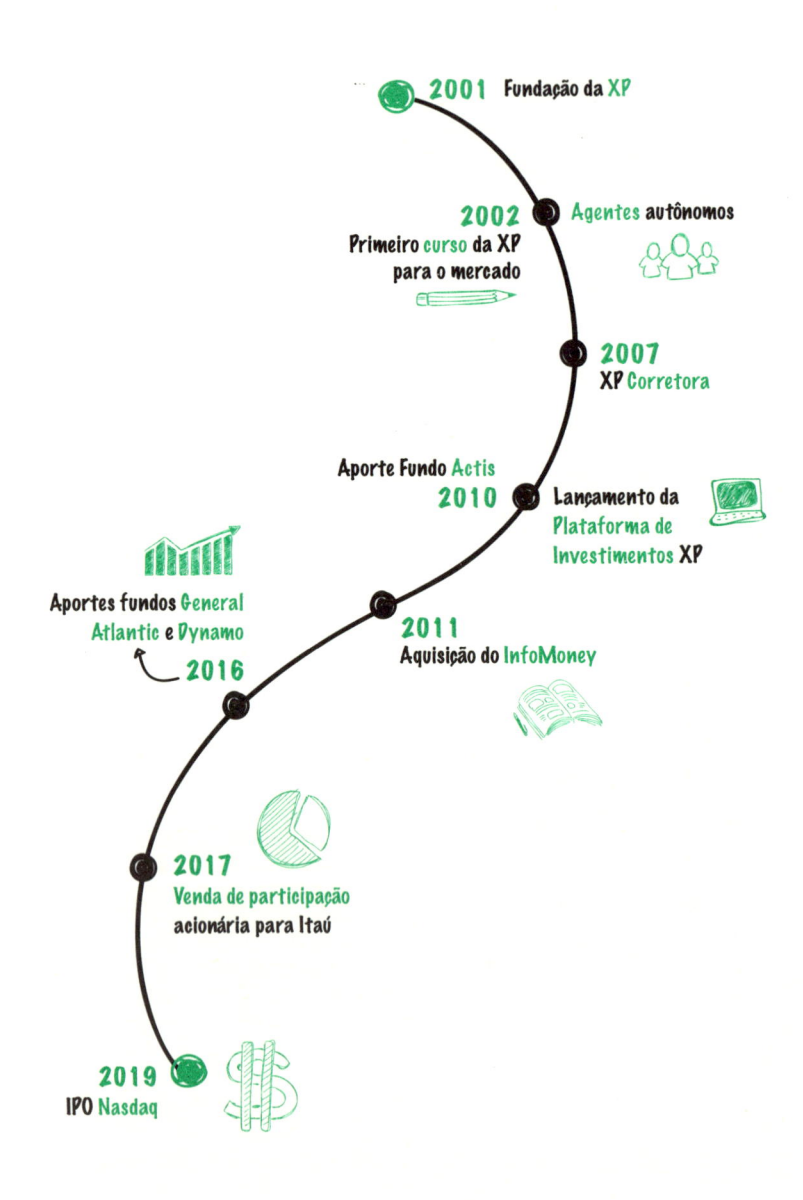

2001 Fundação da XP

2002 Agentes autônomos
Primeiro curso da XP para o mercado

2007 XP Corretora

Aporte Fundo Actis
2010 Lançamento da Plataforma de Investimentos XP

Aportes fundos General Atlantic e Dynamo
2016

2011 Aquisição do InfoMoney

2017 Venda de participação acionária para Itaú

2019 IPO Nasdaq

OS MARCOS DA HISTÓRIA DA XP INVESTIMENTOS

A trajetória de Guilherme Benchimol, fundador da XP Investimentos, é relatada em detalhes por Maria Luíza Filgueiras no livro *Na raça: como Guilherme Benchimol criou a XP e iniciou a maior revolução do mercado financeiro brasileiro*.

Assim como acontece em nossos casos anteriores, a trajetória do empreendedor se confunde com sua obra, a XP, em uma saga que tem sido considerada uma das mais relevantes do ambiente empresarial brasileiro.

Entender como um jovem com poucos recursos financeiros conseguiu, em menos de vinte anos, confrontar o status quo e prosperar em um mercado tão competitivo e dominado por gigantes como o seu nos traz aprendizados e reflexões importantes.

Essa jornada começou em 2001, quando Guilherme Benchimol e seu colega Marcelo Maisonnave decidiram fundar a XP Investimentos depois de uma experiência juntos em uma corretora de investimentos.

O negócio se iniciou na cidade de Porto Alegre, no Rio Grande do Sul, em uma sala comercial de 25 m². No início, era similar a qualquer outra corretora de investimentos, com o foco na captura de clientes interessados em investir no mercado financeiro.

A despeito da determinação da dupla, o ano de 2002 foi muito desafiante para esse mercado. Influenciado pelas indefinições políticas da época, o dólar chegou a dobrar, batendo recordes históricos, e a bolsa de valores teve o pior desempenho desde a crise de 1998, acumulando queda de 17% no ano.

Em um contexto de indefinições como esse, os investidores estavam arredios em realizar investimentos mais arriscados com ações ou outras modalidades menos conservadoras.

Essa dinâmica se refletia no desafio de os novos empreendedores captarem novos clientes. A cada dez visitas que realizavam para prospecção, apenas duas resultavam em negócios. Mesmo assim, esses negócios eram gerados com valores de investimentos muito baixos.

Benchimol comenta que essa perspectiva o levou a considerar desistir de tudo e retornar a sua cidade natal, Rio de Janeiro, para retomar sua carreira em bancos de investimento. Ele até chegou a contrair um empréstimo com um amigo para bancar sua mudança física, já que tinha investido todas as suas economias pessoais no negócio.

Foi por dias que uma das mais instigantes jornadas empresariais do Brasil não passou de um devaneio de empreendedores ambiciosos. Uma descoberta mudou o curso dessa história.

Os fundadores da XP têm como um de seus traços mais evidentes um perfil comercial bastante proativo. Aliás, esse traço se evidencia na cultura organizacional da empresa e está presente de forma marcante até os dias de hoje.

Como eram eles que faziam todas as visitas pessoais de prospecção de novos clientes, começaram a perceber que um dos principais desafios para atrair esse público era o profundo desconhecimento dos mecanismos e opções de investimento, sobretudo no que se refere às alternativas do mercado de ações da bolsa de valores – que, na época, já evoluía e investia em campanhas para captar uma maior parcela da população para seus domínios.

A confirmação definitiva para fortalecer essa tese aconteceu quando, às vésperas de Guilherme retornar ao Rio de Janeiro, alguns amigos de Marcelo lhes procuraram, pedindo ajuda para entender em mais detalhes sobre como investir na bolsa. Como ambos tinham muita experiência no setor financeiro, ninguém melhor que os dois para lhes ajudar.

Participaram vinte amigos, em uma reunião na qual os dois basicamente explicaram como funcionava o mercado financeiro e como investir em ações. Os participantes gostaram tanto da aula que a reunião se estendeu até a madrugada do dia seguinte.

Mas não foi apenas a aprovação da turma quanto ao conteúdo apresentado que foi decisivo para o insight que mudaria todo o rumo da recém-fundada companhia que estava prestes a encerrar suas atividades: dezoito dos vinte participantes do encontro acabaram se convertendo em clientes da XP.

Bingo!

Esse movimento foi fundamental para a definição da estratégia central de toda a evolução da organização e foi representado em um enunciado claro: a melhor forma de atrair novos clientes era ensinando-os a investir.

Vale um recorte histórico aqui. O Brasil, devido à recente estabilidade econômica dos anos anteriores, vivia em um contexto de consolidação de seus mecanismos formais de investimento. Mesmo considerando essa evolução, não havia o hábito disseminado pela população de diversificar seu investimento em opções menos conservadoras, já que a inflação, tão presente na rotina dos brasileiros historicamente, impossibilitara a formação de uma cultura de investimentos mais diversificada, com a poupança registrando a maior popularidade dentre todas as alternativas durante décadas.

Como resultado dessa dinâmica, as empresas líderes do mercado financeiro, extremamente concentrado e dominado por grandes bancos, privilegiava sua estratégia nas rentáveis opções conservadoras, relegando as alternativas menos ortodoxas a segundo plano.

O mercado de ações e bolsa de valores era dominado por investidores institucionais ou aqueles mais experientes, sobretudo egressos do mercado financeiro.

Guilherme e Marcelo tiveram a visão de que havia um mercado expressivo de potenciais novos investidores a ser explorado. Era necessário, porém, dar um passo atrás no processo de convencimento desse público, educando-o quanto aos mecanismos do mercado financeiro para reduzir sua percepção de risco. O negócio não era batalhar por aqueles que já estavam dentro do sistema, e sim capturar novos clientes com alto potencial de investimento.

Para validar definitivamente essa tese, resolveram fazer uma nova experiência. Uma semana após a primeira reunião, criaram um curso de "Como investir na bolsa de valores". Cobraram 300 reais por pessoa e fizeram um anúncio no jornal *Zero hora* para divulgar a iniciativa, até então, absolutamente inovadora. Não havia conteúdo disponível com essas características no mercado.

Mais uma vez, as evidências de que aquele era o caminho saíram fortalecidas. Tiveram trinta inscrições para o curso, gerando 9 mil em receita. O projeto foi valioso por dois aspectos centrais: proporcionou recursos financeiros, dando fôlego à empresa (e ajudando Guilherme a pagar o empréstimo que tinha contraído com o amigo para sua mudança ao Rio de Janeiro), mas o mais importante: mais uma vez, boa parte dos inscritos se converteu em cliente ativo da XP Investimentos, investindo seus recursos com a empresa.

Fortalecida a validade da estratégia, os empreendedores passaram a ministrar pessoalmente cursos em todos os finais de semana. E em cada um desses eventos, conquistavam mais e mais clientes.

Em geral, as análises sobre a rápida evolução da XP negligenciam essa perspectiva central para o entendimento no negócio: a XP é uma empresa de educação.

O investimento realizado por seus clientes é consequência direta de um processo educacional que foi se sofisticando ao longo dos anos – como veremos –, porém que teve como base cursos para ensinar as pessoas a investirem na bolsa.

A orientação estratégica tem como principal pilar educar as pessoas que, como consequência, investem com a empresa, tornando-as seus clientes ativos. Boa parte, principalmente, da carteira inicial de clientes da XP transformou-se em investidores depois de terem aprendido com a empresa.

Uma parcela importante desse público, no entanto, gostou tanto da experiência que vislumbrou uma nova forma de dedicação profissional: e se eu aproveitasse esse meu conhecimento para auxiliar outras pessoas a investir?

Essa reflexão, na realidade, recebeu um "empurrãozinho" da XP. Guilherme e Marcelo, ao perceberem a oportunidade gerada pela nova estratégica, iniciaram uma análise de como acelerar a expansão do negócio. Ambiciosos, os empreendedores sabiam que o modelo que tinham desenvolvido apresentava pouca escalabilidade, já que os cursos eram presenciais e ministrados por ambos. Esse sistema não iria permitir um crescimento acelerado.

Uma saída óbvia era replicar o conhecimento para outros indivíduos que tivessem a capacidade de realizar os mesmos cursos em todo o Brasil. Foi dessa reflexão que surgiu a ideia de fortalecer a figura dos agentes autônomos da XP.

Esses profissionais, que atuam como assessores financeiros dos seus clientes, são ligados a uma corretora, mas têm escritório independente e carteira de clientes própria.

A XP foi pioneira na estratégia de atrair esses profissionais para seu domínio, estrutura que sempre foi vista como muito arriscada pelas empresas do mercado financeiro, temerosas de que a relação de trabalho com esses agentes pudesse configurar vínculo trabalhista, gerando enormes passivos. Inclusive, alguns bancos e corretoras chegaram a testar esse modelo de relacionamento comercial anteriormente, mas ninguém com a escala da XP.

Esse risco, embora reconhecido pelos sócios do negócio, não foi motivo para refrear seu ímpeto expansionista. A história mostraria como **assumir riscos e ousar são traços da cultura da organização e motores para seu crescimento**.

Em 2005, a XP já tinha vinte filiais na região Sul, e seus cursos eram ministrados em cerca em cerca de trezentas cidades.

Uma das estratégias que foram fundamentais para a consolidação do projeto tem na sua essência a educação dos agentes autônomos. Ela surgiu de um insight de Guilherme.

Um dos conceitos mais adotados pelos investidores no mercado de ações é a chamada média móvel. Ela acontece quando duas linhas, a exponencial e a aritmética, se cruzam. Se a cotação de determinada ação estiver próxima ao preço de suporte, ou seja, da cotação mínima a que o papel chegou, é hora de comprar. Se a ação estiver próxima a sua cotação máxima, hora de vender.

Quando o investidor utiliza essa fórmula, tem as referências claras do momento de comprar ou vender uma ação.

O insight decisivo foi educar os alunos da XP, mas, sobretudo, seus agentes autônomos a utilizar a média móvel. Dessa forma, quando a ação chega ao seu melhor ponto de venda ou de compra, esse profissional acessa seu cliente com a informação, orientando-o quanto à melhor alternativa naquele momento.

A conexão com seus clientes aumentou ainda mais, resultando em um incremento nos níveis de investimento aliado à conquista de novos investidores para sua plataforma, que se tornava cada dia mais robusta.

Enquanto a concorrência ficava com medo, aguardando o dia em que a XP fatalmente quebraria, Guilherme e seus sócios montaram um exército.

Os agentes autônomos são aspecto central da estratégia da XP, pois na prática proporcionaram um aumento de sua capilaridade com um investimento absurdamente menor do que o modelo convencional. É como se a empresa tivesse uma rede de agências bancárias espalhadas em todo o país sem a contrapartida dos vultuosos recursos para os investimentos requeridos na formação dessa estrutura física.

A estratégia com esse modelo já era um embrião para a empresa se constituir como uma plataforma de negócios, estruturando seu espaço como um ambiente em que vendedores (agentes autônomos) e clientes geram negócios entre si, com a empresa sendo remunerada por parte dessas transações. Com o tempo, seguindo o mesmo modelo dos marketplaces, a própria XP começou a se relacionar diretamente com uma parcela de seus clientes sem intermediários, oferecendo produtos próprios, mas também de terceiros. Essa estratégia será decisiva para a consolidação da evolução da empresa, como veremos logo adiante.

O modelo de fortalecimento dos agentes autônomos como principal canal de vendas da companhia, no entanto, foi colocado em risco com uma decisão que seus líderes tomaram em 2007. Nesse ano, foi constituída oficialmente a XP Corretora, resultante da aquisição de outra empresa do setor, a Americaninvest.

Curiosamente, influenciado pela mesma visão dos riscos desse modelo que fez com que as empresas tradicionais não investissem nessa estrutura, Guilherme decidiu transformar seus agentes autônomos em funcionários XP. O maior receio era o mesmo que levou outras companhias consolidadas a não seguir esse modelo: o passivo gerado por eventuais riscos trabalhistas advindos da relação entre as partes.

A despeito dos profundos efeitos dessa mudança na estrutura de relacionamento entre os agentes e a XP, após mais de duzentas reuniões, o processo de migração foi bem-sucedido. Apenas um agente não aceitou a decisão e abandonou o barco.

Apesar do enorme esforço requerido por essa movimentação, ela, no entanto, durou pouco. Em 2008, veio a crise financeira global. Os efeitos no Brasil foram sentidos, com a bolsa de valores e seus investimentos sendo uma das principais vítimas da enorme retração financeira global e aversão ao risco de apostar nos países em desenvolvimento.

A bolsa sofreu uma retração como consequência da diminuição desses investimentos. A carteira da XP, como não poderia ser diferente, sentiu os impactos desse encolhimento, o que gerou a emergente demanda por contenção de custos.

Sua folha de pagamento, carregada pelos pesados encargos trabalhistas, cresceu muito com a decisão de internalizar os agentes autônomos para a estrutura. A companhia começou a sentir os efeitos negativos desse processo.

Pressionado por essa nova realidade, Guilherme teve a visão de que era necessário voltar atrás com o modelo, ou não iriam sobreviver àquele novo ciclo.

Pouco mais de um ano após ter convencido todos os 220 agentes autônomos da companhia de que ser um profissional contratado pela XP era um bom negócio, Guilherme, mesmo com o espanto e a preocupação de seus sócios com o movimento, decidiu voltar atrás e adotar a estrutura original do projeto.

Para comunicar a mudança, ele se reuniu pessoalmente com cada um dos indivíduos que ocupam essa posição, processo que levou mais de um mês, já que estavam espalhados em trinta cidades do Brasil. Durante o processo de contratação como profissional XP, Guilherme havia conversado pessoalmente apenas com aqueles mais estratégicos. Para fazer a reversão do modelo, no entanto, optou por abordar cada participante de sua equipe, assumindo que havia tomado uma decisão errada e que era necessário revertê-la pensando no sucesso do projeto e benefício de todos.

Esse movimento mostra outro traço importante do empreendedor que se consolida na cultura do negócio: a agilidade em se movimentar, mesmo que isso represente riscos para o negócio.

Em mais de uma situação, a empresa adotou a máxima originada nas startups do Vale do Silício que sentencia que é necessário "falhar rapidamente", movimento que ficou popularizado como *fail fast*. Aprenda rapidamente com sua ação, corrija a rota o mais breve possível para diminuir as perdas e encontrar novos caminhos.

Em 2009, o modelo de agentes autônomos não só voltou a vigorar como acelerou sua expansão de forma pujante. Em 2017, vários concorrentes tentaram replicar essa estrutura. Mas, àquela altura, a XP estava anos-luz à frente de todos. Atualmente, a empresa conta com cerca de 6 mil agentes espalhados por todo o Brasil (dados de 2019).

Um processo fundamental para o fortalecimento desse projeto e do relacionamento com os clientes da XP é a comunicação. Seu método tem como base essencial a educação, que se mantém como fio indutor do processo ao longo de toda a sua evolução.

A XP sempre se preocupou em evoluir sua comunicação, desde a época em que ligava para avisar ao cliente que sua ação tinha dado ponto de compra ou de venda.

Ao longo dos anos, esse processo foi amadurecendo e utilizando, sobretudo, os recursos gerados pelas ferramentas digitais que se consolidavam cada vez mais na sociedade brasileira.

O meio digital foi utilizado fartamente pela companhia para educar cada vez mais pessoas quanto à dinâmica de se investir em ações. Mimetizando o que acontecia nos cursos presenciais, a companhia gerava novos clientes para sua plataforma com esse modelo. A consequência natural era o aumento da carteira de clientes.

No entanto, a crise de 2008 mostrou aos sócios do negócio uma de suas fragilidades. A despeito do crescimento de sua base de clientes, ela ainda era limitada, e a oferta de opções de investimentos seguia a mesma lógica. Era necessário aumentar o ritmo de expansão para conquistar mais escalabilidade e se proteger da influência de fenômenos similares no futuro.

Tendo a inquietude e a busca pelo conhecimento como uma das principais características da cultura do negócio, Guilherme começou a estudar outros modelos em todo o mundo.

Foi nessa busca que se deparou com o vencedor modelo de negócios da americana Charles Schwab.

Fundada no início dos anos 1970 nos Estados Unidos, a corretora foi pioneira na construção de uma plataforma on-line de investimentos. Em 1995, quando a primeira onda da web começava a se formar, a organização lançou seu primeiro site de investimentos, gerando muita desconfiança em um mercado tradicional e conservador por definição.

A despeito dos desafios iniciais, sobretudo os do final dos anos 1990 com o estouro da bolha das empresas "ponto com", o negócio foi um êxito. Em 2010, quando Guilherme iniciou as pesquisas sobre essa estrutura, a plataforma já tinha 1,6 trilhões de dólares sob gestão (em 2019 esse montante evoluiu para cerca de 3,7 trilhões de dólares).

O modelo básico da plataforma é se posicionar como um "shopping financeiro" on-line, oferecendo milhares de produtos de investimentos de diversas instituições do mercado. Esse é um aspecto central para que o ambiente gere atratividade junto a seus clientes: diversidade de portfólio. Assim, no mesmo modelo dos já citados marketplaces do setor de varejo, a plataforma financeira é agnóstica e oferece produtos próprios, mas, principalmente, opções diversificadas de terceiros, disponibilizando a seus clientes um universo de alternativas muito mais abrangente do que aqueles disponíveis nos mecanismos convencionais.

O relacionamento com esse agente também é distinto do tradicional, que sempre se caracterizou pela valorização do contato pessoal entre as partes. Todo o processo na plataforma da Schwab é *self service*, ou seja, o cliente se relaciona diretamente com o sistema, sem intermediários, tendo a liberdade de realizar as ações que desejar autonomamente. Esse novo sistema recrudesceu ainda mais as desconfianças dos agentes mais tradicionais do segmento financeiro, desconfiados da ausência do relacionamento pessoal. O tempo, no entanto, mostrou como o novo modelo derivou para a consolidação de um novo comportamento no setor que culminou com a evolução do negócio em escalas muito mais aceleradas que os negócios já consolidados.

Em sua história, a Schwab convenceu milhões de americanos a deixar os bancos. Essa perspectiva soava como música aos ouvidos de Guilherme, já que esse posicionamento de desmantelar o status quo – que, segundo ele, se caracteriza pela alta concentração de clientes nas carteiras das empresas tradicionais, com uma oferta de valor limitada e tendenciosa – é uma das missões enunciadas desde o início da XP.

Mesmo considerando a atratividade do modelo da Schwab nos Estados Unidos, a replicação de sua estrutura no Brasil não era garantia de êxito. Estimulados pelo sucesso da empresa americana, ao longo dos anos, sobretudo no fim dos anos 1990, muitas empresas tentaram replicar o projeto por aqui. Essa iniciativa foi promovida não apenas por novos empreendedores, mas também por empresas tradicionais que aportaram vultuosos investimentos em novos projetos e startups. Nenhuma delas obteve êxito, o que afastou novas tentativas e apostas.

Um desafio natural desse projeto é o de alterar um comportamento conservador do consumidor brasileiro ao adotar o ambiente digital para movimentar um recurso tão sensível quanto seu dinheiro e sua vida financeira. O domínio dos bancos na vida de todos no país estava estabelecido e consolidado havia séculos e transmitia a percepção de maior segurança, com instituições sólidas e críveis. Toda a mudança nessa dinâmica representava um risco importante para indivíduos acostumados a um padrão já estabelecido tradicionalmente.

Essas ameaças não foram impeditivas para que a XP se reinventasse, migrando sua ação para um modelo bastante distinto daquele a que estava habituada. E, em 2010, ela se reinventou e se transformou em uma plataforma de negócios digitais.

Os pilares essenciais do negócio se mantiveram preservados. A educação, que já se favorecia das ações no ambiente digital, foi potencializada por meio da integração da plataforma com os programas de ensino. A ação dos agentes autônomos não foi substituída pelo novo ambiente, em um processo até natural de desintermediação em situações como essa. Pelo contrário, esses agentes foram integrados à plataforma, ganhando uma nova ferramenta muito mais poderosa em seu relacionamento com seus clientes.

Um aspecto, no entanto, que representou um ponto de inflexão na evolução da XP com esse projeto foi o incremento das possibilidades de captura de novos clientes. Além do canal já estabelecido e consolidado com os agentes autônomos, a companhia conquistou uma nova frente de captação mais escalável e dinâmica com a plataforma digital. As novas possibilidades geradas por essa estrutura caíram como uma luva em uma cultura que valoriza a proatividade comercial.

E a XP acelerou seu crescimento consolidando um novo modelo de negócios que, posteriormente, foi seguido por inúmeras organizações do setor, como Guide Investimentos, Easynvest, Genial e o BTG Pactual, que lançaram suas plataformas virtuais de investimentos. Empresas tradicionais do setor também fazem incursões nessa área, como o banco Itaú com o Itaú 360°, que vende fundos de outros bancos.

A evolução acelerada da XP não passou despercebida e logo a empresa começou a ser cortejada por fundos de investimentos interessados em adquirir participação acionária no projeto.

Em 2010, mesmo ano de lançamento da sua plataforma, a empresa anunciou a venda de 20% do negócio para o fundo inglês de *private equity* Actis por 100 milhões de reais. Com esse investimento, o valor de mercado da XP foi avaliado em 500 milhões de reais.

Esse investimento, dirigido principalmente para tecnologia e marketing, impulsionou ainda mais o crescimento da companhia. Nessa época, a organização já contava com cerca de 12 mil clientes e um volume de 1 bilhão de reais em custódia.

Mais do que o capital financeiro, no entanto, o movimento representou um marco na trajetória da companhia, pois fortaleceu definitivamente a credibilidade da organização, chancelada por um fundo britânico com reputação mundial.

Ambicionando um crescimento ainda maior, a companhia investiu no amadurecimento do negócio montando um conselho de administração profissional e desenvolvendo uma estrutura corporativa mais robusta para suportar sua expansão.

Capitalizada, a empresa deu mais um passo fundamental para seu crescimento. Em 2011, em um movimento que chegou a ser obscuro para quem não acompanhava a evolução do negócio, ocorreu a aquisição integral do portal InfoMoney, especializado na geração de informações sobre o mercado financeiro.

A motivação para essa aquisição tem íntima relação com a estratégia de educação da organização. A XP já era uma das principais anunciantes do portal, utilizando-o como canal de aquisição de clientes para seus cursos. Boa parte do fluxo de participantes para esses programas era proveniente do InfoMoney.

A aquisição do portal representou o domínio exclusivo de um importante canal de vendas. Ao mesmo tempo que potencializou o alcance de sua audiência, a XP eliminou seus competidores do acesso a esses potenciais clientes.

Quando adquiriu o portal, a empresa informou que seu foco estava centrado em triplicar o número de abertura de novas contas em sua plataforma. Para isso, investiu cerca de 5 milhões de reais na modernização do portal com o desenvolvimento de novas funcionalidades e ferramentas. Além disso, acelerou o desenvolvimento de novos cursos (on-line e presenciais), palestras gratuitas e webinars.

A aquisição do InfoMoney também contribuiu para trazer para a XP o conhecimento de como se relacionar com clientes no ambiente digital.

Mapeando toda a jornada dos visitantes do portal, a empresa oferece conteúdos sobre a área financeira de acordo com cada perfil, aumentando seu engajamento com a plataforma até chegar ao momento ideal para sua conversão como cliente XP. A partir desse momento, a natureza dos conteúdos entregues a esse indivíduo muda com a oferta de informações mais personalizadas, apresentando um passo a passo de todo o processo de investimentos. De acordo com os valores investidos, cada cliente tem um padrão de atendimento que vai do sistema totalmente autônomo, sem relacionamento com assessores de investimento, até o atendimento personalizado por profissionais especializados.

A estratégia da XP vai se tornando mais completa e integrada, tendo a plataforma digital como principal ambiente de conexão com seus clientes e a educação como a essência desse relacionamento.

Em 2016, cinco anos após o primeiro aporte de investidores, a XP anunciou uma nova movimentação. Por cerca de 430 milhões de dólares, o fundo americano General Atlantic adquiriu 31% da empresa, que passou a ter um valor de mercado acima de 1 bilhão de reais. Com esse movimento, o fundo Actis aproveitou a oportunidade para sair do negócio, praticamente dobrando o investimento que havia realizado na empresa.

Um movimento que se iniciava, no entanto, mudaria o rumo do negócio definitivamente, lhe conferindo uma relevância até então inédita no mercado financeiro.

Motivados pelo seu crescimento acelerado e pelo porte do negócio, os líderes da XP iniciaram o planejamento para fazer a abertura do capital da empresa (IPO). Todas as iniciativas de profissionalização da gestão do negócio iam ao encontro desse objetivo, e a organização se preparava para levantar o capital que seria definitivo para seus ambiciosos planos de expansão.

Aos poucos, a XP foi se consolidando como uma das novas protagonistas da comunidade empresarial brasileira e Guilherme Benchimol assumiu seu papel como disruptor do sistema financeiro brasileiro. Em 2016, sua foto foi estampada na capa da principal revista de negócios do país com a frase: "Seu banco não presta".

Fortalecido pela evolução do negócio, Guilherme abriu um flanco de batalha em relação aos gigantes dominantes do setor financeiro.

O que pouquíssimas pessoas sabiam é que, ao mesmo tempo que esse movimento pouco amigável se desdobrava, outros planos estavam sendo incubados e iriam, inclusive, postergar o projeto de IPO da companhia.

Em uma sigilosa negociação conduzida pessoalmente por Roberto Setubal, um dos principais acionistas do Itaú Unibanco, conversas foram iniciadas para que o maior banco privado do país se torne um acionista importante da XP. Apenas um rol muito restrito e seleto de pessoas tinha ciência dessas conversas, que se desdobraram durante meses.

Em 2017, é anunciada a aquisição de 49,9% da XP pelo Itaú por 6,3 bilhões de reais. Desse montante, 5,7 bilhões foram destinados aos acionistas do negócio e 600 milhões, à companhia, para investimentos em tecnologia e compra da corretora Rico. A participação do Itaú na XP, de acordo com a aprovação dos órgãos regulatórios brasileiros, pode subir para 100% em 2024 ou 2033, movimento que demonstra o apetite e interesse da companhia na corretora.

Muitos se surpreenderam com esse movimento sendo feito justamente quando as provocações do CEO da companhia se tornavam mais barulhentas e públicas. Guilherme Benchimol respondeu a essas indagações reiterando que as operações permanecerão independentes e que ele continua na jornada de revolucionar o mercado financeiro brasileiro, agora acompanhado de um reforço de peso.

O ingresso do Itaú no negócio delegou ainda mais credibilidade ao projeto e fortaleceu o plano de abertura de capital, que de modo algum foi abandonado. Na realidade, esse caminho foi fortalecido, já que conferiu uma estrutura de capital mais robusta à organização e condições ainda mais favoráveis para seu crescimento e evolução.

Cerca de dois anos após o ingresso do Itaú na XP, no final de 2019, a empresa realizou sua abertura de capital. Uma decisão ousada nesse processo demonstra a ambição da companhia: o IPO aconteceu na bolsa de valores americana Nasdaq, que concentra as reluzentes empresas de tecnologia e hoje reúne as maiores companhias em valor de mercado do mundo.

O mercado investidor mundial reconheceu o potencial da XP, e seu IPO se tornou um dos maiores do ano, com o levantamento de 2,24 bilhões de dólares. Com isso, o valor de mercado da companhia em dezembro de 2019 era de 14,9 bilhões de dólares ou, de acordo com o câmbio da época, 62,5 bilhões de reais (cerca de cinco vezes maior do que quando houve o investimento do Itaú).

Uma das maiores preocupações da companhia após esse movimento era não se curvar ao comodismo. Frequentemente, Guilherme Benchimol menciona que não dará a mesma chance que os bancos tradicionais deram à XP historicamente e não será "disruptado" por uma nova *fintech*.

A jornada da XP traz inúmeras lições de uma organização que, em dezoito anos, passou de uma empresa em um pequeno escritório em Porto Alegre, que esteve na eminência de fechar suas portas, para a posição de uma das principais protagonistas do mercado brasileiro, com mais de 1.250.000 clientes que transacionam mais de 250 bilhões de reais em sua plataforma.

A educação é a essência da XP, e sua ambição por crescer e evoluir é parte integrante de seu sistema de crenças.

A ESTRATÉGIA ADAPTATIVA NA XP

A capacidade de reinvenção da XP esteve presente desde o início da sua operação. Ela se evidencia no momento em que a companhia se dá conta das oportunidades de se posicionar como uma empresa de educação, quando desenvolve um novo canal de vendas com os agentes autônomos, na estratégia de se transformar em uma plataforma digital e quando adquire o InfoMoney, só para citar alguns importantes marcos.

Ao longo dessa trajetória, a empresa se expôs a novos modelos de negócios e formas de atuação que poderiam muito bem ter lhe sentenciado a um fracasso com potencial de gerar danos irreparáveis ao negócio. Talvez até mesmo o seu desaparecimento.

A despeito desses riscos, a organização não desistiu de inovar constantemente e se reinventar em ciclos que guardam muita semelhança com os casos da Netflix e da Amazon.

Essa é a principal evidência de como a XP adota os elementos centrais da estratégia adaptativa em seu negócio. A inovação constante é o objetivo central de todos os seus movimentos estratégicos.

Os ciclos de reinvenção da organização aconteceram em espaços de tempo muito curtos. Como já mencionamos, em apenas dezoito meses a empresa migrou de corretora convencional para uma plataforma de investimentos digital com abrangência nacional.

A agilidade faz parte da essência da organização e está presente em cada uma das decisões estratégicas adotadas pela companhia. O próprio Guilherme Benchimol comenta que a cada dois ou três anos, pessoalmente, se reinventa por completo.

A humildade é o componente essencial desse processo, já que quando um novo ciclo se contrapõe ao original é necessário questionar todas as certezas que formaram as bases desse modelo. A capacidade de se reinventar com agilidade está intimamente relacionada à capacidade de confrontar não apenas o status quo, mas todo o sistema de crenças da empresa e, sobretudo, dos indivíduos envolvidos em cada processo impactado.

Um dos momentos da organização em que esse traço se evidenciou de forma mais concreta foi o malsucedido movimento de internalização dos agentes autônomos em 2007.

Apenas um ano depois de uma decisão que monopolizou os esforços da companhia devido a sua representatividade e seu impacto, a organização não titubeou quando entendeu que não seria uma perspectiva favorável para o negócio.

É representativo o fato de Guilherme ter assumido o erro em público e interagido pessoalmente com cada um dos impactados pela decisão para reverter a situação, retornando ao modelo original.

O risco dessa movimentação foi alto, mas a organização conseguiu fazer a mudança com agilidade e corrigir seus erros sem ficar presa às armadilhas do ego, que são as principais em situações dessa natureza.

Observe os efeitos desse comportamento para o sistema de crenças da companhia, sua cultura organizacional. O principal líder do negócio teve a humildade de assumir seus erros e se dirigir pessoalmente a cada indivíduo impactado em visitas por todo o país para reverter o quadro. Não há dúvida de que esse ato fortalece um comportamento organizacional, dando um exemplo concreto do que é aceito e esperado por todos naquele contexto.

Sempre que tem a oportunidade, Guilherme conta essa passagem e reitera que **a ordem é consertar erros o mais rápido possível. Essa narrativa fortalece um comportamento organizacional relevante e valorizado para o negócio.**

Um dos recursos indispensáveis para que a agilidade se fortaleça como um dos elementos centrais da estratégia da companhia e decisivos para o processo de mudanças de rumos, quando necessário, é a gestão baseada em dados.

Esse sistema, no caso da XP, ganhou um aliado poderosíssimo quando a companhia decidiu migrar sua atuação para o ambiente digital com sua plataforma de investimentos on-line e teve um reforço de conhecimento com a aquisição do portal InfoMoney.

Com essa nova perspectiva, a empresa fortaleceu seu acompanhamento da jornada do cliente utilizando as informações geradas pelo seu comportamento no ambiente digital. Esses dados geram mais assertividade nos acessos a esses agentes, além de insumos para captação e gestão de novos produtos.

É sob essa ótica que a organização tem lançado novas opções de fundos de investimentos proprietários que se caracterizam por produtos sinérgicos com as opções mais buscadas por seus investidores. Em um movimento similar ao da produção de conteúdos próprios pela Netflix, a XP tem desenvolvido opções proprietárias de acordo com o perfil de seus clientes, em um movimento que só tende a se acelerar na medida em que sua rede de usuários se fortalece.

Fica estabelecido o virtuosismo de um modelo que se retroalimenta com informações relevantes dos clientes e se expande de acordo com a profundidade dessas conexões.

Essa dinâmica só se torna viável pelo fato de a empresa ser total-mente centrada em seu cliente. Um dos eixos comuns em todos os ciclos de reinvenção da organização foi o de acompanhar a evolução e demandas de seus clientes, desde a necessidade de se educar mais sobre o mercado financeiro até a de ter mais opções e alternativas para investir autonomamente.

Está na essência da XP a centralidade no cliente, a qual se expressa desde seu início na forte cultura de proatividade comercial de seus sócios. A estratégia dos agentes autônomos é uma evidência dessa ação, pois está focada em resolver uma atividade central que o cliente deseja realizar: investir no mercado financeiro.

O *Jobs to Be Done* se evidencia quando Guilherme desenvolve a estratégia das médias móveis para acessar o cliente quando a ação chegar ao ponto ótimo de vender ou comprar. Um processo que já existia foi encarado de forma distinta da convencional, inovando na forma como se dá o relacionamento com o cliente. A consequência foi a geração de forte impacto positivo e a consolidação de uma ferramenta poderosa para os agentes autônomos.

Em setembro 2019, em uma entrevista concedida ao *podcast Do zero ao topo*, da XP Investimentos, Guilherme dá o tom de como essa visão de proximidade com o cliente é essencial na jornada da organização. Quando questionado se não teve receios em confrontar o *establishment* financeiro brasileiro encarando pesos pesados em um dos setores mais concentrados e poderoso do Brasil, ele recomenda: **"Não tenha medo de confrontar o sistema, desde que você esteja ao lado do cliente. Se você estiver ao lado dele, ninguém nunca vai derrubar o seu negócio".**

É importante contextualizar que colocar o cliente em primeiro lugar não era o padrão nesse mercado monopolizado por poucas instituições. As organizações do setor seguem o receituário estratégico básico de for-talecer seu posicionamento competitivo na cadeia de valor de modo a aumentar seu poder de barganha junto a esses agentes que, espremidos por poucas opções concorrentes, se submetem à dinâmica de relacio-namento que têm disponível.

A XP introjeta uma nova perspectiva nessa relação, inserindo e consolidando uma natureza distinta no relacionamento das empresas do setor com seus clientes. Esse movimento, inegavelmente, é um dos responsáveis pela evolução da companhia.

Nada disso, no entanto, seria possível ou viável na escala que tem acontecido se não fizesse parte do sistema de crenças e pensamento da companhia. **É a cultura da organização que dá a liga para que todas essas frentes sejam orquestradas de modo a alinhar a tudo e a todos na empresa rumo à mesma direção.**

O farol dessa cultura é o propósito da empresa e, desde o início do projeto, a XP sempre teve um propósito claro que, de acordo com o êxito da companhia, vai se fortalecendo e consolidando: "disruptar" (esse é o termo utilizado por Guilherme Benchimol) o sistema bancário altamente concentrado e transformar o mercado financeiro brasileiro para melhorar a vida das pessoas.

Não é causal o fato de esse propósito ter sido reiterado sistematicamente nos marcos históricos da companhia, como a aquisição das ações pelo Itaú e a bem-sucedida abertura de capital da empresa. A proposta é evidenciar que essa é a principal missão da empresa e de todos os seus colaboradores.

Na obra que conta sua trajetória, Guilherme comenta que esse é o único caminho para que a empresa atinja suas metas audaciosas e se torne a maior e melhor companhia de investimentos e serviços financeiros do Brasil. Comenta ainda que a principal meta da empresa é alcançar os brasileiros que investem por meio dos bancos, principalmente em aplicações com baixa rentabilidade como a poupança.

E finaliza: "Temos um propósito, nos sentimos indignados e desafiados diariamente. Não descansaremos enquanto não transformarmos por completo o sistema financeiro brasileiro e melhorarmos a vida das pessoas".

Esse propósito é mobilizador e funciona como ideia unificadora, alinhando, sem margens para interpretações, todos os colaboradores na mesma direção.

A perspectiva de "disruptar" o sistema financeiro está tão integrada ao sistema de crenças da companhia que não foi capaz de afastar de seu negócio o maior banco privado do Brasil, um dos que estão na alça de mira para ser "disruptado". A lógica por trás desse movimento, que chega a ser contraintuitivo para quem segue os conceitos estratégicos convencionais que sentenciam que o concorrente deve estar sempre distante do negócio, é que o valor da companhia é derivado dessa orientação inegociável com seu propósito. A fidelidade a essa visão é uma das fortalezas mais sólidas da empresa e independe de quem embarcará no projeto. Nem mesmo um transatlântico como o Itaú é capaz de mudar essa direção.

Guilherme Benchimol sempre fez questão de afirmar que um dos motivos de sucesso da organização é sua cultura organizacional.

Além da visão de propósito e do *customer centricity*, evidencia-se nessa cultura o sistema de pesos e contrapesos, com a cultura de resultados sendo harmonizada com a de aprendizado.

Como é típico das empresas do setor financeiro, o foco no resultado é um traço marcante na XP. A competitividade está muito presente em todos os passos da companhia, evidenciando-se claramente em sua jornada. Essa convicção se torna tangível em uma das crenças mais fortes da organização: a meritocracia.

Guilherme Benchimol nunca escondeu a influência do empreendedor Jorge Paulo Lemann em seu pensamento e filosofia organizacional. Foi justamente devido a essa proximidade que instituiu na organização uma das práticas que reputam como outro fator de sucesso para a organização, além de sua cultura: o *partnership* meritocrático. De acordo com esse modelo de reconhecimento e remuneração, todos os colaboradores têm condições de ser sócios da organização de acordo com seu desempenho. Estima-se que em 2019 a empresa já tivesse quatrocentos executivos nessa categoria.

Um dos episódios mais críticos da companhia, que evidencia como esse sistema é levado às últimas consequências, aconteceu no final de 2013 em um processo que culminou com a saída do negócio de Marcelo Maisonnave, um dos fundadores da empresa junto com Guilherme.

Nas discussões sobre a recomposição acionária do grupo envolvendo o espaço para inserção de outros colaboradores no pool de acionistas, seus líderes chegaram à conclusão de que a participação acionária de Marcelo era incompatível com seu tamanho na sociedade. Com isso, definiram que era necessário diluir sua participação acionária.

Mesmo considerando a complexidade de um movimento como esse, sobretudo por se tratar de um dos fundadores originais do negócio, esses líderes entenderam que, se não ocorresse essa movimentação, estariam colocando todo o sistema do *partnership* meritocrático em risco devido à sua potencial perda de credibilidade junto aos demais colaboradores do negócio. Por outro lado, se fossem fiéis ao modelo, fortaleceriam o sistema, já que seria reconhecida sua validade mesmo em situações extremas.

Marcelo foi resistente à diluição de sua participação, e as consequências das conversas para a resolução desse dilema foram a venda de sua participação no negócio e o afastamento do projeto que ajudou a construir em 2104.

O fortalecimento da cultura de uma organização acontece em situações críticas como essa, em que as decisões ultrapassam os interesses individuais e estão balizadas pelas crenças da companhia custe o que custar. A maleabilidade em momentos nos quais o sistema é confrontado com decisões complexas resulta no enfraquecimento de sua cultura, que começa a ser questionada por todas as camadas organizacionais em um efeito dominó.

Os líderes da organização são os principais artefatos de sua cultura, e suas atitudes serão sempre observadas com lupa por todos na companhia. Essa perspectiva sempre esteve clara para Guilherme, como na crise financeira global de 2008, quando, após ter enxugado toda a operação, abdicou do seu salário, juntamente com seus diretores, para sobreviver a essa fase crítica. Esse grupo só voltou a receber seus rendimentos e dividendos em dezembro de 2010, quando a XP recebeu o aporte do fundo Actis.

O que diferencia a cultura da XP do padrão de mercado, no entanto, não é essa orientação para resultados – bem comum nas empresas do setor. O elemento que chama atenção no sistema de crenças da companhia é sua cultura de aprendizado.

Ela não só está introjetada no negócio da companhia com o desenvolvimento e a projeção de uma plataforma de educação financeira como também está presente em todas as práticas da empresa e seus ciclos de reinvenção.

A própria concepção da plataforma digital, fruto do *benchmark* com a Charles Schwab, foi resultante da abertura para buscar novas alternativas e soluções para o negócio. Se a companhia tivesse mantido seu foco exclusivamente no incremento de seus resultados de curto prazo, sua orientação seria a convencional dirigida ao aprimoramento da sua eficiência operacional.

Não foi o que aconteceu. A despeito da valorização do incremento de sua produtividade, a organização se expôs, adotando um modelo que já havia sido testado por outras empresas sem sucesso no Brasil.

A aprendizagem em todos os níveis – sócios, clientes, colaboradores, *stakeholders* – é uma espécie de amálgama no DNA da XP. Ela está presente desde a compreensão de que seria necessário educar seus clientes sobre o mercado acionário até a evolução da organização em sua jornada empresarial.

Guilherme Benchimol enviou uma carta pessoal a todos os colaboradores quando a companhia recebeu o aporte do Itaú. Essa carta é um dos artefatos mais poderosos da cultura XP e mostra, sem dar margem a interpretações, as principais crenças da organização, externalizadas na fala se seu principal líder:

> *Pessoal,*
> *Na semana que vem, começaremos a receber a parcela da secundária com o Itaú, e cada sócio na sua proporção terá um relevante impacto na sua liquidez. Dito isso, gostaria de lhes fazer algumas recomendações e dar alguns conselhos.*
> *Lista das recomendações: não se metam a fazer gestão de seu patrimônio de forma ativa. Isso tira o foco na empresa/metas, e a maior parte das pessoas perderá*

dinheiro. O dinheiro não é para se "brincar", é para se investir a longo prazo, buscando preservação de capital e mitigação de risco.

Procurem o seu assessor e construam suas carteiras de forma sustentável. Programem-se para que a liquidez se concentre na XP já no Do. Tirem todo o dinheiro do banco no qual possuem conta-corrente. Nós temos os melhores produtos, e os bancos são nossos concorrentes.

Não participem de outros negócios ou investimentos "alternativos". Fazer uma coisa bem feita já é difícil, duas então nem se fala. Nosso maior e mais promissor negócio são nossas ações e a perspectiva de crescimento da nossa empresa. Foquem!

Se mantenham humildes e não façam extravagâncias. A humildade é uma qualidade empresarial que nos mantém acessíveis em todos os sentidos e com os pés no chão.

Lista de conselhos: não gastem o dinheiro nos próximos doze meses, apenas o invistam. Aos poucos, comecem a se acostumar com a ideia de que estão mais líquidos. Encarem esses recursos como um "seguro de vida" que trará tranquilidade para o seu futuro e lhes permitirá focar ainda mais no nosso projeto XP.

Fiquem próximos dos amigos de sempre. Mantenham uma vida regrada, dedicada à família e com hábitos simples. Evitem exibições nas redes sociais. Gostaria de reafirmar a certeza de que o projeto XP está apenas no começo e ainda teremos muitos outros eventos pela frente. No entanto, a minha maior convicção é a de estarmos construindo uma empresa sólida e geradora de dividendos.

Nossas ações serão cada vez mais fortes e será um prazer dividir esse crescimento com todos os que merecem.

> *É fundamental que vocês sigam inspirando nossa empresa e servindo de referência para todos nossos demais executivos.*[1]

Essa carta se tornou pública sem reservas por parte de uma companhia que não teme externalizar suas crenças e convicções a toda a sociedade.

O caso XP mostra o virtuosismo da estratégia adaptativa. A centralidade do cliente é o eixo para a evolução do negócio, que construiu uma cultura organizacional em que o principal farol é seu propósito e que se movimenta orientada à geração de resultados e aprendizado em harmonia. Essa cultura impulsiona a agilidade da empresa, que tem como forte aliada a gestão baseada em dados.

Seguramente, instabilidades se enunciarão no futuro da companhia, que tem um desafio ainda maior resultante de seu crescimento acelerado. Ao mesmo tempo que manter esses pilares será um dos maiores desafios da gestão, seus fundamentos são o caminho para o novo ciclo da companhia.

A XP INVESTIMENTOS E A PANDEMIA DE COVID-19

A pandemia de Covid-19 eclodiu no mundo poucos meses após a bem-sucedida abertura de capital da XP Investimentos na bolsa de valores americana Nasdaq.

Dragada pela turbulência global que impactou de forma agressiva as bolsas de valores de todo o mundo, as ações da companhia no início de abril chegaram a declinar mais de 50% em relação ao nível obtido em seu IPO, em dezembro de 2019.

---

1 SAMOR, G. 'Ganhamos uma bolada. E agora?' Os conselhos de Benchimol aos sócios da XP. **Brazil Journal**, 07 jul. 2019. Disponível em: https://brazil-journal.com/ganhamos-uma-bolada-e-agora-os-conselhos-de-benchimol-aos-socios-da-xp. Acesso em: 24 ago. 2020.

Esse impacto negativo, no entanto, durou pouco e a partir daí os papéis da companhia protagonizaram um crescimento vertiginoso, com seu pico em junho de 2020, quando o valor de mercado da empresa superou a marca de 140 bilhões de reais, um crescimento de cerca de 125% em relação ao mesmo indicador quando da sua abertura de capital.

Para efeito de comparação, com esses números, a XP Investimentos tem um valor de mercado cerca de 20% superior a toda a operação do Santander Brasil ou ainda aproximadamente 50% à do Itaú, que, depois da operação do IPO, passou a deter 46% de participação no capital da companhia.

Alguns fatores explicam essa escalada.

É evidente que a companhia usufrui da opção de ter realizado seu IPO na bolsa americana. Isso, além de maior liquidez, lhe preservou da forte desvalorização do real, garantindo capital em moeda forte, o dólar.

Mesmo considerando essa perspectiva, a organização tem chamado mais atenção e gerado mais confiança em seu futuro do que outras empresas do mesmo setor. O mercado acredita que a XP é a companhia que tem mais condições de catalisar o crescimento do volume de novos investidores que, motivados pelos juros baixos no Brasil, começam a migrar para a bolsa de valores brasileira, em um movimento que ignorou os próprios riscos advindos da pandemia.

Apenas no início do ano de 2020, o volume de investidores pessoas físicas na bolsa brasileira chegou a 2,48 milhões (junho de 2020), número 50% superior ao ano de 2019. Essa ascensão só se acelera, já que o cenário de juros baixos torna outros tipos de investimento menos atrativos no país.

A XP colhe os benefícios de seu pioneirismo na construção da mais popular plataforma de investimentos do país e é um destino confortável para esses enorme contingente de novos clientes. Poucos meses após o início da pandemia, a organização divulgou a informação de que chegou à marca de 2 milhões de clientes ativos (crescimento de mais de 30% desde o início do mesmo ano).

Acelerando um processo já enunciado após a abertura de capital, a empresa evolui aceleradamente em direção a serviços já prestados pelas empresas tradicionais do setor. Um desses projetos que chamam especial atenção é o banco de atacado, que tem como foco o atendimento a empresas.

Em junho, a XP anunciou a contratação de profissionais experientes do setor para acelerar a expansão desse projeto, que, desde seu lançamento, em 2019, já evolui de forma crescente. Essa iniciativa é uma demonstração de todo o potencial da plataforma de negócios em que a organização está estruturada e de sua agilidade, fortalecendo o conceito da implantação da estratégia adaptativa em seu negócio.

Com um universo tão expressivo de investidores em sua plataforma, a XP estrutura um benefício único para as empresa que planejam seus próprios IPOs: o acesso a um mercado pulverizado de indivíduos ávidos por novas possibilidades de investimentos.

Com isso, além da operação básica já oferecida pelos tradicionais bancos de atacado, com a promoção de seus populares *road shows* e acesso a investidores institucionais mundialmente, a XP dá um passo adiante, permitindo que essas companhias impactem milhões de pessoas físicas com capital disponível.

Em 2019, a empresa já deu mostras da força dessa proposta de valor, participando da operação de quinze IPOs de empresas brasileiras, sendo posicionada como líder em alguns processos. Com a expansão do volume de clientes de sua plataforma de investimentos, a organização conquista uma posição de destaque em um segmento que só começou a ser explorado pela companhia há meses.

A natureza expansionista da organização demonstrou suas garras durante a instabilidade da pandemia, quando foi uma das poucas empresas do setor que, em vez de adotar uma posição conservadora, excessivamente discreta, aceleraram seus projetos.

Um deles tem estreita relação com a origem da companhia: sua vocação em educação. Em junho de 2020, a empresa lançou um novo projeto, a plataforma Xpeed School, que tem como foco a oferta de cursos orientados à educação financeira, do foco no orçamento familiar à formação de profissionais para o mercado financeiro. São programas que atingem amplo espectro de alternativas com precificação de 9 mil a 17 mil reais.

O projeto tem como estrutura central sua plataforma on-line, atuando no modelo de educação à distância, porém com planos de também realizar ações off-line. A projeção é atingir mais de 50 milhões de brasileiros e evoluir para um curso de empreendedorismo e até a estruturação de um MBA.

Como demonstramos, desde sua origem, a educação é parte central de todo o processo de expansão da empresa. Depois da aquisição do InfoMoney, esse novo movimento é o mais ambicioso da organização e traz como mérito a sinergia de uma dinâmica que, além de gerar dividendos advindos dos programas educacionais, cria novos profissionais para atuar como agentes autônomos da plataforma e novos clientes que, mais bem educados financeiramente, têm condições de investir com mais independência e autonomia na plataforma de investimentos XP. É uma dinâmica virtuosa típica das plataformas de negócios bem-sucedidas, pois acelera o efeito rede: quanto mais alunos nos cursos, mais investidores e agentes autônomos. Quanto mais investidores e agentes autônomos na plataforma, mais potenciais alunos e professores, e assim por diante, em um ciclo promissor.

Esses movimentos não passaram despercebidos pelo mercado e, em junho de 2020, a reação de um concorrente até então inusitado despertou agitação no segmento financeiro.

O Itaú levou ao ar uma ruidosa campanha publicitária questionando a posição dos agentes autônomos. O principal argumento da mensagem levava em consideração a possível perda de independência desses profissionais ao indicar produtos financeiros, já que estão sendo comissionados. A lógica por trás desse argumento é que esses agentes podem ter a tendência de oferecer a seus clientes os produtos que lhes proporcionem remuneração em detrimento das melhores opções disponíveis.

A despeito do relacionamento formal entre as companhias, a ação teve endereço certo, já que, como demonstramos, a XP é a plataforma com o maior número de agentes autônomos do país e essa estratégia foi – e continua sendo – a base de sua expansão.

Sem titubear, em um movimento que demonstra o desejo de se mostrar independente de seu sócio, a XP reagiu por meio de manifestações do próprio Guilherme Benchimol, que veio a público em defesa dos mais de 6 mil agentes autônomos que têm relação com sua plataforma.

Não deixou de chamar a atenção o tom da reação do fundador da XP em sua conta pessoal no LinkedIn e no Instagram: "Tenho uma certeza: se tem algo que o banco nunca é, nem nunca foi, é feito para você. A campanha do Itaú só reforça que estamos no caminho certo. Para o maior banco do país, com mais de 90 anos de tradição, ir a público e ofender uma profissão tão fundamental para o desenvolvimento financeiro dos brasileiros é porque realmente percebeu que não consegue mais competir colocando o cliente em primeiro lugar".

O mercado comenta que os líderes da XP já tinham a informação prévia de que a campanha do Itaú seria veiculada, mas, ainda assim, se surpreenderam com seu tom agressivo.

De qualquer forma, evidencia-se aqui um dos temas já assinalados desde a aquisição da participação acionária pelo Itaú: como a XP se posicionará perante o risco de perda de sua independência.

Esse é um tema crítico, com potencial para impactar um dos diferenciais mais relevantes de seu sistema estratégico: sua agilidade.

No momento em que foi mais ameaçada não só com os efeitos gerados pela Covid-19, mas também pelo "fogo amigo", a companhia tem demonstrado predicados importantes para continuar em sua jornada evolutiva, tendo como base a estratégia adaptativa.

Essa é uma jornada singular do ambiente empresarial brasileiro que merece ser estudada, já que, ao que tudo indica, só está começando.

"Não tenha medo de confrontar o sistema, desde que você esteja ao lado do cliente. Se você estiver ao lado dele, ninguém nunca vai derrubar o seu negócio."

Guilherme Benchimol

CAPÍTULO 13:
A ESTRATÉGIA ADAPTATIVA E OS MODELOS DE NEGÓCIOS

Os sinais a respeito da pertinência e adequação da estratégia adaptativa em um mundo cada vez mais volátil e imprevisível são incontestes e estão presentes na evolução das empresas que estão liderando esta nova era.

Encontramos seus elementos não apenas nos casos estudados, mas nas inúmeras organizações que protagonizam o atual ambiente empresarial, todas elas caracterizadas por inovações constantes, ciclos curtos de reinvenção, muita agilidade e, sobretudo, alta capacidade de adaptação a circunstâncias que mudam com uma velocidade inédita na história da humanidade (capacidade colocada à prova com a pandemia de Covid-19).

É justamente devido à rapidez com as quais as transformações se apresentam que há o avanço de um sistema estratégico até então pouco valorizado pelos estudiosos da gestão: os modelos de negócios.

O primeiro pensador importante que trouxe esse tema à tona e deu uma importante contribuição ao mundo empresarial com seu projeto foi Alexander Osterwalder. Em 2011, em parceira com Yves Pigneur, ele lançou a obra *Business Model Generation: inovação em modelos de negócios*.

Já influenciado pelos estudos da evolução das novas organizações, sobretudo as de base tecnológica, o Business Model Canvas, *framework* desenvolvido pelo autor, que funciona como uma representação gráfica para a estruturação de modelos de negócios, se popularizou no ambiente empresarial, sendo largamente adotado por gestores e estudiosos em todo o mundo.

Em síntese, o modelo de negócios é a descrição de toda a lógica de criação, entrega e captura de valor da companhia. Ele determina os elementos centrais da estratégia da organização: o que vai produzir ou fornecer, como acontecerá esse processo, seu público-alvo e as diversas fontes de receita.

Esse sistema está submetido à estratégia da companhia, desdobrando-se na análise do processo de implementação estratégica.

Na medida em que mobiliza os principais recursos da organização, modelar o modelo de negócio confere a agilidade necessária para que as empresas se adaptem com rapidez ao contexto organizacional.

Há mais agilidade em desdobrar o modelo de negócios na prática do que em refletir sobre as definições estratégicas da companhia.

É por este motivo que o sistema tem ganhado tanta relevância atualmente: permite a rápida execução da estratégia e correção de rotas, quando necessário.

Um dos modelos de negócios que emergiram com força na última década, já resultante de todas as transformações do ambiente, foi o das plataformas de negócios.

Não só as três empresas-alvo de nosso estudo (Netflix, Amazon e XP) seguem essa modelagem, mas também sete das dez maiores companhias em valor do mercado do planeta atuam como plataformas de negócios (dados de 2019).

O alinhamento da estratégia adaptativa com esse modelo de negócios é absolutamente sinérgico.

Ter uma visão concreta de como esses dois sistemas estão integrados oferecerá uma perspectiva muito valiosa para a reflexão de como todos os negócios existentes têm potencial para se transformar em poderosas plataformas.

Esse é o tema do próximo capítulo, em que você, além de conhecer o conceito em mais profundidade, terá acesso a um estudo exclusivo que mostra quais são os tipos de plataformas com suas definições e exemplos práticos. Você observará que esse modelo tem um alcance muito mais abrangente que o senso comum nos leva a crer.

PODCAST MODELOS DE NEGÓCIOS

Este podcast é um complemento, em áudio, dos conceitos sobre Modelos de Negócios com referências práticas e participações de experts que trazem sua visão e perspectiva sobre esse sistema estratégico.

Parte 4:

A EMPRESA BASEADA EM PLATAFORMA DE NEGÓCIOS E A ESTRATÉGIA ADAPTATIVA

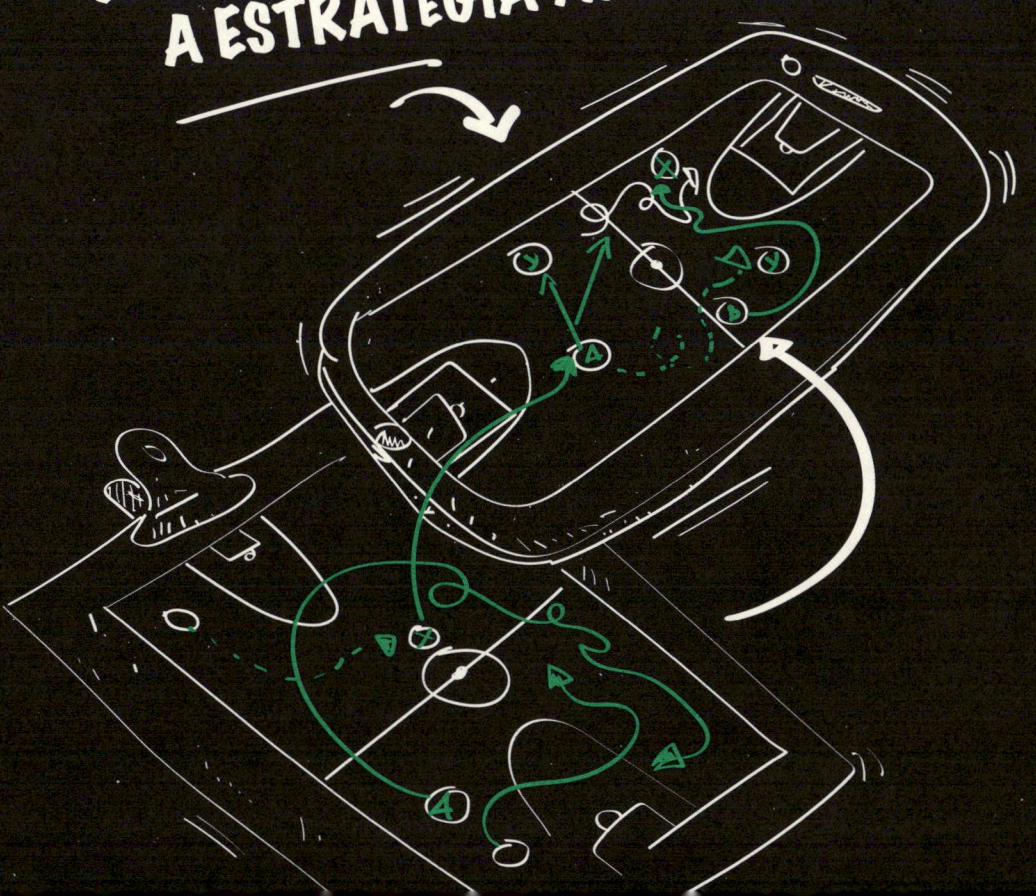

CAPÍTULO 14:
NEGÓCIOS TRADICIONAIS PODEM SE TRANSFORMAR EM PLATAFORMA?

Como comentamos na primeira parte desta obra, foi em 2015 que o tema das plataformas de negócios começou a nos chamar a atenção. Já nos fascinava a história de como Steve Jobs projetou o conceito, transformando a Apple na mais vibrante plataforma de negócios do planeta, porém naquele ano percebemos o potencial desse modelo. Startups que o adotavam começavam a gerar rupturas importantes em setores de negócios inteiros da economia, como transportes, turismo, entretenimento e tantos outros.

Motivados por essa visão, iniciamos a elaboração de um *white paper*, prática muito comum de construção de conhecimento, sobretudo nos Estados Unidos, que ainda não encontra consonância com nossa comunidade do management no Brasil. Nesse artigo, enunciamos as características de uma plataforma de negócios e seu alcance. O conteúdo foi publicado em maio de 2016 na *Revista HSM Management*.

Mobilizados pela visão das transformações advindas da chamada Quarta Revolução Industrial, não paramos de pesquisar sobre esse tema, que está no centro das mudanças estratégicas de nossa era. Ainda em 2016, Van Marshall, Geoffrey Parker e Paul Choudary publicaram, na revista *Harvard Business Review*, um artigo essencial para entender esse conceito intitulado "Pipelines, plataformas e novas regras de estratégia". Esse material transformou-se no já citado livro *Plataforma: a revolução da estratégia*, publicado em dezembro daquele mesmo ano pela HSM Editora, que é leitura indispensável para quem se interessa pelo assunto.

Todos esses movimentos já enunciaram uma convicção que tem se forjado ao longo dos últimos anos: não resta dúvida de que a adaptação a nossos novos tempos passa pela análise e avaliação desse novo modelo estratégico que tem características essenciais que não vão ao encontro do receituário estratégico tradicional consolidado ao longo de décadas no mundo da gestão.

Sua adequação com o conceito da estratégia adaptativa é central, já que todas as plataformas de negócios bem-sucedidas, sem exceção, apresentam elementos dessa visão em sua estrutura:

- **Sua expansão evolui de acordo com a jornada do cliente, pois são empresas *customer centric* que se movimentam de acordo com o *Jobs to Be Done* de seus consumidores. Essas empresas estão redefinindo a natureza do relacionamento com seus clientes em seus segmentos.**

- **A gestão baseada em dados é central para a evolução das plataformas, pois o infindável volume de informações oferece o subsídio necessário para adotarem práticas destinadas a aprofundar o nível de relacionamento e engajamento com seus usuários. As decisões dessas organizações têm como padrão serem baseadas em dados. Além disso, algoritmos automatizam o processo de estímulos das conexões dentro dos espaços, o que acelera interações até então inexistentes.**

- **Todas são empresas que se movimentam com extrema agilidade. Algumas das plataformas de negócios foram as primeiras adotantes dos modelos ágeis em sua gestão – lembrando que, como demonstramos aqui, alguns desses modelos surgiram em plataformas, como o Sprint no Google ou o Squad no Spotify. A agilidade na tomada de decisões se reflete na evolução rápida de seus negócios e alta capacidade adaptativa.**

- **E, finalmente, para apoiar seu negócio, desenvolveram um sistema de crenças altamente flexível que alia aprendizado a geração de resultados, fortalecendo uma cultura organizacional singular que se transformou em sinônimo de cultura de inovação**

ou cultura digital, termos utilizados para definir os sistemas dominantes nessas empresas.

Há uma peculiaridade, no entanto, no movimento de adoção desse modelo de negócios que chama a atenção dos tradicionais *players* do ambiente empresarial: a maioria esmagadora dessas companhias é composta de jovens – algumas eram startups que estavam dando seus primeiros passos dez, quinze anos atrás – e todas têm como base de seus negócios a tecnologia.

A pergunta que ronda a mente dos líderes atuais é se é possível a adoção desse modelo de negócios em companhias tradicionais. Se a resposta a essa questão for positiva, a próxima indagação, então, é a seguinte: quais são as bases para transformar meu negócio em uma plataforma?

Já adiantamos ao leitor que **não só é possível como é mandatório refletir sobre como transformar seu negócio em uma plataforma. Não importa se você realizará ou não essa migração. Ao abdicar dessa reflexão estratégica, qualquer líder empresarial estará colocando em risco seu negócio e sua evolução.**

Inquietados pelos questionamentos e provocações que temos incentivado nas mentorias, workshops e palestras que ministramos, resolvemos, mais uma vez, nos aprofundar no tema e explorar as bases dessa migração para gerar um referencial disponível a todo líder que almeje realizar essa reflexão.

Adiantamos que não existe nenhum material disponível no mundo com características similares a esse nosso estudo, que é 100% autoral.

É importante, no entanto, que você considere esse conteúdo como uma obra em andamento. Para utilizar um jargão americano adotado em projetos em aberto: estamos no modo *work in progress* ou na versão beta desse conhecimento. Não temos dúvida de que a tipologia que apresentaremos será complementada continuamente de acordo com o surgimento de modelos inovadores derivados dessa lógica.

Para iniciar essa jornada, seguiremos a metodologia presente em todos os nossos projetos e voltaremos ao entendimento da essência do conceito.

Vamos, então, explorar o significado da estratégia da empresa baseada em plataforma de negócios.

A EMPRESA BASEADA EM PLATAFORMA DE NEGÓCIOS: DEFINIÇÃO

A definição básica do modelo, adotada por Parker, Marshall e Choudary, define plataforma como uma empresa que viabiliza interações que criam valor entre produtores e consumidores externos. A plataforma oferece infraestrutura para essas interações e estabelece suas regras de funcionamento. O principal objetivo de uma plataforma é viabilizar o contato entre seus usuários e facilitar a troca de bens, serviços ou "moedas sociais", permitindo assim a criação de valor para todos os participantes.

Note que essa definição traz consigo um dos conceitos elementares para entender o potencial e alcance dessa estratégia: o proprietário de uma plataforma não detém ativos físicos, uma das essências do tradicional receituário estratégico do passado, que define a propriedade da cadeia de valor como um dos seus principais fundamentos. O poder do dono de uma plataforma emana da quantidade e qualidade das interações geradas naquele espaço, e não da posse de qualquer ativo imobilizado.

Já se tornou chavão a visão de que o Airbnb é a maior empresa do setor hoteleiro sem ter nenhum hotel; o Uber, a maior do setor de transportes sem ter nenhum automóvel, e assim por diante. Essas organizações se valorizaram exponencialmente por criar um espaço de alto valor agregado em que milhões de produtores e consumidores interagem entre si realizando transações. A proprietária de uma plataforma captura parte do valor dessas interações que é monetizado de diversas formas.

A influência junto aos agentes que participam desse espaço é mais importante que seu controle, o que descarta a necessidade de altas alavancagens de capital para ter a posse de toda a cadeia de valor (veremos mais adiante que a necessidade de investimento para expansão desses negócios ainda é requerida, porém sua destinação é de outra natureza: na ampliação da demanda).

Preocupados em não restringir o alcance do conceito às chamadas empresas digitais, trouxemos outros elementos na formulação da definição do tema no citado artigo que publicamos na *Revista HSM Management*, em 2016. Em complemento à visão dos autores americanos, definimos que a fundamentação básica dessa estratégia repousa no entendimento da essência das demandas atuais e futuras de seus clientes, aliado às competências essenciais da organização.

Nesse entendimento das demandas essenciais dos seus clientes repousa um dos conceitos mais relevantes da atualidade, reiteradamente valorizado no modelo da estratégia adaptativa: toda jornada de criação de valor das plataformas de negócios está totalmente centrada em seus consumidores (mais uma vez, os conceitos de *customer centricity* e *Jobs to Be Done* dão as caras por aqui).

Todo projeto de desenvolvimento das competências organizacionais da companhia junto a seus colaboradores deve estar alinhado a esse conceito, arquitetando uma cultura de centralidade do cliente.

É importante enunciar essa visão, pois ela aponta um caminho passível de ser trilhado por qualquer companhia, independentemente de seu porte, geração, setor de atuação ou qualquer outra peculiaridade.

É importante estar claro que o conceito de plataformas de negócios não é recente no ambiente empresarial. Afinal, o que são os shopping centers, as empresas de mídia ou as tradicionais lojas de departamentos senão espaços que proveem interações para seus usuários e capturam parte do valor para si na forma de taxas de uso, venda de publicidade ou comissões das vendas?

Não deixa de ser surpreendente o fato de não nos atentarmos a essa obviedade: em sua essência, o conceito não é novo. O que muda, porém, é a sua estrutura, fenômeno que foi alavancado pela tecnologia, e os efeitos já sentenciados pela Lei de Moore, que preconiza que todo sistema computacional dobra de capacidade a cada dezoito meses.

É o avanço exponencial da tecnologia, com sua alta capacidade de processamento e custos decrescentes de acesso, que permite que espaços virtuais sejam disseminados sem fronteiras, globalmente, com um custo de expansão mais baixo do que o modelo tradicional.

Entram em cena para a aceleração desse movimento a evolução e a maior acessibilidade de tecnologias como inteligência artificial, *big data*, computação em nuvem, que culminam com a possibilidade de desenvolvimento de poderosos algoritmos que automatizam e otimizam processos, até então, realizados de forma quase que artesanal. No eixo central do sucesso das novas plataformas de negócios está a velocidade conferida por todo o potencial tecnológico disponível atualmente.

Reforçando um conceito-chave: **de forma distinta do modelo tradicional de gestão, que se dedica com muita ênfase à otimização de seus custos de produção, as plataformas orientam seus esforços para ganhar escala por meio do incentivo às interações entre os componentes de sua rede.** Quanto mais pessoas na comunidade, mais interações acontecem, geram mais conhecimento e, como consequência, outras iniciativas de valor. Os algoritmos potencializam esse processo na medida em que conferem velocidade e assertividade no incentivo a conexões que têm sinergia entre si, como nas sugestões de conexões entre amigos em uma comunidade; na seleção de músicas ou livros; na identificação dos prestadores de serviços mais próximos de quem tem demandas a serem atendidas; e assim por diante.

Esse círculo virtuoso não demanda a construção de propriedades físicas, tampouco apresenta limitações regionais devido a barreiras físicas, culturais ou de idioma. Plataformas de negócios são expansionistas por definição, e ganho de escala na demanda – e não no controle da produção – é o nome do jogo.

Essa dinâmica por si só já representa um alinhamento essencial com a estratégia adaptativa, já que esse expansionismo resulta em inovação constante e tem como eixo principal a jornada de seus clientes. Toda expansão de uma plataforma está orientada ao comportamento de seus clientes. Novas iniciativas, que em um primeiro momento são percebidas como perda de foco (o investimento, por parte da Amazon, em espaços físicos), trazem consigo a perspectiva do *Jobs to Be Done* como aspecto central da estratégia dessas organizações.

O fenômeno conhecido como efeito rede ajuda a entender o crescimento progressivo desses espaços a partir de sua tração inicial. Esse conceito sentencia que o valor de uma rede aumenta à medida que crescem as interações entre seus participantes. Quanto mais interações, maior é o seu valor. Quanto maior for o seu valor, mais interações são incentivadas em um looping que tende à exponencialidade.

A inteligência artificial e os algoritmos aceleram à enésima potência esse efeito, já que geram mais velocidade ao crescimento dessas conexões por meio da automação de incentivos a interações. Essa possibilidade é um contraponto ao modelo tradicional que conta com o crescimento orgânico como principal fator de ganho de tração para as interações dentro da rede.

Para deixar mais clara a distinção entre as plataformas de negócios modernas e as tradicionais, vamos explorar as peculiaridades dessas últimas e confrontá-las com essa nova definição. Assim, o leitor poderá entender, em mais detalhes, o alcance das transformações.

AS TRADICIONAIS PLATAFORMAS DE NEGÓCIOS

Foi em 1893 que Richard Warren Sears lançou o primeiro catálogo de vendas de produtos da história. Começava aí uma das mais instigantes sagas empreendedoras de nossos tempos. O grande salto no projeto veio em 1905 com um insight do empreendedor, que já percebia, naqueles tempos, os possíveis efeitos potenciais da construção de uma rede de multiplicadores de seu negócio: ele começou a incentivar que indivíduos distribuíssem seu catálogo a terceiros, registrando nesse material seu nome e endereço. À medida que novos negócios eram gerados, a pessoa que os indicou recebia prêmios da organização. A estratégia foi responsável pela disseminação e propagação da marca Sears por todo o território americano, o que foi fundamental para o próximo passo da evolução do negócio: a inauguração de uma loja física.

Foi em fevereiro de 1925, em Chicago, que aconteceu a abertura da loja de departamento Sears, a primeira com esse modelo de toda a história. O espaço reunia uma gama enorme de produtos oferecidos para todos os gostos e públicos. O sucesso foi tanto que, dois anos após o lançamento de seu projeto pioneiro, a rede já somava 27 unidades em funcionamento. Em 1941, eram contabilizadas mais de seiscentas lojas Sears espalhadas por todo território americano.

Com o êxito do projeto, representado pelos milhões de ávidos consumidores que visitavam seus pontos de vendas, a Sears desenvolveu um novo modelo de geração de receitas com a cessão de espaços dentro das lojas para a exploração comercial de marcas representativas da indústria do varejo. Como contrapartida ao acesso a seus clientes, a empresa recebia dessas organizações taxas de locação e comissão sobre as vendas realizadas no local.

Por meio desse inovador modelo para a época, a varejista não mais imobilizava seu capital na aquisição dos produtos vendidos em suas instalações. Gerava receita por meio das interações entre os participantes de sua plataforma física (compradores e vendedores), no caso, suas lojas. Observou a similaridade de conceitos? Há cerca de cem anos, plataformas de negócios no varejo começaram a dar as cartas.

O conceito de loja de departamentos foi a inspiração para o desenvolvimento de outra plataforma no mesmo segmento, que começou a ocupar, de forma decisiva, a paisagem urbana das principais metrópoles do mundo nas últimas décadas: os shopping centers.

O que são os shopping centers senão importantes plataformas de negócios que proveem interações entre os compradores/visitantes e os lojistas de seus espaços? A remuneração dessas organizações, que mais se assemelham a negócios imobiliários, é advinda, direta ou indiretamente, das interações realizadas entre esses dois agentes. Ao proprietário do shopping cabe atrair um universo representativo de potenciais compradores para seu espaço e incentivar sua conexão com os lojistas.

Outros segmentos além do varejo também se consolidaram, ao longo do tempo, com esse modelo de negócios. Um deles é o setor de mídia.

Através da geração de conteúdo, as empresas do segmento atraem audiência para seu espaço e monetizam o valor de sua rede de influência por meio da publicidade que comercializam – uma outra fonte de receita das empresas do segmento em alguns casos, como nos meios impressos, é a comercialização do bem principal, o chamado "preço de capa", valor que o leitor paga na aquisição daquele produto físico ou virtual.

Quanto maior o tamanho da rede de determinada mídia, maior será sua audiência e mais representativo será o valor da publicidade que ela comercializa. Essa lógica foi a responsável pela evolução de todo o segmento historicamente em todo o mundo; em nosso país, gerou uma organização icônica no setor, tanto em influência quanto em tamanho: as Organizações Globo.

Ainda no Brasil, no entanto, um outro empreendedor entendeu a importância de uma sólida rede de relacionamentos sob uma ótica distinta da convencional e criou um modelo de negócios original no segmento de mídia no país. Silvio Santos foi o primeiro empreendedor a potencializar o valor de uma plataforma, indo além das receitas oriundas da publicidade.

Em 1958, antes mesmo de ser proprietário de uma das principais emissoras de televisão do país, o SBT aflorou a veia comerciante do empreendedor, que percebeu que o maior valor que detinha era sua audiência, que poderia ser monetizada de outras formas além da publicidade. Foi quando, de acordo com referências históricas não confirmadas oficialmente pelos protagonistas, recebeu de presente do amigo Manoel da Nóbrega o Baú da Felicidade, uma loja de utilidades domésticas em que os clientes pagavam várias parcelas de um carnê e, ao quitarem seu valor final, podiam descontar esse montante em produtos nos pontos de vendas.

O negócio passava por sérias dificuldades financeiras, e Silvio Santos conseguiu articular como poderia recuperá-lo utilizando a influência que tinha junto à audiência que começava a criar como apresentador na TV Paulista e, mais tarde, na TV Tupi.

A partir desse momento, o Baú da Felicidade entrou nos lares de todos os brasileiros por meio de propagandas e ações promocionais integradas aos conteúdos, campeões de audiência, do apresentador. Os felizes sorteados que tinham as mensalidades de seu "carnê de pagamento" em dia transformavam-se em protagonistas dos programas semanais do apresentador, tendo seus rostos conhecidos em cadeia nacional.

Assim, o negócio começou a se alavancar graças ao reforço na divulgação de seu negócio incentivada pela força da mídia televisiva – na época, o meio de comunicação mais poderoso no país.

O modelo foi tão virtuoso para o empreendedor que, assim que conseguiu capitalizar o investimento necessário, ele não hesitou em adquirir sua própria emissora de televisão, o SBT, expandindo sua influência e fortalecendo o modelo que criou.

Tendo como benefício o crescimento de sua rede, estendeu seus tentáculos para negócios como a comercialização de automóveis com a Vimave (quem não se recorda da farta distribuição de fuscas na década de 1970 que o apresentador promovia em seus programas semanais aos proprietários dos carnês do Baú da Felicidade?), instituições financeiras (Banco Panamericano) e cerca de 34 empresas que chegaram a compor o grupo que fundou.

Nosso foco aqui não é refletir sobre os modelos de administração do empreendedor, seus erros ou acertos nessa frente. O que chama atenção é que Silvio Santos já vislumbrava, havia cinquenta anos, o potencial de uma rede de indivíduos que tem como âncora a audiência gerada em seus veículos de comunicação.

Nesse modelo, a emissora de televisão funciona como plataforma e, paradoxalmente, não necessita gerar ganhos diretos com sua operação, por meio exclusivamente da venda de publicidade. Isso porque seu poder de alavancagem de receita tem potencial de extrapolar a lucratividade do negócio como um todo ao incrementar o volume de vendas dos outros produtos ou serviços do grupo.

Atualmente, a marca mais reluzente do Grupo de Silvio Santos é a Jequiti, que atua no setor de venda direta de cosméticos. A plataforma televisiva alavanca a divulgação dos produtos, mas, principalmente, estimula as revendedoras do negócio ao oferecer visibilidade e prêmios em programas dedicados a esse objetivo apresentados em rede nacional.

Observe como essas referências mostram que o conceito de plataforma de negócios não é recente ou inédito. Oras, se essa perspectiva não é, em sua essência, algo novo, por qual motivo adquiriu tanta relevância nos dias atuais?

A resposta a essa indagação reside no reconhecimento de que existem diferenças estruturais em como esse modelo se constituía tradicionalmente e sua dinâmica atual, que são responsáveis por sua disseminação e popularização. É principalmente sobre essa perspectiva que cabe uma reflexão em profundidade.

AS PLATAFORMAS DE NEGÓCIOS DA NOVA ERA

Para refletir sobre as distinções dos modelos, é importante resgatar conceitos-chaves na formação das plataformas de negócios tradicionais.

Todo o poder do proprietário das antigas plataformas é gerado pela posse de ativos físicos e pelo controle da sua cadeia de valor, com destaque para os canais de distribuição.

No caso das lojas de departamentos ou dos shopping centers, essa lógica se aplica à necessidade de altos investimentos na construção de ambientes físicos sem a certeza da obtenção dos retornos requeridos. Em um projeto com essas características, quando não há a atração da audiência requerida, todo investimento é perdido sem a possibilidade de uma redução das perdas por meio de validação prévia de mercado (é evidente que os empreendedores desses negócios cercam-se de pesquisas, estudos de viabilidade e informações similares para mitigar o risco da operação, porém nada garante assertividade definitiva do projeto antes do investimento realizado).

O êxito do canal de distribuição – no caso, a audiência dos pontos de vendas – é condição essencial para o sucesso de projetos com essa natureza. Aos proprietários dos melhores canais são garantidas as condições de auferir o maior ganho potencial do setor.

A expansão do negócio demanda investimentos com o mesmo perfil. Ou seja, para ampliação geográfica, atingindo novos mercados, é preciso investir em novos pontos de vendas e repetir todo o ciclo. A escalabilidade na expansão do projeto está totalmente relacionada à necessidade de capital para a implantação de novos espaços. Existem ganhos de sinergia provenientes de relacionamento com lojistas, conhecimento de marketing, integração das atividades de *back office*, entre outros, porém têm pouco impacto na mitigação do investimento requerido para estruturar um novo projeto imobiliário.

No caso das empresas de mídia e, mais especificamente, no exemplo já citado do Grupo Silvio Santos, a relação é a mesma. Para dar conta de capturar uma audiência relevante, indispensável para o êxito da plataforma, é necessário estruturar uma emissora de televisão com milhares de colaboradores, estúdios com equipamentos de ponta, satélites para ampliação de cobertura das transmissões, entre outros investimentos em estrutura. Sua expansão regional demanda acordos com empreendedores locais que serão distribuidores de seu conteúdo e traz a necessidade de replicar parte desse investimento em suas bases como na contratação de equipes técnicas locais, por exemplo.

Só para citar um exemplo da diferença desse conceito para aqueles que se impõem na atualidade, estima-se que a Netflix tenha faturado em 2018, no Brasil, mais de 1,4 bilhão de reais. Nesse mesmo ano, a empresa tinha cerca de cinquenta funcionários formais no país. Esse faturamento é cerca de 50% maior que o do SBT, que conta com mais de 2 mil colaboradores em seus quadros.

Onde reside toda essa diferença? Seguramente, na estrutura do modelo de negócios que é possível, atualmente, graças à evolução tecnológica.

Para a construção de uma audiência altamente engajada, não são mais necessários investimentos tão elevados para expansão geográfica e propriedade dos canais de distribuição.

Na nova economia, o custo de distribuição tende a zero, já que a internet permite a cobertura geográfica em escala planetária sem que seja requerido um investimento proporcional a essa expansão. Engajamento é o nome do jogo, e esse benefício não se conquista apenas por meio de aquisição de audiência, e sim influenciando-a.

O poder tende a migrar das mãos de quem tem a propriedade dos canais de distribuição para as daqueles que têm influência decisiva junto a uma audiência representativa. O ganho de escala migra da produção para a demanda. Quanto maior a audiência, maior é a rede de influência; como consequência, maior é a possibilidade de monetização das interações que acontecem dentro da plataforma.

Mais uma vez, evidenciam-se as limitações do clássico pensamento estratégico fortemente baseado nos ganhos de escala em um ambiente dominado pela tecnologia.

Essa dinâmica é chave para a estratégia adaptativa, pois fica evidente como uma estrutura mais enxuta resulta em uma organização mais ágil. Da mesma forma, essa dinâmica só é possível graças à centralidade da gestão baseada em dados presente nessas companhias. Sem acesso à geração de informações qualificadas, não é possível construir essas estruturas. Parte relevante dessa diferença em capital humano reside na utilização da tecnologia e algoritmos que substituem com mais assertividade um processo que outrora só era possível por meio da ação de indivíduos (como observamos no caso do Alipay).

Outra diferença fundamental entre os modelos reside na gestão da plataforma. Tradicionalmente, as organizações se habituaram a ter o controle total de sua operação e cadeia de valor. Foi com base nessa lógica que se formaram os grandes conglomerados que ostentavam diversas propriedades, milhares de colaboradores e inúmeras organizações subordinadas a um grupo empresarial único. As novas plataformas optam por influenciar a cadeia de valor em vez de ter propriedade sobre ela.

Como já exploramos quando apresentamos o caso da Netflix, toda a produção dela é realizada por produtoras homologadas previamente pela empresa. O orçamento de 15 bilhões de dólares (estimativa de 2019) para a produção de conteúdos proprietários é inteiramente destinado a companhias terceiras. Com essa estratégia, a organização opta por canalizar seus esforços na gestão dos usuários de sua plataforma, investindo o tempo de sua reduzida equipe própria no entendimento das demandas de sua rede ao mesmo tempo que delega a atividade de produção para outras organizações parceiras. Essa fórmula garante escalabilidade ao negócio e a canalização dos investimentos financeiros em outras frentes estratégicas que não a de produção. Esse modelo é frontalmente distinto das empresas tradicionais de mídia, que ainda obedecem à estrutura convencional de controle e posse de todas as fases de sua cadeia produtiva.

Essa nova visão para as plataformas de negócios altera substancialmente a forma como essas companhias enxergam a dinâmica competitiva em seus negócios. A principal meta dessas organizações é capturar novos componentes para sua rede, diminuindo o atrito no acesso desses indivíduos à plataforma, além de incentivar ao máximo as interações geradas nesse espaço. A arquitetura do projeto que estimula esses movimentos é um dos fatores que mais recebem atenção – e investimentos –, e a tecnologia é central, sobretudo, com os algoritmos entrando em cena para potencializar as conexões dentro das redes.

Como o principal objetivo é o ganho de escala por meio das interações na sua rede, as fronteiras do negócio são fluidas e, em não raras situações, concorrentes partilham do mesmo espaço e compartilham os ganhos dessa sinergia. Mais uma vez, reiteramos como essa perspectiva é frontalmente oposta ao receituário estratégico tradicional, que tem como um dos princípios pétreos a construção de barreiras de entrada que mantenham distante toda e qualquer organização que possa ser uma competidora em potencial do seu negócio.

Retomamos aqui o já citado exemplo dos marketplaces como a Amazon, nos quais é possível encontrar, em determinadas categorias, produtos ofertados por empresas externas na mesma prateleira de produtos ofertados pela proprietária daquele ambiente. Ou seja, a relevância da construção de uma pujante plataforma de negócios é tão estratégica que seu proprietário não se importa em ter, no mesmo espaço, companhias que competem com ela na obtenção de mais vendas. Os ganhos capturados pelas interações entre produtores e consumidores, independentemente de sua natureza, é tão expressivo que compensa abrir mão do controle da cadeia de valor e da necessidade de investimentos para cobrir todas as demandas dos indivíduos da rede com um portfólio proprietário enorme de itens em seu ambiente.

Indo além da visão da alavancagem financeira, temos a perspectiva de centralidade do cliente da nossa estratégia adaptativa: as plataformas de negócios vão até as últimas consequências para atender o *Jobs to Be Done* do cliente com excelência. Isso inclui "dormir com o inimigo" se for necessário.

Ainda analisando as fronteiras dos projetos, em alguns casos, os próprios participantes da rede são seus produtores. Veja o caso das redes de relacionamento como YouTube, Facebook, Instagram, LinkedIn, Twitter, entre outras. São os indivíduos que participam desses espaços os produtores de seu conteúdo. Os proprietários das plataformas auferem ganho estimulando as trocas dentro de seus espaços e monetizando essas interações por meio da venda de publicidade dirigida.

Ao contrário das plataformas convencionais, os usuários dessas redes são alçados à posição de protagonistas e estão no centro da produção de conteúdo que não demanda equipe técnica especializada. O principal foco é estimular essa produção e as interações entre os participantes da rede sem controle total sobre o que é produzido.

Os algoritmos ajudam a qualificar os produtores de conteúdo mais relevantes, que recebem destaque de acordo com a avaliação dos outros agentes da rede, e não de uma instância superior especializada como nos modelos convencionais.

Engajar a audiência é o principal pré-requisito de sucesso para esses novos negócios. Um erro comum que muitos empreendedores e organizações assumem ao não entender essa dinâmica é simplesmente construir espaços virtuais com as características de uma plataforma, acreditando que, apenas pelo fato de esse ambiente existir, as pessoas começarão a interagir com ele.

A essa (falsa) convicção damos o nome de "Síndrome do Campo dos Sonhos", em alusão ao filme protagonizado por Kevin Costner que fez muito sucesso no início dos anos 1990. Na obra, o personagem principal ouve uma voz durante a noite dizendo: "Se você construir, ele virá". Motivado por esse misterioso estímulo, o protagonista entende que deve construir um campo de beisebol, a grande paixão de sua vida. Ao finalizar sua obra, para sua felicidade e júbilo, recebe a visita de fantasmas de grandes jogadores do esporte que aparecem para praticá-lo no local que projetou.

Por mais estimulante que seja essa visão na cinematografia, nos negócios ela não acontece dessa forma. Indivíduos não vão interagir com sua plataforma apenas pelo fato de ela estar disponível. Se você construir, eles *não* virão.

Vitimados por essa visão simplista dos negócios, testemunhamos inúmeros empreendimentos sucumbirem devido a sua absoluta falta de relevância. Entre os negócios mais recentes que sentiram os efeitos dessa lógica irremediável estão centenas de clubes de assinaturas de diversas modalidades (livros, produtos de luxo, bebidas etc.) que não conseguiram obter o volume de vendas necessário para seus projetos decolarem, pois não foram capazes de engajar uma audiência representativa para seus espaços.

É necessário que se desenvolvam estruturas e estratégias de engajamento que visam atrair e estimular interações com o menor atrito possível entre os componentes da rede. Experiências bem-sucedidas na construção de vibrantes plataformas de negócios mostram que o passo inicial dessas organizações foi se dedicar a garantir a qualidade das interações entre os participantes de seu espaço antes de orientar seus esforços para o tamanho do negócio. Ou seja, a quantidade da audiência do projeto está intrinsecamente relacionada à qualidade de suas interações.

É a partir do valor das interações que o efeito rede ganha força e o crescimento é exponencial. Sobretudo na formação do projeto, profundidade é mais relevante do que abrangência.

A boa notícia é que tecnologias cada vez mais acessíveis permitem o desenvolvimento de iniciativas que potencializam as possibilidades de acelerar a profundidade das interações dentro das redes. Sem a alternativa da utilização de inteligência artificial e dos algoritmos, o processo de aprofundamento das conexões seria muito mais moroso e ineficiente.

Essa escolha estratégica tem como foco explorar todas as oportunidades de conhecimento geradas pelas interações que acontecem dentro da plataforma para criar um valor ainda maior à sua comunidade, potencializando a geração de negócios entre seus participantes – e, como consequência, mais fundos para seu já recheado caixa.

Para dar conta de todos esses novos conceitos, é mandatório adotar um novo modelo mental que dê abertura para confrontar as verdades absolutas cunhadas ao longo de décadas e abra espaço para novas ideias. No centro desse sistema está a cultura organizacional predominante nas empresas, com destaque para a cultura de aprendizado, também essencial para a consolidação da estratégia adaptativa. Sem essa filosofia, não há flexibilidade para aprender com as evoluções do ambiente e, sobretudo, com o comportamento do cliente e sua relação com as plataformas.

Aliás, a resistência a mudanças, advinda de uma cultura e modelo estratégico incompatíveis com essa nova realidade, está no centro dos problemas de organizações e negócios líderes de outrora que não estão conseguindo se adaptar à nova sociedade. Note como a relevância da Sears, com seu pioneirismo durante todo o século XX, não foi o suficiente para evitar que a companhia entrasse em recuperação judicial em 2018, com suas desérticas lojas não sendo sombra daquele passado.

Os desafios advindos da expansão dos negócios de shopping centers também vão na mesma direção, com pesquisas que apontam uma redução de cerca de 25% no volume de empreendimentos com essas características nos próximos cinco anos nos Estados Unidos. Isso sem contar os efeitos advindo da pandemia de Covid-19.

Mesmo o virtuoso negócio protagonizado por Silvio Santos passa por questionamentos importantes acerca de seu futuro, e alguns projetos fracassaram – como o Banco Panamericano, que teve de ser liquidado.

Esses e tantos exemplos que florescem em nosso ambiente empresarial nos mostram que é necessária a adoção de um novo modelo de pensamento para lidar com essa nova era (aliás, esse é o propósito, tão bem-sucedido, de nossa obra *Gestão do amanhã*). A transformação genuína não acontecerá sem uma análise aprofundada sobre o atual modelo estratégico da organização e sua cultura organizacional.

Esse processo passa pela reflexão sobre a modelagem de plataforma de negócios e baseia-se na convicção de que toda empresa que tem engajamento com qualquer comunidade – clientes, parceiros, fornecedores etc. – pode migrar para esse modelo de negócios independentemente de seu setor de atuação, tempo que está no mercado, origem ou qualquer outro atributo.

Os elementos da estratégia adaptativa são importantes indutores dos pilares em que se fundamentam esses negócios, integrando clientes, agilidade, dados e cultura organizacional. Eles estão presentes nas plataformas mais bem-sucedidas do planeta (como demonstrado nos casos da Netflix, Amazon e XP).

Para entender como é possível estruturar plataformas de negócios em qualquer projeto, construímos uma categorização dos tipos de plataformas existentes com referências práticas e *cases* que exemplificam o perfil de cada uma delas.

CAPÍTULO 15:
OS TIPOS DE PLATAFORMAS DE NEGÓCIOS DA NOVA ERA

Um tema que tem nos inquietado muito desde o lançamento de *Gestão do amanhã* e sua intensa repercussão diz respeito a migração das empresas tradicionais a essa nova era.

Nossa contribuição nesse sentido vai desde as reflexões sobre como a cultura organizacional impacta a filosofia das organizações presente na obra *O novo código da cultura* até, agora, à construção da conceituação sobre a estratégia adaptativa.

Esses estudos, que têm como base organizações e mercados do chamado "mundo real", nos trouxe a essa visão sobre a relevância dos modelos de negócios e, sobretudo, do poder das plataformas de negócios.

Instados por essa convicção, somos frequentemente questionados sobre como adotar esse modelo em seus negócios, completa ou parcialmente, por líderes e empreendedores interessados nessa transformação.

Como esse movimento é recente, não há bibliografia nem estudos disponíveis sobre as peculiaridades dessa transição. Por esse motivo, resolvemos liderar um estudo para entender, em mais profundidade, quais seriam as bases para essa migração.

Para dar conta dessa proposta, desenvolvemos uma categorização sobre todas as possibilidades de plataformas de negócios, tendo como pano de fundo e referências aquelas já existentes e bem-sucedidas nestes novos tempos.

Vale reiterar um apontamento que fizemos no início desta parte do livro: encare esse material como uma "obra em andamento". Estamos convictos de que surgirão novas perspectivas de acordo com a evolução do ambiente empresarial e de que mesmo a visão que construímos será alvo de constantes revisões e releituras para que reflita com mais precisão a realidade do novo contexto organizacional. Essa dinâmica, em realidade, é fruto da própria dinâmica desses novos tempos, em que tudo está em aberto.

Nosso estudo identificou sete tipos de plataformas de negócios de acordo com suas peculiaridades:

1. **Plataformas que lucram ao capturar diretamente parte do valor transacionado em seu ambiente.**
2. **Plataformas que comercializam produtos ou serviços para sua comunidade.**
3. **Plataformas mistas.**
4. **Plataformas que capturam valor diretamente dos usuários que fazem parte de seu ambiente e consomem seus conteúdos.**
5. **Plataformas que estruturam negócios próprios para capturar todo o valor gerado por sua rede de relacionamentos.**
6. **Plataformas que monetizam o valor de sua audiência, permitindo que empresas se relacionem com sua comunidade.**
7. **Plataformas que cobram para seus usuários utilizarem seus serviços.**

Vamos explorar cada um desses modelos em detalhes, apresentando sempre casos práticos para que o leitor possa fazer as conexões com seu negócio e interesses.

1. Plataformas que lucram ao capturar diretamente parte do valor transacionado em seu ambiente

Esse é o modelo mais emblemático da estratégia da empresa baseada em plataformas. É quando a organização desenvolve uma rede de relacionamentos poderosa e a monetiza fomentando as conexões entre vendedores/produtores com consumidores/usuários. A forma de geração de receita usual para o proprietário da plataforma são as comissões geradas por essas transações.

Não é possível articular qualquer conteúdo relacionado a esse modelo de negócios sem explorar seu pioneiro: Steve Jobs com a Apple.

Em 2001, a Apple ainda era uma organização muito debilitada, com sua recuperação sendo questionada pelo mercado como um todo – principalmente o de capitais. Foi nesse ano que Steve Jobs deu início a uma revolução que alçaria a Apple a maior empresa em valor de mercado do planeta. Esse movimento foi catapultado pelo lançamento do iPod (lembra-se dele?).

A esmagadora maioria dos mortais interpretou que Jobs estava lançando um simples tocador de músicas portátil que concorreria com os populares *walkmans* da intocável líder Sony. O que poucos perceberam foi a genialidade do empreendedor que, com o projeto, estava fincando as bases da mais vibrante e lucrativa plataforma de negócios da história da humanidade.

Esse modelo estava no centro da estratégia do novo negócio: para ter acesso às músicas que iria ouvir, o usuário deveria se conectar a uma plataforma na qual teria disponível um repositório de opções e baixaria as que desejava. O sistema era bem distinto do atual em termos de alternativas e conectividade, porém sua essência já estava presente. Era necessário, por exemplo, ter uma conexão a um computador por meio de um fio para baixar as opções desejadas no aparelhinho.

A plataforma em que o cliente se conectava era o iTunes, principal percussor desse modelo de negócios. As músicas eram gratuitas, porém, com o tempo, a Apple foi validando a operação, aprendendo com o processo e ganhando experiência.

A consolidação desse modelo e sua alavancagem definitiva vieram em 2007 com o lançamento do iPhone, que disseminou o *smartphone* e todas as suas funcionalidades de forma exponencial e, mais precisamente, em 2008 com o lançamento da sua loja de aplicativos, a App Store. A popularização dos celulares e sua onipresença na sociedade foram elementos fundamentais para a expansão desse fenômeno.

Por meio da simbiose desses dois elementos – o equipamento poderoso e popular (iPhone) com a plataforma acessível sem atritos (App Store –, a empresa usufruiu do efeito rede, promovendo conexões e transações entre produtores de conteúdo (os desenvolvedores de aplicativos) e consumidores de conteúdo (os clientes Apple). Mais desenvolvedores = mais usuários = mais transações = mais lucro. *Muito* lucro.

A proprietária da plataforma fica com 30% de todas as transações geradas dentro de seu ambiente. Para que o leitor tenha uma visão do êxito e potencial desse negócio, desde sua fundação, a Apple Store gerou 120 bilhões de dólares de receita aos seus mais de 20 milhões de desenvolvedores (dados de 2020). Atualmente, estima-se que mais de 900 milhões de pessoas naveguem pelos apps de sua plataforma semanalmente.

Observamos o efeito exponencial do projeto ao analisar sua evolução. Mais de 40% do faturamento total da plataforma aconteceu dentro dos últimos dois anos. Ou seja, quase metade de tudo que foi transacionado em dez anos foi gerado apenas no período recente de vinte e quatro meses. Está aí uma excelente demonstração do potencial de uma de rede de relacionamentos e como ela aumenta seu valor exponencialmente de acordo com o incremento das conexões entre seus participantes.

Os benefícios dessa estratégia são incontestes. Além do óbvio ganho financeiro – em toda a sua trajetória, a App Store já gerou 12 bilhões de dólares de receita para sua controladora –, há a vantagem da rentabilidade do modelo, cujas margens de lucro crescem na mesma proporção da evolução das suas vendas, já que o custo variável é marginal (não é necessário construir mais instalações, contratar mais gente e outras iniciativas tradicionais de acordo com o crescimento do número de usuários e transações da rede). O maior investimento variável para dar conta da expansão do projeto é destinado ao armazenamento de informações e banda de acesso à internet. Com a evolução da computação em nuvem, esses custos têm declinado agressivamente ao longo dos anos, o que torna a operação muito saudável e atraente financeiramente.

(No caso da Apple, existe uma peculiaridade que lhe torna única nesse modelo de negócios: o fato de ela auferir muito ganho ainda com a comercialização do equipamento proprietário, o iPhone. Com isso, ela captura valor em toda a cadeia do negócio, desde o equipamento até as interações em sua plataforma, em um círculo virtuoso que se retroalimenta, já que quanto mais iPhones são vendidos, mais pessoas participam da sua rede de relacionamento, gerando mais conexões que atrairão mais produtores de conteúdo e assim por diante.)

Além do ganho financeiro, esse modelo de negócios proporciona benefícios advindos da gestão das informações dos usuários da plataforma. Os dados de comportamento gerados por esse público são valiosíssimos, com potencial para motivar insights e insumos para inúmeras outras iniciativas que abordaremos no capítulo subsequente, em que exploraremos as possibilidades de expansão das plataformas de negócios.

A despeito de a Apple ter sido a precursora desse modelo, organizações emblemáticas dessa nova era que têm se consolidado em nossa paisagem urbana de forma definitiva são represetes dessa estratégia. Estamos nos referindo a empresas como Uber, Airbnb, as unicórnios brasileiras 99, iFood, GymPass e outras.

Como assinalamos anteriormente, uma representação muito popular – até desgastada de tanto que é utilizada – adotada de forma massiva para explicar o benefício central desse modelo é aquela que menciona que o Uber é a maior empresa de transportes do mundo sem ter um único carro; o Airbnb, a maior do setor de turismo sem ter um único hotel; a GymPass, a maior plataforma de atividades físicas do mundo sem ter uma única academia e assim por diante.

Por mais surrada que seja essa figura de linguagem, ela traz, em sua essência, o valor fundamental dessa estratégia: capturar um valor potencial da plataforma sem a necessidade de nenhum tipo de imobilização de capital no produto ou serviço comercializado. O valor emana da capacidade de fomentar conexões do proprietário da plataforma, e não de seu estoque, expertise específica ou outros atributos.

Essa visão, aliás, traz consigo a ilusão de que existem poucas barreiras de entrada para se desenvolver negócios com essas características. Afinal, basta construir uma plataforma e atrair produtores e consumidores para que "a grana apareça". Ledo engano. Mais uma vez, a Síndrome do Campo dos Sonhos dá as cartas. O obstáculo para geração de negócios com essa característica está justamente na capacidade de atrair os dois públicos – produtores e consumidores – para esse ambiente e gerar conexões entre eles.

Esse é o principal mérito das organizações que têm prosperado com esse modelo. Elas foram capazes de ser relevantes o suficiente para se destacar da multidão e gerar um espaço de valor para seus participantes, que, como consequência, a recompensam realizando, dentro de sua plataforma, transações que gerarão sua remuneração.

Ao observarmos a evolução dessas organizações, evidencia-se a escolha por uma estratégia essencial que já mencionamos por aqui: em sua consolidação, houve uma opção clara por se dedicar a garantir o valor das interações entre os participantes da plataforma antes de se orientar ao crescimento do negócio (note quanto tempo a Apple se dedicou a amadurecer a App Store desde o lançamento do iPod). É a partir da qualidade das conexões entre os componentes do ambiente que o efeito rede ganha força e, a partir daí, o crescimento é exponencial. De novo: profundidade, principalmente na fase de formação do projeto, é mais relevante que abrangência.

O modelo é simples. O desafio reside em sua execução bem-sucedida.

SÍNTESE

Modelo de negócios básico dessa estratégia

Proprietária da plataforma desenvolve ambiente que une produtores com consumidores e captura parte do valor das transações realizadas entre eles dentro de seu espaço.

Empresas referência desse modelo

- Apple
- Uber
- Airbnb
- 99
- iFood
- GymPass

2. Plataformas que comercializam produtos ou serviços para sua comunidade

Um outro modelo de plataforma se assemelha bastante aos modelos dos tradicionais comércios presentes no varejo físico, porém com uma mudança essencial: a orientação para o engajamento dos participantes de sua rede de relacionamentos e, consequentemente, a escalabilidade do projeto por meio de sua virtualidade.

São plataformas que engajam uma audiência representativa e auferem ganho direto ao comercializar a seus participantes ofertas diversas chanceladas pela forte penetração e influência que têm junto a esse público.

Nessa categoria, dois tipos de projetos merecem destaque: as plataformas que têm um perfil de consolidadora de mercado e aquelas que atuam como curadoras.

As consolidadoras têm como orientação principal reunir em seu ambiente o maior número possível de ofertas para serem disponibilizadas a sua audiência. Essas plataformas se assemelham aos ambientes físicos do varejo, como supermercados, lojas de departamentos e modelos afins que se consolidaram fortemente em nossa rotina ao longo de séculos.

Ao se posicionarem como consolidadoras, essas organizações optam por um relacionamento mais transacional, já que seus maiores diferenciais são o tamanho e a variedade de seu portfólio. Essa opção estratégica, no entanto, não pressupõe a oportunidade e qualidade do relacionamento gerado com sua audiência e consequente fidelização.

Os representantes mais populares desse negócio são os e-commerces em geral e, sobretudo, aqueles que consolidam em suas "prateleiras" um portfólio diverso de opções. Esses e-commerces podem ser de propriedade de empresas tradicionais já consolidadas, como Pão de Açúcar e Casas Bahia, ou de novas organizações, como Dafiti, Submarino e outras com essa estrutura.

Mesmo considerando a parcial facilidade na construção desses ambientes, vale reiterar a máxima de que o fator crítico de sucesso não é a estruturação da plataforma, e sim o engajamento e consequente geração de conexões que acontecem entre a proprietária e sua audiência.

Essa lógica ganha contornos mais claros ao analisarmos as organizações que adotam o mesmo modelo de negócio, porém se posicionam como curadoras. Esses projetos, mesmo tendo características da comercialização de produtos ou serviços, adotam uma orientação mais relacional, na medida em que se posicionam como detentores de conhecimento específico e valioso em determinado segmento ou negócio.

Ao consolidarem sua posição de curadoras, fortalecem sua influência junto a sua comunidade e ganham uma força de distribuição poderosa baseada na credibilidade conquistada junto a essa audiência.

O caso da brasileira Wine.com.br traz boas referências sobre o tema. A companhia, fundada por Rogério Salume em 2008, faz parte do projeto que lançou o primeiro e-commerce de vinhos no Brasil. No início, seu negócio era basicamente o mesmo de inúmeras lojas virtuais, concentrando um volume expressivo de rótulos de vinhos disponibilizados ao público interessado em sua compra. O principal atributo de venda era a comodidade da aquisição do produto.

Com o tempo, no entanto, Salume percebeu a oportunidade de se posicionar como curador em um mercado que estava em amadurecimento. O volume de opções de produtos é quase que infindável, e o consumidor brasileiro começava a tomar gosto por seu consumo, porém ainda com pouco conhecimento técnico.

A combinação "inúmeras opções x pouco conhecimento do produto" foi explosiva e abriu a oportunidade para a produção de conteúdos de qualidade visando educar o consumidor brasileiro sobre as alternativas disponíveis, suas peculiaridades e como se adaptavam a cada gosto.

Com o tempo, mais do que se consolidar como uma loja virtual para a venda de vinhos, a Wine.com.br começou uma aproximação em outro patamar com seus clientes, posicionando-se como uma organização que deseja prover experiências de valor para seu público.

A venda do vinho é consequência desse posicionamento.

Atualmente, parte expressiva do resultado da companhia vem da comercialização de seus mais de 2 mil rótulos, porém, motivada por essa forte conexão com seu público, a empresa lançou em 2012 o Clube Wine, uma assinatura em que o cliente paga uma taxa mensal e recebe produtos previamente selecionados pela equipe técnica de *sommeliers* da empresa.

O projeto teve muito êxito e, hoje, conta com mais de 140 mil associados em todo o território nacional (dados de 2019). Note a relevância do atributo de credibilidade do cliente com o proprietário da plataforma: ele paga um valor expressivo e sequer sabe o produto que receberá, já que não há uma definição prévia de qual rótulo será o escolhido do mês, apenas uma visão de sua categoria.

Com isso, a Wine gera uma receita recorrente absolutamente expressiva que lhe proporciona importante poder de barganha junto a seus fornecedores (a empresa chega a comprar safras inteiras de produtores de vinhos atrativos para seu portfólio), já que tem garantida uma receita mensal que pouco varia.

O resultado disso tudo? Atualmente, a empresa possui mais de 1 milhão de clientes cadastrados e se consolida como o maior e-commerce de vinhos da América Latina e um dos principais *cases* do setor no Brasil.

A plataforma da Wine continua tendo todas as características de um e-commerce convencional, porém protagoniza uma conexão de natureza distinta com sua audiência, na medida em que gera conteúdo relevante para esse público que responde por meio da aquisição de seus produtos e fidelização a seu projeto.

Não só com a comercialização de produtos pode ser constituído um projeto que se posiciona como curador de sua categoria. No Brasil, outra companhia tem tido muito êxito ao inaugurar por aqui um modelo de negócios muito original: a comercialização de relatórios de investimentos.

Em 2009, empreendedores egressos do mercado financeiro fundaram a Empiricus, empresa independente especializada na publicação de informações financeiras e recomendações de investimento. No início de seu projeto, a organização buscou o caminho da venda de relatórios proprietários de forma pontual.

Com o tempo, no entanto, seus líderes perceberam o poder da construção de uma comunidade de seguidores e iniciaram uma agressiva estratégia de geração de conteúdos abertos que visavam, mais do que comercializar seus produtos, construir uma audiência (note a estratégia que já descrevemos por aqui: o primeiro movimento deve ser o de garantir profundidade e qualidade de conexões para, a partir daí, conquistar abrangência).

Beneficiada por algumas previsões muito assertivas sobre o contexto econômico brasileiro, a empresa ganhou uma visibilidade e um nível de exposição expressivos, o que lhe trouxe mais seguidores que foram convertidos em audiência cativa. Foi nesse ponto que a companhia, já consolidada como curadora relevante no mercado financeiro, deu a cartada decisiva: implantou o modelo de vendas de assinatura de relatórios financeiros.

Nesse modelo, o cliente paga uma taxa mensal que varia de acordo com o produto almejado e recebe, diariamente, em sua caixa postal um relatório afinado ao seu perfil. Atualmente, existem mais de vinte opções de pacotes que fogem da sisudez do mercado financeiro com títulos como "Vacas leiteiras", "Palavra do estrategista", "O programa de riqueza permanente", entre outros.

A estratégia foi muito bem-sucedida. Hoje, a Empiricus é um dos maiores clubes de assinaturas do Brasil com mais de 360 mil assinantes de seus relatórios e um faturamento anual de mais de 220 milhões de reais (dados de 2019).

Por ter instituído um novo modelo de negócios em um setor muito regulamentado, além de demonstrar clara predileção por temas polêmicos, a empresa tem sofrido ataques de diversos órgão reguladores e das companhias que representam o status quo do setor. Esse é um dos riscos presentes em qualquer modelo inovador e também na evolução de outras plataformas, como Uber e Airbnb. Essas ameaças, no entanto, não inibem a volúpia do crescimento de seus líderes, que buscam abalar o modelo vigente com uma novas perspectiva e visão de mercado.

Não é à toa que as duas referências citadas como curadoras atuam no modelo de assinaturas. É evidente a sinergia dessa estratégia com organizações que, ao se posicionarem como profundos conhecedores do negócio que estão inseridos conquistando a credibilidade e influência junto a sua audiência, têm a oportunidade de alcançar o bônus advindo das almejadas receitas recorrentes peculiares dessa modelagem.

Esse é um dos principais benefícios de uma plataforma de negócios cujo proprietário conquista o patamar de curador: ele tem, à sua disposição, um canal de vendas único e direto com seu público que, se bem trabalhado, só tende a crescer com o tempo.

Observe uma característica importante em relação ao modelo anterior de plataformas que apresentamos: nos casos em que seu proprietário busca comercializar produtos ou serviços para sua audiência, não importa se numa posição de consolidador ou curador, ele lidera as conexões com seu público diretamente, já que assume o papel de produtor/vendedor dos conteúdos/ofertas de seu espaço. No caso anterior, o proprietário articula as conexões entre as partes sem ser diretamente beneficiado no relacionamento.

A expertise na construção dessa conexão direta com sua audiência é fator crítico de sucesso para as organizações que optam por adotar esse modelo de negócios.

SÍNTESE
Modelo de negócios básico dessa estratégia
Plataformas que engajam uma audiência representativa e auferem ganho direto ao comercializar ofertas diversas a seus participantes chanceladas pela forte penetração e influência que têm junto a esse público.
Podem ser consolidadoras ou curadoras.

Empresas referência desse modelo
- Pão de Açúcar.com
- Casas Bahia.com
- Wine.com.br
- Empiricus
- Clubes de assinaturas

3. Plataformas mistas

Um modelo de plataformas bastante peculiar é um misto entre as duas categorias anteriores. Ou seja, são plataformas que auferem ganho direto pela venda de produtos ou serviços para sua audiência, mas também geram receita por meio da articulação da conexão entre produtores e consumidores de seu ambiente.

Essa dinâmica ocorre na maioria dos marketplaces – não à toa, explorados mais de uma vez nesta obra.

Como comentamos na apresentação do caso da Amazon, os marketplaces surgiram em 1995 com a plataforma eBay, no mercado americano, que primeiro se posicionou como um site de leilões em que qualquer indivíduo poderia disponibilizar aquilo que desejava vender para compradores em todo o mundo. Logo, a startup observou uma incidência grande de vendedores institucionais, ou seja, comerciantes que passaram a utilizar a plataforma para venderem seus produtos on-line sem a necessidade de construir suas estruturas de e-commerce. Com isso, a plataforma, que recebe uma comissão das vendas realizadas em seu ambiente, assumiu um papel mais institucional, e esse mercado formal ganhou espaço e popularidade. O modelo foi o embrião e serviu como inspiração para inúmeras iniciativas bem-sucedidas em todo o mundo, como a Amazon, que acelerou seu crescimento e penetração de mercado.

O marketplace é uma derivação dos e-commerces. Se neste último a unidade de gestão é de um único empreendimento, o proprietário da plataforma, os marketplaces reúnem centenas, por vezes, milhares de empreendimentos que se beneficiam do poder da audiência daquele ambiente.

Além do benefício gerado por reunir milhares de ofertas proprietárias e de terceiros (os *sellers*), outro benefício muito valioso diz respeito ao volume de dados ao qual o proprietário do marketplace tem acesso por meio das transações que acontecem em sua plataforma. O incremento do número de compras realizadas nesse ambiente faz com que cresça o acesso a informações de comportamento do consumidor que têm potencial para se transformar em ativo de muito valor na escalabilidade do negócio central e geração de novas oportunidades – tema que abordaremos em profundidade posteriormente neste conteúdo.

É evidente que, ao dar espaço para outras empresas comercializarem seus produtos em sua plataforma, seu proprietário está abrindo mão de parte de sua margem de lucro convencional. A escala de vendas obtida pela estratégia e a geração de informações, no entanto, compensam essa diminuição de margens.

Aqui no Brasil, uma companhia que tem se destacado seguindo esse modelo de negócios de forma pioneira é a Magazine Luiza, ou simplesmente Magalu. Da mesma forma que em outros marketplaces, a operação on-line da varejista alia ofertas próprias com as de vendedores terceiros. Atualmente, a companhia reporta que há mais de 8 mil *sellers* em sua plataforma digital (dados de 2019).

Uma estratégia original da organização demonstra outra forma de monetização da plataforma, engajando no negócio outro perfil de audiência: o projeto Magazine e Você.

Lançado em 2011, ele tem como objetivo atrair para a plataforma da Magalu vendedores independentes que podem ser pessoas físicas ou profissionais que já têm experiência com vendas diretas, por exemplo. Por meio de um canal específico, o indivíduo estrutura sua própria loja de artigos comercializados pela varejista no ambiente virtual e tem todas as ferramentas para divulgá-la em suas redes sociais e canais digitais.

O usuário do Magazine e Você estrutura sua vitrine virtual de acordo com o perfil de sua própria audiência, customizando seu portfólio para aumentar as possibilidades de geração de negócios.

Em 2019, esse projeto contou com mais de 200 mil cadastrados que recebem uma comissão sobre as vendas geradas. Além do resultado financeiro, divulgadores da organização espalhados por todo o Brasil são mobilizados sem a necessidade de nenhum tipo de investimento fixo da organização. Essa iniciativa recebeu uma atenção especial e esteve no cardápio de ações que a organização realizou como resposta aos impactos da pandemia de Covid-19, já que foi uma alternativa de nova geração de receita oferecida para os indivíduos vitimados pelo desemprego ou redução de renda com seus projetos convencionais. Foi rebatizada de Parceiro Magalu e incluiu uma outra ação de que permite a inserção de ofertas de pequenos empreendedores na plataforma de vendas da empresa. Na semana de seu lançamento, em março de 2020, o projeto atraiu 160 mil trabalhadores autônomos, que passaram a vender os produtos da Magalu para suas redes de relacionamento, além de mais de 15 mil empresas de pequeno porte.

Essa estrutura de negócios e estratégia posicionam a Magalu como um dos principais casos – senão o principal – de sucesso no varejo nacional. As vendas digitais da companhia respondem por 40% de seu faturamento total (2019) e o valor de suas ações, mesmo com todos os desafios da pandemia de Covid-19, a tornou uma das líderes em crescimento da Bovespa, atingindo um valor de mercado de cerca de 100 bilhões de reais (abril de 2020).

Observe como é relevante e estratégica a conquista do engajamento de uma audiência expressiva em uma plataforma de negócios. Ela permite não só auferir ganho direto com produtos próprios ou com as conexões de terceiros, mas também introduzir novos produtos ou negócios.

Utilizando a metáfora do Cavalo de Troia, a empresa permite, a partir da consolidação da influência junto a sua audiência, inserir novas perspectivas de negócios até então não mapeados pelos líderes do empreendimento.

Trata-se de uma estratégia tão inovadora que até mesmo concorrentes coabitam o mesmo espaço e compartilham os ganhos capturados das conexões provenientes dessa plataforma.

SÍNTESE
Modelo de negócios básico dessa estratégia

Plataformas que auferem ganho tanto da comercialização de produtos ou serviços diretamente a sua audiência quanto da gestão das transações realizadas entre eles.

Podem ser consolidadoras ou curadoras.

Empresas referência desse modelo
- Amazon
- Magalu
- Submarino

4. Plataformas que capturam valor diretamente dos usuários que fazem parte de seu ambiente e consomem seus conteúdos

Um dos modelos de plataforma que se popularizaram com a massificação da internet foi o dos espaços que engajam uma audiência significativa por meio de seus conteúdos e auferem ganho financeiro com a arrecadação direta de seus participantes, que a remuneram para terem acesso a esse ambiente.

Seus conteúdos podem ser de autoria do proprietário da plataforma ou de terceiros. Quanto ao formato, não se restringem ao convencional. Conteúdos interativos, como games, são exemplos de modelos que não se alinham aos tradicionais padrões de vídeos ou áudio.

O fundamento principal desse modelo reside em prover um conteúdo altamente relevante para seus participantes em um espaço que estimule suas interações. Essa dinâmica permitirá a captura de informações valiosas que retroalimentam todo o processo por meio de insights importantes sobre o perfil de gostos e desejos desses clientes. Em um círculo virtuoso, a coleta de informações em quantidade e qualidade orientará a produção de novos conteúdos e formas de interação valorizadas pelo público.

Quanto mais interações essa rede provê, mais informações qualificadas tem de seus participantes, mais condições tem de gerar conteúdos e interações relevantes e, como consequência, mais atraente se torna a quem pertence ao ambiente, o que proporciona mais interações, informações e assim por diante. Está aí, novamente, mais uma evidência prática do crescimento exponencial causado pelo efeito rede.

Algumas diferenças essenciais desse modelo para os anteriores é que, ao contrário dos modelos em que as plataformas lucram parte das transações geradas no seu espaço (aquele que tem como referências o Uber, por exemplo), neste caso, o proprietário do espaço aufere ganho direto por meio da monetização de seus conteúdos junto aos participantes do ambiente. O processo é mais explícito e direto.

Também há uma diferença básica em relação ao modelo em que a plataforma gera valor por meio da comercialização de produtos em seu espaço. Quando o foco principal do relacionamento dos participantes com o ambiente está orientado à aquisição de produtos ou serviços, essa relação, mesmo considerando a estratégia de construção de comunidades de afinidade, tem características mais transacionais. No caso deste modelo que envolve o consumo de conteúdos, a interação dos participantes com a comunidade tem uma característica mais relacional, já que o potencial de captura de valor junto a sua audiência está intrinsecamente relacionado a frequência de uso e engajamento com a plataforma.

Quanto maior for a profundidade das interações e mais a plataforma estiver integrada à rotina de seus participantes, maior será sua possibilidade de geração de receitas junto a esse público. O oposto também é verdadeiro: quando esse participante não vê relevância desses conteúdos, ele simplesmente deixa de pagar pelos serviços, e o proprietário da plataforma perde todas as vantagens advindas dos ganhos de escala, que são fundamentais para o êxito de projetos com esse perfil.

É inegável que uma das principais protagonistas desse modelo é a Netflix.

Como exploramos na apresentação do caso, a expansão do projeto só foi possível pelo fato de a organização abandonar seu modelo original, que, a despeito de vencedor, não lhe conferia condições de escalabilidade, e adotar a tecnologia como base para seu crescimento, construindo uma plataforma de negócios com conteúdo relevante para seus assinantes e estimulando suas interações com o ambiente. Foi essa dinâmica que permitiu a mudança do modelo de negócios, adicionando a produção própria como recurso estratégico para obtenção de um posicionamento mais favorável em sua cadeia de valor.

Um aspecto relevante que deve ser refletido nesse modelo de plataforma de negócios diz respeito à proposta comercial oferecida ao mercado para captura de clientes. A Netflix foi uma das pioneiras ao oferecer a possibilidade de uma degustação gratuita de seu produto a potenciais interessados. A oferta padrão da empresa consiste em oferecer trinta dias gratuitos de acesso à plataforma. A empresa é tão orientada a esse modelo que não existe outra possibilidade de adesão ao espaço. Mesmo que você esteja convencido a se tornar assinante, é necessário participar da degustação.

A lógica por traz dessa estratégia é diminuir ao máximo a barreira de entrada de novos interessados no projeto e confiar na qualidade do produto final entregue. A experiência bem-sucedida na interação e no consumo dos conteúdos resultará na fidelização desses novos clientes. Esse movimento é potencializado pelo lançamento contínuo, e com uma velocidade inédita na indústria, de novas produções e continuidades de séries de sucesso.

A despeito de seu êxito inconteste na Netflix, esse, no entanto, não é o único modelo de proposta comercial possível para plataformas com esse perfil. Um dos padrões utilizados pelas organizações com sucesso é o chamado *"freemium"*, uma composição dos termos em inglês *"free"* e *"premium"* para simbolizar algo que, além de ser acessível gratuitamente, contempla a possibilidade de acesso a um espaço mais valorizado com outro tipo de experiência ou conteúdo.

Uma das plataformas com esse perfil que adota tal oferta ao mercado é o Spotify, a principal plataforma de streaming de áudio do mundo.

Conforme apresentamos anteriormente, a empresa, fundada na Suécia em 2006, teve influência do Napster, que, a despeito de ter adotado um modelo de negócios ilegal, despertou a visão clara a respeito da demanda de consumidores pelo consumo de música digital.

Aliás, reside justamente no modelo de negócios o principal "pulo do gato" desse projeto. Os fundadores da startup entenderam que, para ser bem-sucedidos, deveriam integrar em seu projeto todos os *players* dessa indústria. Assim, costuraram acordos formais com as gravadoras e artistas, em um modelo que remunera toda a cadeia de valor da indústria.

Mesmo competindo com pesos pesados como Apple, Amazon e Google (com o YouTube Music Premium) e optando por um desenvolvimento autônomo, sem relacionar-se com essas organizações, a empresa conquistou importante participação de mercado e se consolidou como a principal plataforma de áudio do mundo, com mais de 260 milhões de assinantes.

Conforme demonstrado ao apresentarmos como a empresa desenvolveu o conceito do Squad, uma das partes mais representativas do êxito da plataforma se deve a seu foco em aprofundar a experiência do cliente com seu ambiente por meio de algoritmos que buscam prever seus desejos, gerando *playlists* customizadas. Essa customização, aliada a um acervo de mais de 40 milhões de músicas, gera uma experiência de valor.

Sua proposta de valor contempla duas opções. O novo assinante pode ter acesso gratuito ao Spotify Free, em que tem algumas limitações em um serviço que mais se assemelha a uma emissora de rádio tradicional. Nessa opção, apenas é possível ouvir as músicas do estilo desejado aleatoriamente e há a interrupção com propagandas que não podem ser excluídas entre as faixas.

A outra opção é o serviço Premium, em que o assinante pode escolher a faixa desejada, baixar as músicas para ouvir off-line, e não há exposição de propagandas. Um ponto peculiar da estratégia de aquisição de novos assinantes do Spotify é que ele instituiu o modelo de degustação para atrair assinantes do seu serviço Free para o Premium. Há a oferta de uma degustação de trinta dias gratuitos para quem desejar fazer a migração e experimentar esse novo serviço.

Note como se trata de uma estratégia similar à da Netflix, de diminuição das barreiras de entrada para aquisição de novos clientes, e de um investimento importante na sua experiência com a plataforma para que ele aumente seu desembolso com o projeto.

Novamente, evidenciam-se os dois pontos fundamentais para o sucesso de plataformas com essas características: quantidade e variedade da oferta de conteúdos e estímulo às interações com o espaço.

Distintamente da Netflix, o Spotify não conta em seu acervo com conteúdos de sua propriedade. Assim, seu maior investimento para se tornar atrativo a seus fornecedores e parceiros, mantendo seu poder de barganha, está centrado em deter o maior número possível de informações sobre uma larga base de usuários. Com isso, a empresa consegue oferecer serviços inéditos, até então, às organizações do setor, como tendências de gostos musical, análise de consumo de seus mais de 200 milhões de assinantes no mundo, possibilidades de testar novas músicas e experimentos junto a essa base e assim por diante.

Uma tentativa que a plataforma instituiu para buscar um enriquecimento maior do seu acervo com produções que têm mais controle tem acontecido por meio do investimento no desenvolvimento e promoção de seu espaço de *podcasts*, acreditando na evolução dessa mídia.

Existe outra indústria pujante também no setor de entretenimento que, cada vez mais, migra para o negócio de plataformas e tem adotado com êxito em suas propostas comerciais o modelo *freemium*. Trata-se do segmento de games.

Atualmente, essa indústria é a maior de todos os setores do entretenimento mundial. Em 2019, o segmento atingiu seu maior patamar de arrecadação na história, gerando 52 bilhões de dólares em todo o mundo. Só para ter uma base de comparação da representatividade desse montante, os games geraram três vezes mais capital financeiro do que o cinema. O setor de conteúdo sob demanda, categoria à qual pertence a Netflix, por exemplo, é o sexto colocado nesse ranking.

Esse fenômeno é um dos mais representativos da atualidade e tem gerado reflexões importantes junto aos principais protagonistas do setor de entretenimento. Uma das informações que mais chamaram a atenção na divulgação do relatório de resultados do terceiro trimestre de 2019 divulgado aos acionistas pela Netflix foi a menção de que seu maior concorrente não são as plataformas que concorrem diretamente com seu negócio, como HBO, Disney e Amazon, mas o game Fortnite, que tem monopolizado o tempo de atenção de seus assinantes, "roubando-os" dos conteúdos da gigante de streaming de vídeo.

O Fortnite é uma plataforma de game que já é um dos maiores sucessos da história do segmento. Em apenas dez meses, em 2018, faturou 1 bilhão de dólares.

Muito do sucesso do game é reputado à simplicidade de suas regras. Cem jogadores em equipes de até quatro indivíduos são lançados de paraquedas em uma ilha, e sai vitoriosa a equipe que conseguir sobreviver à batalha com seus concorrentes. No transcorrer desse desafio, é possível construir estruturas que lhe permitam atingir com êxito seu objetivo, em um modelo similar a outro *blockbuster* da indústria, o Minecraft (que, atualmente, pertence à Microsoft).

A plataforma adota o modelo *freemium*, já que o game é gratuito, porém, conforme é desejado um nível de aprofundamento maior na experiência com o espaço, há a necessidade de adquirir elementos como fantasias, acessórios e até passos de danças. O assinante faz a aquisição de lotes em dinheiro e os troca pelos produtos que desejar.

O grande impulso de crescimento dessa plataforma, aliás, veio quando ela optou por oferecer ao mercado uma oferta gratuita em setembro de 2018 – já que ele existe desde 2011 em um formato inicial de jogo de zumbis.

Note a importância do modelo de negócios para o impulso de uma plataforma com esse perfil. Da mesma forma, evidencia-se novamente a importância da experiência de uso e valorização de interações entre os participantes de um espaço com esse perfil, já que a geração de receita está intrinsecamente relacionada à profundidade do relacionamento do assinante com a plataforma.

Atualmente, estima-se que o Fortnite tenha cerca de 125 milhões de assinantes, número muito próximo ao total de assinantes da Netflix, e a empresa detentora do game, a Epic Games, teve um lucro de 3 bilhões de dólares em 2018. A estimativa é que apenas o Fortnite contribuiu com 2,4 bilhões de dólares desse montante (só como base de comparação para entender a relevância desse número: o lucro da Netflix em 2018 foi de 1,6 bilhões de dólares).

Uma característica fundamental de todas as organizações que adotam esse modelo de plataformas deve ser evidenciada: todas ancoram parte expressiva de seu crescimento na adoção de aplicativos para celular. Como se trata do estímulo a interações e acesso a conteúdos, impulsionados pelo avanço da disponibilidade de banda larga e consequente diminuição dos preços das ofertas de serviços similares, os indivíduos cada vez mais destinam tempo importante na interação com esses espaços por meio de aparelhos celulares sempre em evolução. Essa é uma das condições essenciais de sucesso para as organizações que almejam participar desse modelo de plataformas: investir na experiência de seus assinantes com seus espaços por meio de aparelhos celulares.

As referências apresentadas não deixam dúvidas a respeito do vigor desse modelo de plataforma de negócios. Da mesma forma, fica claro que não se trata de uma esfera competitiva menos complexa. **O mito de que basta construir uma plataforma com bons conteúdos para atrair uma massa importante de usuários não resiste a uma análise mais minuciosa da evolução das iniciativas bem-sucedidas desse contexto.**

Ganho de escala é o nome do jogo, porém esse conceito não se restringe a aspectos quantitativos. Ele é resultante de uma experiência superior dos indivíduos com espaços que fornecem conteúdos atrativos merecedores de sua atenção e investimento.

Interações em profundidade e conteúdo relevante são os fundamentos para o sucesso desse modelo.

SÍNTESE

Modelo de negócios básico dessa estratégia

Plataformas que engajam uma audiência significativa por meio de seus conteúdos e auferem ganho financeiro com a arrecadação direta de seus participantes, que a remuneram para terem acesso a esse ambiente.

Empresas referência no modelo

- Netflix
- Spotify
- Epic Games (Fortnite)

5. Plataformas que estruturam negócios próprios para capturar o valor gerado por sua rede de relacionamentos

Um perfil de modelo de plataforma de negócios bastante peculiar foi potencializado pela evolução tecnológica e pelo avanço da comunicação proveniente da popularização da internet. Esse modelo muitas vezes passa despercebido de olhares mais atentos, pois, ao contrário dos anteriores, ele não captura valor diretamente dos usuários de seu ambiente. Na realidade, ele constrói outra estrutura de negócios para auferir ganho financeiro e, dessa forma, monetizar sua audiência.

Definimos esse modelo de plataformas como aqueles que estruturam negócios para capturar todo o valor potencial gerado por sua rede de relacionamentos. Esses negócios podem ser próprios ou estruturados por meio de parcerias com terceiros.

A lógica por trás dessa modelagem baseia-se na convicção do potencial de valor gerado por um número expressivo de indivíduos engajados em um ambiente. Muitas vezes, pelo fato de o contexto implicar algum tipo de complexidade para capturar diretamente o valor dessa audiência, são negligenciadas as possibilidades de desenvolver soluções que atendam a interesses e desejos dos participantes dessa rede de relacionamentos.

Já foi citado por aqui um empreendedor que há décadas desenvolveu, com êxito, modelagem similar no ambiente analógico. A arquitetura que Silvio Santos estruturou utilizando canais de mídia para formação de audiência e a monetizando por meio de diversos produtos ou serviços é uma referência clara do potencial desse modelo de negócios.

Além das diferenças que mencionamos entre as plataformas tradicionais e as novas, uma peculiaridade típica desses novos tempos potencializa a oportunidade de projetos com esse perfil. Com a massificação da internet, houve um crescimento das audiências a níveis jamais vistos na história. Um produto de mídia, seja físico ou eletrônico, sempre teve obstáculos importantes para sua disseminação em larga escala. Essas barreiras se concentravam, sobretudo, na dificuldade de distribuição de produtos analógicos. Reflita sobre os investimentos para um canal de televisão expandir sua programação original além de sua região. Em adição ao natural desafio de tradução do idioma nativo, era necessária a construção de uma rede de parceiros para propagar o conteúdo original. Isso envolvia um aparato tecnológico dispendioso e complexo que se tornava tangível por meio de uma rede de satélites, antenas e toda sorte de tecnologia robusta para dar conta da demanda.

Não à toa, o negócio de comunicação, salvo honrosas exceções, evoluiu como um setor repleto de conglomerados regionais que ostentavam um poder expressivo apenas em suas bases locais. Não se formou um *player* global que liderasse todo o segmento de forma dominante, como em outras indústrias.

A internet derrubou essas barreiras tradicionais, levando quase a zero o investimento necessário para distribuir conteúdo regionalmente. Uma boa referência nesse sentido é constatar que, de acordo com estimativas de analistas de mercado, em 2020, a audiência do Facebook, rede social mais popular do planeta, chegou à incrível marca de 3 bilhões de perfis (só no Brasil são 130 milhões, o que confere ao país a posição de terceiro mais popular da plataforma). Estima-se que, diariamente, em média 1,2 bilhões de indivíduos acessem o Facebook em todo o mundo.

Essa nova realidade de robustas e inéditas audiências se consolidou nos últimos vinte anos em todos os países – e no Brasil não foi diferente. O caso do portal Universo On-Line, o UOL, é bastante emblemático sobre como essa rede de relacionamentos pode ser potencializada por meio de uma estratégia similar, mas muito mais poderosa, do que nos idos do Baú da Felicidade.

Para contar a história do UOL, é necessário voltarmos no tempo e explorarmos sua origem. O Grupo Folha da Manhã consolidou-se ao longo das décadas de 1970 e 1980 como um dos principais grupos de mídia do país ancorando sua evolução na *Folha de S.Paulo*, que, desde 1980, assumiu a posição de maior jornal em circulação do país.

Os anos seguintes testemunharam uma evolução galopante do Grupo. Em 1981, seu faturamento era de 51 milhões de dólares. Em 2006, esse montante chegou a 765 milhões de dólares, ou seja, as receitas da empresa foram multiplicadas em quinze vezes.

Trata-se de uma trajetória muito instigante e rica em aprendizados, que mostra a migração bem-sucedida de uma empresa tradicional, líder de um dos setores mais ameaçados pela evolução tecnológica, para um novo patamar graças à leitura adequada dos fundamentos desse novo mundo.

Nessa jornada, é inegável o protagonismo de Luís Frias, filho do sócio controlador do Grupo, Octávio Frias, que começou a atuar profissionalmente na organização em 1981 e assumiu a posição de presidente em 1991. Foi justamente no final da década de 1990 que uma das maiores ameaças para o negócio começou a gerar uma reflexão estratégica profunda por parte dos líderes do negócio: a internet.

Se, por um lado, o potencial da grande rede global representava uma oportunidade incrível para provedores de conteúdo, por outro, já estava claro que se tratava de uma ameaça nas mesmas proporções, já que novos *players* estavam surgindo com modelos de negócios inusitados que desconstruíam os tradicionais padrões vigentes há séculos.

O fantasma da oferta gratuita de conteúdo começava a inquietar quem estava acostumado a gerar parte substantiva de seus proventos graças à venda de jornais avulsos e assinaturas (só para referência: a circulação média paga do jornal na década de 1990, aos domingos, girava em torno de 520 mil exemplares diários).

A primeira reação a essa ameaça foi a fundação do Universo On-Line, um dos primeiros provedores de conteúdo da internet brasileira, no ano de 1996. Inicialmente, o portal consistia na apresentação dos arquivos dos jornais que compunham o Grupo, ancorados no acervo da *Folha de S.Paulo*, com mais de 250 mil textos, além de reportagens traduzidas do jornal *The New York Times* e da revista *IstoÉ*. Além dos conteúdos, o projeto contemplava o serviço de bate-papo, que permitia a seus usuários interagirem entre si por meio da plataforma.

Em termos de aquisição de audiência, o sucesso do projeto foi meteórico. Já em 1999, três anos após seu lançamento, o UOL se consolidou como a maior empresa de conteúdo do país. Atualmente, o portal conta com mais de 90 milhões de visitas únicas em suas páginas todos os meses, o que lhe confere uma posição estratégica no contexto da internet e mídia no país, já que oito em cada dez internautas brasileiros acessam seu conteúdo todos os meses.

A despeito desse êxito inconteste o modelo de negócios não evoluiu conforme as expectativas de seus líderes. Originalmente, o foco de monetização da plataforma seguia uma lógica similar à dos tradicionais modelos de mídia impressa. Nesse caso, são duas as principais fontes de geração de receitas: o preço de aquisição do produto (assinantes ou vendas avulsas em bancas de jornal) e a publicidade (anúncios de propaganda em geral e a seção de Classificados).

A tese desenvolvida quando do lançamento do UOL era que, de acordo com a migração das audiências para a plataforma digital, haveria uma ação similar na movimentação das verbas publicitárias dos grandes anunciantes, que começariam a destinar parte substantiva de seus investimentos em mídia para esse novo canal.

Essa premissa, no entanto, não se configurou conforme planejado. Estranhamente, a migração das receitas publicitárias não aconteceu na mesma proporção do aumento de audiência do ambiente digital. Como se não bastasse esse desafio, ao longo dos anos, surgiu um agravante: o ingresso do Google no contexto da mídia.

Esse movimento não apenas trouxe um novo competidor para essa batalha, mas, sobretudo, uma nova forma de fazer mídia on-line com a chamada publicidade de *adwords*, que se baseia na promoção de anúncios junto ao buscador utilizando a estratégia de seguir palavras-chave relevantes para o negócio do anunciante. Um efeito dessa nova forma de propaganda é que os investimentos publicitários requeridos são expressivamente inferiores ao modelo convencional.

Com isso, o UOL se viu com uma expectativa não atendida agravada por duas frentes de alto potencial destrutivo: a quantidade de anunciantes não migrou para o ambiente digital, ao mesmo tempo que os valores nominais da publicidade despencaram.

Esse movimento por si só já seria desastroso, porém, para que a tempestade ficasse perfeita, a organização perdeu uma de suas fontes de receita importante: o preço de aquisição dos produtos. Na medida em que estabeleceu-se o padrão de oferta de conteúdo gratuito, a empresa, em um longo período de seu projeto, viu-se impossibilitada de cobrar pelo acesso a sua plataforma devido a uma armadilha estratégica: naquela época, já se observava o valor da construção de uma audiência robusta e engajada. Cobrar pelo acesso a esse conteúdo geraria um atrito na formação desse ativo.

Durante um bom tempo de sua trajetória, a organização foi questionada, sobretudo pelo mercado de investidores, acerca de sua capacidade de se desvencilhar dessa encruzilhada. Seria o UOL mais uma vítima do canto da sereia da internet? Mais uma bolha prestes a explodir?

Nem de perto foi o que aconteceu. Quando os líderes do negócio se deram conta de que tinham um ativo de alto valor em suas mãos que poderia ser monetizado de outras formas além do modelo convencional de mídia, abriu-se uma perspectiva que é responsável pelo maior florescimento e prosperidade do Grupo desde sua origem.

A lógica é a seguinte: uma audiência representativa e qualificada tem desejos e demandas não atendidas em larga escala. O tamanho desse mercado em potencial é representado pelo universo de indivíduos da plataforma. A perspectiva de criação de valor e geração de receitas desse negócio é proporcional à capacidade da organização proprietária desse ambiente de estruturar produtos e serviços que atendam a essas demandas e a sua habilidade em engajar seus participantes na aquisição desses bens. Mais uma vez, evidencia-se a lógica da estratégia de plataformas de negócios: o maior ativo desses projetos é sua audiência, tanto em termos quantitativos quanto no que tange a seu nível de engajamento.

Tendo esse insight claro, o UOL começou a pesquisar quais eram as principais demandas de seus milhões de usuários e como poderia atendê-los. Uma das descobertas mais relevantes foi perceber que, devido ao pioneirismo da plataforma na web, ela conquistou penetração forte junto a novos empreendedores, que passaram a se aventurar no ambiente digital para comercializar seus produtos e serviços. Para concretizar essa estratégia, era necessária uma estrutura até então inexistente para esse porte de negócio, representada pela necessidade de construir um e-commerce, hospedar esse espaço em algum servidor, ter ferramentas como e-mails corporativos e assim por diante.

Dessa visão clara de uma demanda não atendida de um universo representativo de indivíduos engajados com seu ambiente, o UOL começou a desenvolver uma série de novos negócios para oferecer a seus clientes.

Em 2006, o Grupo lançou o PagSeguro, cujo principal objetivo é atender ao mercado de e-commerce com soluções de pagamento on-line. Seu foco, desde o início de sua operação, foi um mercado até então totalmente inexplorado pelas grandes empresas do setor financeiro: as pequenas e médias empresas (PMEs) e, posteriormente, os microempreendedores individuais (MEIs). Além de ser um território virgem em termos de opções dessa mesma natureza, a audiência do UOL já contava com uma base expressiva de usuários nesse perfil.

O projeto teve excelente receptividade e uma adesão crescente de novos clientes que viram na nova solução a oportunidade ideal para dar vazão a seus projetos no ambiente digital.

Mobilizada por esse êxito, a organização se encorajou a dar outro passo ousado em sua estratégia, expandindo sua oferta para além do campo digital e lançando, em 2013, sua máquina própria de processamento de cartões, batizada como Moderninha. Para a divulgação desse movimento, promoveu agressiva campanha de marketing ancorada em artistas populares, utilizando mídia massiva. O objetivo era atingir o mesmo perfil de público do projeto, as PMEs e os MEIs, porém expandindo sua atuação para aqueles indivíduos que não estavam em sua rede de relacionamento.

Ancorada pelo êxito inicial do projeto, por campanha massiva e preço acessível, a estratégia foi um sucesso, e o PagSeguro conseguiu atingir um universo representativo de pequenos comerciantes e profissionais liberais como entregadores, motoristas autônomos, entre outros que simplesmente estavam à margem desse mercado e eram ignorados pelos grandes *players* do segmento.

O sucesso do lançamento do projeto PagSeguro foi tão grande que o Grupo UOL decidiu segregar a empresa de sua operação e abrir o capital dessa nova organização de forma autônoma. A demonstração da ambição com esse movimento foi a decisão de realizar essa abertura de capital na bolsa de valores americana Nasdaq, ambiente favorito das maiores empresas digitais do planeta.

Em 2018, o PagSeguro realizou a abertura de seu capital na bolsa americana por meio de uma oferta pública de ações (IPO) e levantou 2,7 bilhões de dólares de investimento, obtendo uma demanda que chegou a ser dez vezes maior que a oferta. A captação foi a maior já realizada por uma empresa brasileira desde abril de 2013, quando o Banco do Brasil listou sua unidade de seguros.

Em 2019, o valor de mercado da PagSeguro foi de 9,7 bilhões de dólares com um faturamento de 5,4 bilhões de dólares e cerca de 2,7 milhões de clientes ativos. Só para uma base de comparação, nesse período, esse valor de mercado é quase similar ao mesmo indicador do Grupo UOL, organização que deu origem a sua maior acionista individual.

Estimulado pelo sucesso dessa estratégia, o Grupo UOL não hesitou em divulgar outros negócios com as mesmas características como o UOL HOST, lançado logo depois do PagSeguro, em 2008, cujo público-alvo é o mesmo, e o UOL EdTech, que oferece cursos on-line sobre os mais diversos temas em uma iniciativa orientada a um público mais geral de usuários de sua plataforma.

As evidências são de que a organização realizará movimentos similares ao realizado com o PagSeguro para esses projetos. Ou seja, acelerar seu crescimento com uma forte base de clientes engajados e, assim que possível, abrir seu capital, captando um investimento robusto para potencializar sua expansão.

É importante observar como a base de toda a estratégia que mudou de patamar um grupo tradicional, em um dos setores que mais recebem questionamentos e dúvidas quanto a sua sobrevivência devido à fragmentação das mídias, está ancorada na formação de uma audiência robusta e engajada. O entendimento do perfil dos indivíduos que participam de sua rede gera inúmeras oportunidades que, se bem articuladas, têm um potencial de crescimento explosivo.

O caso PagSeguro/UOL, no entanto, não é a única referência bem-sucedida desse modelo de plataforma. No capítulo 2, tivemos a oportunidade de apresentar um projeto de uma organização chinesa que seguiu essa mesma lógica: a estruturação de um fundo de investimento do Alipay.

Como comentamos quando apresentamos a forma como a empresa utiliza a gestão de dados como pilar fundamental de seu negócio, os controladores do Alibaba resolveram, tendo em vista o enorme volume de transações geradas no sistema, criar um novo negócio que mais se assemelha a um banco convencional.

A lógica desse novo projeto segue a mesma dinâmica estratégica de todas as plataformas bem-sucedidas e do modelo da estratégia adaptativa: a adequada gestão de dados gera conhecimento profundo das demandas de sua audiência, permitindo inúmeras possibilidades de expansão do negócio.

Entre os principais agentes da plataforma Alibaba estão as empresas que vendem produtos e serviços nesse ambiente. Esses empresários, em geral, têm uma demanda contínua por capital para investir na manutenção e expansão de seus negócios. Os recursos requeridos têm destinações diversas, como garantir um melhor fluxo de caixa ou investimentos necessário para o crescimento do projeto, como diversificar o portfólio de produtos, ampliar suas linhas de produção e assim por diante.

Ao observar essas demandas de capital dos empreendedores usuários da plataforma, seus proprietários tiveram um insight: e se fossem geradas condições para oferecer esses recursos dentro desse ambiente? Assim, essas organizações prosperariam ainda mais, gerando mais negócios na própria plataforma, em um círculo virtuoso que resultaria em ganho para todos os seus agentes. O resultado dessa reflexão foi a criação de um fundo de investimentos orientado a captar recursos financeiros e destiná-los como empréstimo às empresas clientes do Alibaba.

A engenhosidade do modelo arquitetado, no entanto, veio no modelo de negócio estruturado pela companhia, que se traduz na forma como esse fundo foi composto.

Em vez de recorrer ao modelo clássico de captação de investimento junto ao mercado financeiro ou utilizar capital próprio, a organização usou outro ativo estratégico presente em sua plataforma: seus compradores ou clientes finais.

Considerando sua penetração junto a milhões de indivíduos que utilizam seu ambiente para adquirir produtos e serviços em geral, o Alibaba abriu a possibilidade de que todos esses agentes pudessem investir nesse novo fundo, de modo que todo cidadão tenha a possibilidade de participar dessa modalidade de investimento.

Com isso, a plataforma, por meio da gestão das informações coletadas, apenas orquestrou seu maior ativo, sua audiência, na realização de negócios mútuos, sendo recompensada pela diferença de quanto remunera o investidor em relação aos juros pagos pelo tomador dos empréstimos.

Como quase a totalidade das vendas das empresas que solicitam recursos acontece no site, a plataforma tem acesso a seu histórico de transações, com todas as informações necessárias para realizar uma análise de crédito assertiva, diminuindo a probabilidade de inadimplência. A tecnologia, por meio da utilização de algoritmos, contribui na avaliação de risco de cada operação automaticamente, com pouca ou nenhuma interferência humana.

Contribui para a diminuição do risco da operação a onipresença da plataforma nos negócios on-line do país: nenhuma empresa pode correr o risco de estar fora desse ambiente.

O resultado final dessa estratégia: 107 bilhões de dólares em empréstimos, no primeiro ano de operação do projeto, a 4 milhões de pequenas e médias empresas. Esses clientes, fortalecidos, investem mais ainda na venda de seus produtos nos marketplaces do grupo, criando um círculo virtuoso.

O negócio ostenta, ainda, uma inacreditável taxa de inadimplência da ordem de 0,001% do montante total de crédito. A cada 100 mil dólares emprestados, apenas 1 dólar não é recebido pela organização.

Um aspecto absolutamente relevante na análise dessa estratégia é que, ao mesmo tempo que emprestou 107 bilhões de dólares, a empresa angariou 117 bilhões de investimento para seu fundo, proveniente de 152 milhões de pessoas físicas.

Ou seja, os recursos destinados ao financiamento de seus clientes foram realizados com capital de terceiros. A organização não precisou imobilizar um único centavo de investimento para fortalecer seus clientes e ainda ganhou muito dinheiro ao lucrar com a diferença dos juros cobrados para as empresas em relação aos juros pagos aos investidores.

Uma plataforma de negócios bem estruturada que provê interações profundas com uma audiência representativa permite a obtenção de ganhos até então inviáveis nessa dimensão em modelos tradicionais. Uma das virtudes dessa estrutura é seu ganho de escala. Quanto mais tração o modelo atinge, mais interações acontecem, gerando mais oportunidades de monetização da audiência por meio de diversas iniciativas que, em comum, têm uma característica imperativa para seu sucesso: o profundo conhecimento das demandas dos participantes de sua comunidade.

Por esse motivo, nunca é demais reiterar um atributo indispensável para o êxito de qualquer plataforma de negócios: a qualidade e profundidade da interação com seus participantes. Esse é o aspecto fundamental para obtenção do engajamento, que, por seu turno, gerará informações e conhecimento que serão a base para a oferta de produtos ou serviços adequados a suas demandas. Quanto mais assertiva for essa identificação, maior a probabilidade de geração de negócios.

SÍNTESE
Modelo de negócios básico dessa estratégia
Plataformas que estruturam negócios para capturar todo o valor potencial gerado por sua rede de relacionamentos.

Empresas referência no modelo
- PagSeguro/UOL
- Alipay/Alibaba

6. Plataformas que monetizam o valor de sua audiência, permitindo que empresas se relacionem com sua comunidade

Um dos modelos mais clássicos de plataformas de negócios é o das chamadas "plataformas de mídia", ou seja, organizações que adotam o clássico modelo dos veículos de comunicação tradicionais que monetizam seu negócio ao permitir que empresas se relacionem com sua comunidade em contrapartida a investimentos em publicidade.

Esse modelo tradicional, no entanto, foi totalmente transformado com a economia digital, que permite a adoção de múltiplas perspectivas inovadoras no relacionamento entre anunciantes e indivíduos. Um dos principais responsáveis por essa transformação inegavelmente foi o Google, que estabeleceu um novo paradigma no mercado publicitário ao estruturar um mecanismo inédito de acesso a sua comunidade de clientes.

A startup, fundada em setembro de 1998 tendo como foco central a essência da organização, seu buscador, suscitou muitas dúvidas sobre sua capacidade de gerar receitas relevantes. Já havia uma visão estabelecida entre os estudiosos sobre a necessidade de mecanismos para organizar todas as informações geradas na internet, a grande rede que começava a unir o mundo. Não havia, no entanto, uma visão clara de como essas organizações gerariam receita para seu negócio, já que cobrar do usuário final pelo acesso à ferramenta afastaria esse público, diminuindo a abrangência da plataforma.

Curiosamente, o Google não foi o primeiro buscador a surgir no mundo. Já havia iniciativas bem-sucedidas, como o Yahoo! ou o Altavista, porém nenhuma iniciativa foi tão exitosa quanto a startup fundada pelos estudantes da Universidade de Stanford Larry Page e Sergey Brin, que, a despeito das desconfianças iniciais, promoveram a organização ao posto de uma das empresas mais valiosas do planeta.

Esse sucesso está muito relacionado à forma como a empresa se organizou para capturar todo o valor de sua audiência e transformar-se em uma robusta plataforma de mídia adotada por milhões de anunciantes no mundo todo.

No início, o Google implantou o modelo mais tradicional de publicidade, que apenas mimetizava a dinâmica já existente há anos na mídia: a publicação de banners. A dinâmica era simples: os anunciantes tinham a possibilidade de publicar sua mensagem por meio de espaços de anúncios inseridos junto às páginas de resultados de busca mais alinhadas com seu negócio. Esse modelo não explorava todo o potencial da plataforma, na medida em que a correlação com o comportamento de seus usuários se limitava à análise das páginas visitadas, e não com o seu padrão de consumo de conteúdo. Ou seja, o foco estava centrado na exposição das páginas, e não no comportamento do cliente.

Iniciativas inovadoras surgiam com o objetivo de explorar todo o potencial da tecnologia. Uma delas foi a Overture, empresa adquirida em 2003 pelo Yahoo!, que implantou um modelo em que o anunciante pagava apenas pelos cliques gerados em sua publicidade. O valor do clique era definido por um leilão simples: quem pagasse mais pela palavra-chave desejada teria seus anúncios mais bem posicionados. Assim, houve uma alternativa aos banners com os anúncios em textos (modelo consagrado até hoje).

O Google adotou esse modelo lançando a plataforma Google AdWords, atualmente conhecida simplesmente como Google Ads. Foi o início de uma escalada de sucesso com poucos precedentes na história dos negócios. Seguindo o clássico modelo de tração das bem-sucedidas plataformas de negócios, quanto mais buscas eram realizadas, maior o número de informações geradas sobre seus clientes e, como consequência, maior o repertório de possibilidades para os anunciantes que não hesitaram em migrar seus investimentos para o novo negócio.

Essa nova modalidade de publicidade gerou uma ruptura do modelo convencional concentrado nas mãos dos grandes grupos de mídia e acessível, em sua maioria, a empresas de grande porte que tinham mais poder de fogo e disponibilidade de capital para participar desse sistema.

Na medida em que os valores de anúncios foram canalizados a formatos mais focados e dirigidos, houve o acesso de empresas de pequeno e médio porte que encontraram na plataforma uma solução inédita para seus desafios de captação de novos clientes.

O Google, por sua vez, investiu pesadamente em seu algoritmo para que seu motor de buscas evolua de forma cada vez mais inteligente, catalisando não apenas o comportamento atual de seus usuários, mas também demandas futuras.

Em paralelo, as ferramentas oferecidas aos anunciantes começaram a ser organizadas em painéis disponíveis a seus clientes, gerando informações até então inacessíveis a qualquer organização, como o perfil dos clientes que clicam nos anúncios, sua origem, tempo de navegação etc. Todas essas informações analíticas foram concentradas no Google Analytics, plataforma acessível a qualquer anunciante, que oferece todos os dados para otimizar seus investimentos. Esse modelo simplesmente não existia em um mundo onde não havia informações em tempo real sobre o alcance da publicidade inserida em canais de televisão, jornais, rádios e revistas.

O resultado dessa iniciativa se mostra nos resultados atuais da plataforma. Atualmente, são realizadas 1,2 trilhões de pesquisas no Google em todo mundo. Em 2018, mais de 60 mil empresas utilizaram o Google Ads para anunciar seus serviços no Brasil. Estima-se que esses anunciantes tenham ajudado a movimentar cerca de 41 bilhões de reais em atividade econômica no país.

No mundo inteiro, a venda de publicidade rendeu, em 2019, mais de 135 bilhões de dólares ao Google. Os ganhos com publicidade representaram 85% de todo o faturamento da Alphabet, holding que controla todas as empresas do grupo.

A estimativa é de que, em 2019, 37% de todo o gasto com publicidade do mundo tenha passado pelo Google.

Mais uma vez, evidencia-se a necessidade de privilegiar interações em profundidade com os usuários da plataforma para transformá-las em informações passíveis de serem monetizadas.

Da mesma forma, o caso Google demonstra a demanda pelo desenvolvimento de ferramentas sofisticadas oferecidas aos clientes para que facilitem a visibilidade sobre seus investimentos e, como consequência, planejem aumentar o capital destinado à própria plataforma.

Não basta criar o ambiente privilegiando interações se não for possível traduzi-las de maneira simples e transparente aos potenciais anunciantes. Se isso não ocorrer de forma estruturada e acessível, corre-se o risco de a plataforma ser uma cópia do modelo tradicional de mídia já existente, negligenciando todo potencial gerado pela tecnologia.

O tipo de conteúdo utilizado como recurso básico pelo Google para atrair sua audiência foi peculiar e inovador para a época. Esse modelo de plataforma, no entanto, pode adotar diversas estruturas no que tange à matéria-prima utilizada para engajar os participantes do ambiente. Os mais tradicionais são os conteúdos noticiosos, modelo adotado classicamente pelos portais de notícias como o já citado UOL, Terra, entre outros.

Outra possibilidade é o compartilhamento de conteúdo em vídeo, como o caso do YouTube, empresa que pertence à holding Alphabet e que se consolidou como a principal plataforma de vídeos nos últimos anos.

A peculiaridade desse modelo é que os autores dos conteúdos não são os proprietários da plataforma, e sim seus próprios usuários. Essa dinâmica faz com que seja necessária uma estratégia para atrair não apenas o consumidor dos conteúdos, mas também seus produtores, em um modelo similar ao das plataformas que capturam parte do valor transacionado em seu ambiente, cujas referências já apresentadas são o Uber, Airbnb, entre outras.

O modelo de negócios, no entanto, difere das plataformas de mídia desse outro sistema, na medida em que capturam o valor dos anunciantes para se relacionarem com seus usuários.

As populares redes sociais também são referências desse modelo, e aqui cabe um destaque ao Facebook, que, pegando carona no êxito do Google, cresceu adotando um modelo de publicidade até então inexistente: os posts patrocinados.

Chama atenção o fato de o Facebook, no início de sua operação, ser alvo das mesmas desconfianças que recebia o Google acerca de seu modelo de geração de receitas. A despeito do crescimento exponencial da rede social, ainda havia uma descrença no potencial da startup fundada por Mark Zuckerberg em capturar todo o valor de sua comunidade.

Adotando um modelo similar ao Google baseado no incentivo ao incremento da profundidade de interações e quantidade de conexões de cada usuário, o Facebook aprofundou-se no entendimento do comportamento de cada participante de sua comunidade e ofereceu a possibilidade de anunciantes os abordarem por meio de suas mensagens dirigidas.

Reiterando uma informação que mostra o êxito dessa empreitada: cerca de um terço da humanidade se conecta ao Facebook pelo menos uma vez ao mês. A organização soube traduzir essa penetração ímpar na história da humanidade em negócios, e seu faturamento global, em 2019, atingiu a marca de mais de 79 bilhões de dólares, com lucro de cerca de 18 bilhões de dólares.

Um ponto de atenção que não pode ser desprezado nesse modelo de negócios diz respeito aos riscos egressos da privacidade das informações. O próprio Facebook tem passado ao longo dos últimos anos por sérios questionamentos sobre sua gestão dos dados dos participantes de sua comunidade. A demanda crescente por um entendimento mais claro da sociedade sobre o destino de seus dados representa uma ameaça às organizações que atuam exclusivamente com projetos com essas características.

Há uma peculiaridade nesse modelo de plataformas que representa oportunidade muito relevante para empresas que não atuam no setor de mídia. Toda e qualquer organização que tenha uma comunidade representativa que se relaciona com seu negócio pode desenvolver projetos com essas características.

Considerando que o maior ativo de uma plataforma são as informações geradas pelas interações dos indivíduos com seu espaço, todo e qualquer ambiente que tenha uma massa crítica relevante de usuários não apenas em quantidade, mas em profundidade de utilização, tem o potencial de monetizar seu negócio por meio da publicidade gerando uma outra fonte de receita.

A referência citada quando apresentamos o *case* da Amazon, com o Amazon Advertising, é uma demonstração de como as plataformas estão se preparando para aproveitar esse potencial. O fato de ostentar a posição de maior empresa do e-commerce mundial confere à organização a posição de forte indutora de audiência qualificada. Essa perspectiva cria a possibilidade concreta de geração de receita por meio de publicidade dirigida a seu público.

Outras plataformas com as mesmas características começam a dar passos nesse sentido. Reflita, por exemplo, sobre o potencial do iFood no Brasil, que realiza cerca de 27 milhões de entregas de alimentação por mês no país (dados de 2019). O volume de informações qualificadas sobre o comportamento de seus clientes a respeito de seus hábitos de consumo gera oportunidades muito valiosas para as empresas do setor.

Empresas tradicionais que desenvolveram soluções digitais para seu negócio também começam a criar oportunidades para gerar outras fontes de receita com um potencial muito mais abrangente do que aquelas advindas de seu modelo tradicional.

Um caso bastante representativo desse movimento acontece no Brasil com o aplicativo Pão de Açúcar Mais, da varejista homônima. Lançado inicialmente para permitir uma maior interação com seus clientes, o aplicativo recebeu forte impulso para sua expansão quando em junho de 2018 inaugurou a funcionalidade "meu desconto". Por meio desse aplicativo, o cliente tem acesso a descontos exclusivos em produtos alinhados com seu perfil de consumo.

Ao estimular seus clientes com descontos personalizados a seu padrão de consumo, o Pão de Açúcar potencializa a captura de informações qualificadas e fortalece sua comunidade, que em 2018 bateu a marca de 8 milhões de indivíduos (universo de pessoas que baixaram seus aplicativos).

Essas informações permitem à empresa potencializar essa ação, ofertando ao mercado de fornecedores a possibilidade de se relacionar com seu público por meio de anúncios de ofertas de desconto exclusivas.

Com o aprofundamento das interações e conexões realizadas pelo aplicativo, o Pão de Açúcar terá acesso a um volume de informações qualificado e representativo que poderá gerar outros modelos de negócios tão ou virtuosos quanto seu negócio tradicional – ou mais.

Evidências desse movimento podem ser observadas em iniciativas como a parceria estratégica que a organização realizou em novembro de 2018 com a startup Cheftime para a oferta de serviço on-line de assinatura e venda avulsa de kits gastronômicos. No acordo que a varejista realizou com a startup, há uma cláusula que dá o direito de o Pão de Açúcar adquirir o negócio dentro de um período de dezoito meses.

Independentemente do êxito de movimento específicos como esse do Pão de Açúcar, ficam claras as oportunidades geradas pela construção de uma plataforma que ostente um universo representativo de usuários que interagem em profundidade com o ambiente. As informações proporcionadas por essas conexões são valiosas para inúmeras organizações e potencial fonte de receitas para seus proprietários.

SÍNTESE
Modelo de negócios básico dessa estratégia

Proprietária da plataforma monetiza seu negócio, permitindo o acesso para que organizações se relacionem com seus usuários.

Empresas referência desse modelo

- Google
- Facebook
- YouTube

7. Plataformas que cobram para seus usuários utilizarem seus serviços

Esse modelo de plataforma recebe bem menos atenção e, muitas vezes, passa despercebido para a maioria dos indivíduos, porém tem um potencial e tanto, sobretudo no que se refere à inserção de um universo expressivo de empresas que não têm condições de desenvolver suas próprias plataformas e integrar-se a essa dinâmica.

O modelo se configura quando o proprietário de uma plataforma cria toda a estrutura do ambiente e intermedeia o desenvolvimento de ferramentas tecnológicas, além de uma rede de relacionamento com fornecedores e parceiros que são relevantes para outras empresas, os usuários daquele ambiente. Estes últimos remuneram o proprietário da plataforma por utilizar todas as possibilidades geradas dentro daquele espaço.

Essa arquitetura é uma derivação mais contemporânea de um sistema que se configurou há mais de século no mercado empresarial: as associações e as cooperativas. Se fizermos uma reflexão acerca desses dois modelos de reunião de empresas e empreendedores, entenderemos que o principal objetivo quando se reúnem em torno de uma entidade de classe ou outro organismo é se fortalecerem por meio de iniciativas que podem ser institucionais, quando essas instituições representam os interesses dos associados perante diversos grupos de interesse, com destaque para o governo ou iniciativas de natureza mais mercadológica, como aquelas orientadas a prover mais competitividade às empresas associadas àquele contexto, com ações educacionais relacionadas ao incremento da capacidade de gestão dessas organizações, por exemplo.

A tecnologia traz a possibilidade de potencializar o valor criado por essas redes existentes, principalmente, na frente mercadológica, já que permite o compartilhamento de instrumentos e ferramentas que podem, de forma cooperada, incrementar a competitividade das empresas associadas por meio do acesso a sistemas inacessíveis à maior parte das organizações de pequeno e médio porte.

Há um contexto muito representativo que demonstra o potencial desse modelo de plataforma e se traduz justamente nessa questão do acesso à tecnologia por parte de empresas de pequeno e médio porte. É inegável que os recursos requeridos para que uma organização adote a tecnologia em sua plenitude e seja competitiva atualmente ainda representam um desafio para companhias que não têm capacidade de investimento financeiro ou capital intelectual tão grande quanto as maiores. Essa particularidade gera o risco de um número expressivo de organizações ficarem à margem da evolução tecnológica. **Plataformas que conseguem reunir empresas menores coligadas por características similares configuram-se em oportunidades para que, através da união dos recursos investidos por todas as associadas, seja possível resgatar essa competitividade em um ambiente que lhes ofereça as**

ferramentas necessárias para estarem nas mesmas condições que seus concorrentes mais robustos.

No Brasil, uma das referências desse modelo de plataforma de negócios tem atuação no segmento de farmácias. A Federação Brasileira das Redes Associativas e Independentes de Farmácias, a Febrafar, é uma sociedade sem fins lucrativas que foi fundada em 2000. A principal missão da instituição é promover a integração e o fortalecimento da sua rede de associados em todo o território nacional. O principal foco de ação da associação são as farmácias de pequeno e médio porte espalhadas por todo o Brasil.

Atualmente, a Febrafar conta com 57 redes de farmácias em todo país e com mais de 10 mil lojas individuais integradas à rede, atendendo cerca de 3 mil municípios do Brasil. A instituição tem utilizado a tecnologia para apoiar toda essa rede, oferecendo informações de mercados e tendências, ferramentas estratégicas de gestão e ações de capacitação visando tornar seus associados mais competitivos.

Competitividade para pequenas e médias farmácias é o principal recurso estratégico oferecido pela Febrafar. Essa perspectiva ganha contornos mais claros em um segmento que passa por forte concentração nos últimos anos no Brasil com a formação de robustos grupos corporativos que invadiram os principais municípios brasileiros com o conceito de grandes e estruturadas lojas amparadas por forte estrutura de capital e *back office*. Com isso, o setor, que tradicionalmente era dominado por empresas familiares e regionais, mudou dramaticamente sua composição. com a invasão de vultosas redes de drogarias que imprimiram um ritmo de expansão vertiginoso ocupando espaço relevante em todo o território nacional.

Como consequência desse movimento estratégico, as empresas tradicionais começaram a ser ameaçadas de forma determinante, já que as mesmas ferramentas e sistemas de gestão das novas entrantes são inacessíveis e incoerentes com seu porte e sua capacidade de investimento.

O crescimento da Febrafar foi todo ancorado na oferta de uma plataforma com soluções para que essas empresas resgatem sua competitividade e tenham condições de encarar de igual para igual os gigantes do setor.

Uma concretização clara do valor dessa plataforma repousa nas chamadas soluções estratégicas que a instituição oferece aos seus associados:

a) **Sistemas de Inteligência de Dados, que permitem obter todos os dados referentes a compras e descontos realizados por toda rede e entender quais são os valores mais adequados para aquisição de produtos em cada loja.**

b) **Programa de Estratégias Competitivas que permite a concessão individualizada de descontos a cada cliente das lojas em um serviço integrado a um programa de fidelização único a todos os associados.**

c) **Painel de aferição de indicadores que permite que os associados tenham uma melhor gestão em seus principais indicadores de performance, comparando-os com outras referências de empresas similares.**

d) **Sistema Integrado de Gestão, um sistema único que traz ferramentas para gestão integrada das redes de lojas de cada farmácia.**

e) **Sistema Integrado de Compras, que viabiliza compras coletivas por meio da união da demanda de todos os participantes da associação, garantindo maior poder de barganha para essas farmácias devido aos volumes reunidos.**

f) **Acompanhamento corporativo de demanda, que permite uma visão de quais produtos estão sendo mais consumidos e tendências para gerar compras mais assertivas e incrementar o relacionamento com o mercado fornecedor.**

g) ***Business Intelligence Tools*, um sistema de inteligência de dados que cruza informações dos associados com as de mercado na geração de insights relevantes para a gestão do negócio.**

h) **Programa de Gestão da Central, iniciativa que contribui para que o associado adote e utilize todas as ferramentas oferecidas pela Febrafar em seu negócio.**

i) **Instituto Febrafar de Pesquisa de Educação Corporativa, responsável pela promoção do conhecimento junto à rede por meio de pesquisas, palestras, workshops, eventos e outros modelos de aprendizado.**

Para ter acesso à plataforma com esses serviços, o associado paga uma taxa mensal, que se constitui na remuneração do proprietário do ambiente (nesse caso, a Febrafar). O modelo também permite a geração de receita para o proprietário do ambiente por meio do relacionamento com fornecedores e parceiros que auferem ganho por estar em contato com os usuários do espaço.

A principal peculiaridade desse modelo de plataforma de negócios reside na necessidade de uma estrutura muito customizada de soluções que representem um valor claro aos usuários do negócio. O efeito rede aqui também se expressa, já que quanto maior o número de usuários, maior será a capacidade financeira e de acesso a dados e informações para que a plataforma desenvolva mais soluções e atraia mais parceiros estratégicos. Quanto maior o volume de soluções e parceiros, maior a atratividade para novos usuários e assim por diante.

A despeito de não ser um modelo de plataforma tão badalado quanto os anteriores, essa estrutura merece atenção especial, sobretudo considerando o volume de empresas de pequeno e médio porte que almejam e necessitam inserir-se nesse novo ambiente tecnológico e que não conseguem realizar esse movimento de forma autônoma e isolada.

Da mesma forma, essa estrutura pode trazer uma nova perspectiva ao associativismo, na medida em que promove esse conceito de apenas um representante institucional de classe, para uma posição de protagonista na conquista de competitividade para seus associados.

SÍNTESE

Modelo de negócios básico dessa estratégia

Proprietário da plataforma desenvolve ferramentas e estruturas que gerem benefícios a seus usuários, que o remuneram pelo acesso a esse ambiente.

Instituição referência desse modelo

- Febrafar

Empresas tradicionais que desenvolveram soluções digitais para seu negócio também começam a criar oportunidades para gerar outras fontes de receita com um potencial muito mais abrangente do que aquelas geradas em seu modelo tradicional.

CAPÍTULO 16:
AS PLATAFORMAS B2B

Quando exploramos a visão das plataformas de negócios, salta aos olhos a constatação de que os exemplos, em geral, retratam quase que exclusivamente negócios entre empresas e consumidores finais, sistema também conhecido pelo acrônimo B2C (*Business to Consumer*, em inglês). A despeito de existirem referências de ambientes centrados no relacionamento entre empresas, como nos citados exemplos da Febrafar ou até mesmo do Alibaba, cuja origem teve como orientação principal criar um espaço para gerar negócios entre organizações, essas referências não consideram a integração das indústrias nesse contexto com o mesmo vigor.

Essa dinâmica é resultado de uma perspectiva clara: a esmagadora maioria das empresas que atuam no setor industrial simplesmente ignorou a primeira onda da digitalização do mundo.

Elas canalizaram todo o seu esforço em adotar a tecnologia nas suas práticas produtivas, em um movimento que ficou conhecido como Indústria 4.0, caracterizado pela adoção de tecnologias para automação e troca de dados utilizando sistemas como Internet das Coisas (IoT), computação em nuvem, robotização dos equipamentos e assim por diante.

Raras iniciativas, no entanto, se dedicaram a introjetar a visão do mundo digital em seus modelos de negócios repensando toda a estrutura de sua cadeia de valor. Como reflexo de um histórico que teve como base a busca pela eficiência operacional (não esqueça que as grandes protagonistas do ambiente empresarial desde seu surgimento até os anos 2000 foram as indústrias), as companhias concentraram suas iniciativas em mirar para dentro dos muros da empresa, abstendo-se de qualquer reflexão orientada aos limites externos da companhia e seu relacionamento com seus diversos *stakeholders*.

Está claro que o maior desafio para essa migração reside no processo de transformação digital dessas companhias, já que essa transformação tem como um dos principais eixos de desenvolvimento a mudança de modelos de negócios.

A despeito de líderes do setor reconhecerem a importância de sua reinvenção, são incipientes as iniciativas orientadas para a construção de plataformas que compreendam toda a cadeia de valor do negócio.

Estudo publicado em 2017 na *McKinsey Quarterly* intitulado "The Case for Digital Reinvention", de autoria de Jacques Bughin, Laura La-Berge e Anete Melbye, mostra que a digitalização da cadeia de valor é, de todas as frentes da organização, aquela que tem maior possibilidade de geração de retornos promissores segundo a visão dos entrevistados, universo composto de líderes organizacionais de empresas globais.

Paradoxalmente, a digitalização da cadeia de valor, no entanto, está na última colocação das prioridades dos entrevistados, com apenas 2% afirmando que esse é um dos focos prioritários da organização.

A estruturação de uma plataforma de negócios B2B (*Business to Business*, em inglês) representa a oportunidade de reinvenção de toda a cadeia de valor do negócio, com a adoção de tecnologias que são uma nova referência nos níveis de produtividade e otimização em relação ao modelo convencional.

Esse modelo permite a geração de novos valores emanados da conexão dos ativos físicos e digitais da companhia com uma gestão baseada em dados, criando um ecossistema que torna possível a integração entre todos os agentes dessa rede. Uma plataforma de negócios B2B tem o potencial de resultar em uma mudança fundamental na natureza da organização e suas atividades, em seus processos, competências e modelo de negócios, gerando um incremento inédito em seu nível de produtividade.

O ponto fundamental, no entanto, é que essa migração envolve inexoravelmente a transformação digital da companhia. E é aí que reside o maior desafio, pois essa transformação não é somente o mais complexo, mas também o mais crítico desafio que qualquer Indústria encara atualmente.

Da mesma forma com demonstramos que as plataformas de negócios não são novidades no mundo empresarial, as plataformas B2B também já existiam antes mesmo da revolução tecnológica.

Foi na década de 1970 que surgiram no ambiente empresarial os *Electronics Manufacturing Services* (EMS), companhias criadas para fornecerem serviços de design, testes, distribuição, desenvolvimento e reparos de diversos componentes eletrônicos e montagem de equipamentos originais para indústrias em geral.

Até o surgimento dessas organizações, todo o processo de desenvolvimento e manufatura de componentes era realizado dentro das empresas. Esse novo modelo de negócios veio a atender à necessidade de maior flexibilidade para produção de componentes em larga escala. As organizações industriais começaram a apresentar dificuldades em atender ao rápido crescimento da demanda e as EMS foram uma solução para o modelo baseado na economia da escala. Além disso, contribuíram para que as companhias não tivessem de imobilizar seu capital financeiro na manutenção de grandes estoques.

Foi no final dos anos 1990 e início dos 2000 que esse modelo obteve grande alavanca de crescimento muito devido à explosão do consumo de diversos produtos e à adoção desse modelo por companhias do segmento de moda e eletrônicos.

Graças à mão de obra mais barata e expertise na produção, a China ocupou a dominância desse negócio, com cidades como Shenzhen se especializando nesse modelo e se transformando em centros de distribuição para empresas em todo o mundo. Atualmente, existem cerca de 4 mil EMS espalhadas pelos quatro continentes. As mais populares são a Flex Ltda. e a Foxconn, que se popularizou por ser a responsável pela montagem final dos equipamentos iPhone da Apple.

A despeito de essa estrutura não ser uma novidade, ela se diferencia do conceito das novas plataformas B2B na medida em que continua adotando modelos tradicionais em seus fundamentos.

Um dos pensadores que têm se destacado com um pensamento pioneiro acerca das novas plataformas industriais é Richard D'Aveni, professor da Tuck School of Business do Dartmouth College, nos Estados Unidos, eleito pela *Thinkers 50* como um dos principais pensadores do mundo da gestão e autor do conceito *hypercompetition*, presente no já citado livro homônimo (lembre-se de que ele já foi mencionado por aqui na primeira parte do livro, quando o definimos como um dos personagens mais relevantes para a evolução do pensamento sobre estratégia e inovação).

Em 2018, D'Aveni publicou o livro *The Pan-Industrial Revolution: How New Manufacturing Titans Will Transform the World* [A Revolução Pan-Industrial: como os novos titãs da manufatura transformarão o mundo]. Na obra, o autor apresenta as bases de um modelo superior de estrutura para as plataformas industriais intitulado como pan-industrial: um sistema que usa a tecnologia digital para conectar diversos negócios em todo o mundo, sem fricção, configurando-se como uma unidade de produção interconectada.

D'Aveni é categórico ao afirmar que existem evidências de que esse novo modelo dominará a economia global nas próximas duas ou três décadas, gerando mudanças sem precedentes, com um impacto que se estenderá por todo o universo das empresas que atuam no setor industrial. Essa é uma perspectiva muito mais estruturante, que vai bem além daquelas promovidas pelos defensores da Indústria 4.0.

Essas novas plataformas industriais têm em sua essência uma forma totalmente nova de criação de valor. Elas ajudam empresas a gerenciar complexas e diversificadas operações, criando gigantes redes mundiais que ligam e habilmente controlam centenas de processos, gerando um nível de eficiência sem precedentes, ao mesmo tempo que abrem inúmeras oportunidades de negócios com níveis de flexibilidade, diversificação e tamanho impensáveis no passado.

Esse novo modelo responde às demandas da nova estratégia adaptativa, pois é um aliado no processo de conquista de maior agilidade para as organizações, já que desmobiliza a necessidade de investimento em capital fixo e ativos imobilizados.

Ao mesmo tempo, todo o processo tem como eixo central a gestão baseada em dados, que será decisiva para o processo de tomada de decisões e orquestração dos diversos agentes participantes da cadeia de valor da organização.

Entendendo que um dos maiores ativos de uma empresa é sua conexão com seu cliente (*customer centricity*), o processo produtivo pode ser todo descentralizado, mantendo o foco e a energia da companhia em como gerar uma experiência extraordinária a esse agente (*Jobs to Be Done*). A empresa não tem a propriedade da cadeia de valor, e sim orquestra seus diversos agentes (sobretudo, seus fornecedores).

O tradicional modelo já adotado classicamente por empresas como a Nike e mais recentemente a já mencionada Apple ganha um reforço de peso advindo das novas tecnologias, com destaque para as de comunicação, que permitem a gestão de inúmeros fornecedores concomitantemente e a impressão em 3D, que reduzirá barreiras físicas para a produção de produtos totalmente customizados.

As novas tecnologias de manufatura estão rapidamente adquirindo qualidade, velocidade e eficiência necessárias para produção em massa de produtos em certas indústrias de vanguarda, superando plantas industriais tradicionais que sempre se basearam na economia de escala que beneficiou durante muito tempo empresas gigantes.

A integração da cadeia de valor tão adotada pelas empresas tradicionais é, definitivamente, posta em xeque, já que resulta em menos agilidade no processo produtivo e de tomada de decisões. O sistema interconectado baseado em informações permite uma maior assertividade nesse processo e a flexibilidade de gerenciar inúmeros fornecedores espalhados em todo o mundo.

Ainda segundo D'Aveni, as emergentes plataformas industriais utilizam o poder do *big data*, *machine learning* e inteligência artificial para tornar o processo de manufatura mais eficiente do que nunca.

As novas plataformas industriais representam uma ameaça às indústrias existentes que optarem por continuar aferradas ao modelo tradicional. Essa ameaça advém não somente dos ganhos de produtividade que essas empresas tradicionais não conseguem capturar com suas estruturas clássicas, mas também do surgimento de novas organizações atuando no modelo digital que, por meio da oferta de serviços baseados em informações, tendem a *comoditizar* os *players* consolidados, que podem ficar distantes dos clientes e alijados do processo de criação de valor a esse agente, mantendo-se apenas concentrados na entrega de seus produtos ou serviços básicos.

Por outro lado, a orquestração das diversas tecnologias disponíveis permite que toda empresa desenvolva sua plataforma industrial para atender à sua cadeia de valor, gerando novos modelos de negócios. A tecnologia pode contribuir para que essas organizações sejam muito mais do que fornecedoras de insumos e migrem para um modelo de integração de serviços.

Existem duas variações possíveis para a estruturação de plataformas de negócios B2B:

a) **Aquelas que se organizam para oferecer seus serviços a outras empresas.**

b) **As plataformas proprietárias, que se organizam para oferecer seus serviços ao próprio grupo a que pertencem.**

Em sua obra, D'Aveni cita o exemplo da Jabil, organização que se enquadra na primeira referência de plataformas B2B: aquelas que prestam serviços a outras organizações.

A Jabil foi fundada em 1966 e evoluiu para o modelo de EMS. Atualmente, a empresa fatura cerca de 19 bilhões de dólares e conta com cerca de 200 mil colaborares espalhados em mais de cem instalações próprias localizadas em 29 países do mundo.

Em sua origem, a empresa concentrou-se no segmento de eletrônicos, porém expandiu sua ação para outros setores, como automobilístico, farmacêutico, aeroespacial e defesa.

Sua atuação vai além da produção de componentes em geral para seus clientes. Integrando-se a inovação e o desenvolvimento de projetos, ela oferece suporte que vai das atividades de execução de P&D (Pesquisa

& Desenvolvimento) e design de produto até o desenvolvimento de embalagens e distribuição dos bens produzidos.

Desde sua origem, a Jabil cresceu aprendendo como viabilizar qualquer coisa para qualquer organização utilizando os métodos tradicionais de manufatura. Toda a evolução inicial do negócio teve como foco essa estrutura.

Com o tempo, no entanto, a organização se deu conta do potencial de adoção de novos métodos utilizando ferramentas digitais inovadoras. A companhia continua a se posicionar como uma plataforma de negócios B2B, no entanto, com a utilização de recursos avançados tendo como base a tecnologia, ela criou um novo paradigma no processo de criação de valor a seus clientes.

No centro nervoso de todo o sistema produtivo da organização encontra-se o Jabil InControl, sistema de monitoramento, controle, conexão e otimização dos sistemas de manufaturas globais da empresa.

É por meio desse sistema e suas dezoito aplicações que os líderes da organização conseguem rastrear a produção de cada um dos centenas de milhares de componentes que a empresas produz ou gerencia em todas as suas plantas. Além de suas instalações, a Jamil gerencia mais de 17 mil fornecedores ativos.

A gestão de todos os atores da cadeia de valor da companhia acontece dentro do sistema, que proporciona agilidade no processo de tomada de decisões baseado nas informações geradas nesse ambiente virtual. Respondendo às informações oriundas do sistema, seus líderes podem realocar rapidamente os componentes e modificar os processos de acordo com às necessidades.

O InControl analisa mais de 7 milhões de diferentes tipos de matérias-primas e partes de equipamentos utilizadas em uma lista de riscos que muda dinamicamente de acordo com os atributos requeridos atrelados às características dos clientes da empresa.

A aplicação de risco do sistema quantifica os riscos de cada operação, analisando os gargalos e as redundâncias existentes em sua rede de possibilidades. Com as informações geradas, o próprio sistema aloca, de forma inteligente e dinâmica, a produção de acordo com uma análise preditiva, diminuindo os riscos de rupturas no processo produtivo.

A produção de cada componente pode ser destinada ou para as unidades fabris proprietárias, ou para aquele fornecedor com melhores condições de entregar o resultado requerido. Não importa qual alternativa será selecionada, desde que ela cumpra a pré-condição de ser a melhor solução para aquela demanda.

Com isso, em mecanismo similar ao existente nos marketplaces, as plantas proprietárias da Jamil concorrem com outras organizações dentro de seu próprio ambiente, em uma dinâmica que evidencia a prioridade da organização: atender às demandas de seus clientes, não importa se com uma alternativa proprietária ou de terceiros.

Com o amadurecimento do projeto, a plataforma evoluiu para uma oferta de serviços que vai muito além do convencional. O Jamil InControl conta com funcionalidades como as que calculam a viabilidade financeira dos fornecedores disponíveis e apresenta uma análise dos riscos financeiros gerados na seleção de um fornecedor que está com a tendência de entrar em recuperação judicial, por exemplo.

Além disso, o sistema rastreia nas redes sociais o que clientes estão comentando sobre os produtos, o que gera informações cruciais sobre tendências de demanda que influenciam na produção e formação de estoques.

O software tem uma funcionalidade de simulação que apresenta análises mostrando cenários possíveis de realocação de plantas, mudanças de *mix* de produtos, programação de pedidos etc.

Esse conjunto de aplicações contribui para a tomada de decisões estratégicas de seus clientes e migra a posição da Jamil de organização integradora de produção para provedora de informações estratégicas a seus clientes.

Todo esse processo é resultado da transformação digital da companhia, que tomou a decisão de incorporar a tecnologia como parte central de seu negócio. Essa arquitetura é resultante da evolução tecnológica, já que só se tornou viável graças aos avanços em tecnologias como computação em nuvem, conectividade móvel, *big data* e inteligência artificial, que contribuíram decisivamente para o desenvolvimento de um sistema rápido e com alta capacidade de processamento de dados.

O potencial criado pela plataforma estruturada pela Jamil permite uma revolução sem precedentes no contexto industrial. Uma das perspectivas geradas por essa ação é propiciar a desintermediação da cadeia de valor com as indústrias, tendo condições de acessar diretamente seus clientes finais sem a necessidade de um distribuidor representado, via de regra, pelas empresas do varejo.

Esse movimento é viável graças às possibilidades de customização massiva de produtos gerados por meio da coleta de informações do consumidor. A plataforma B2B, no caso a estrutura da Jabil, pode ocupar o papel do intermediário, oferecendo os insumos necessários (informações qualificadas) para as indústrias acessarem diretamente seus consumidores finais.

Uma outra tecnologia que já faz parte da plataforma Jamil tem um potencial ainda maior de revolucionar esse sistema, proporcionando um crescimento exponencial da produtividade das organizações: a impressão em 3D. Com a utilização em escala dessa tecnologia, será possível fornecer componentes altamente customizáveis para produções em larga escala de forma totalmente descentralizada, reduzindo os custos totais de produção e logística.

Plataformas B2B como a Jamil transformam todo o modelo clássico de manufatura na medida em que vão muito além de contribuir para as indústrias obterem mais ganhos de escala com a terceirização de sua produção. Indo muito além desse benefício, esses sistemas contribuem para que seus clientes incrementem drasticamente suas habilidades de planejar, gerenciar e otimizar toda a sua operação.

As novas plataformas B2B atuam como organizadoras de todos os agentes da cadeia de valor, gerando informações qualificadas que otimizam os processos produtivos a níveis inéditos e orquestram todas as unidades produtivas disponíveis, que são gerenciadas com assertividade e otimização por meio de gestão de informações e dados.

Essas novas estruturas redefinem o conceito de escala e escopo convencional. Se no modelo tradicional a única forma de obter escala era por meio da produção em grandes quantidades de produtos padronizados, a tecnologia atual introduz a lógica da customização em massa do processo produtivo.

O software calcula o *mix* ótimo de escala e escopo para atingir os objetivos de crescimento e rentabilidade da companhia. O poder de análise de *big data*, inteligência artificial, *machine learning* e da comunicação digital torna possível companhias crescerem em proporções gigantescas ao mesmo tempo que têm um portfólio hiperdiversificado. Tudo isso sem tornarem sua gestão complexa com um sem-número de controles e processos manuais.

Equipadas com informação, as plataformas B2B automatizam diversas decisões que atualmente requerem uma alta capacidade de competências de seres humanos. Os sistemas permitem a geração de decisões mais assertivas em todos os níveis do processo produtivo em tempo real.

Os benefícios desse modelo, no entanto, também estão disponíveis a indústrias já existentes que têm a opção de construir as próprias plataformas com o objetivo de atender a suas demandas de ganho de eficiência e produtividade.

Uma boa referência desse modelo, também citada por D'Aveni em sua obra, é a plataforma desenvolvida pela Zara, empresa espanhola que atua no setor fabril globalmente.

Em 2019, a companhia faturou 18,4 bilhões de dólares, produzindo mais de 500 milhões de peças. A organização atua no segmento que ficou conhecido como *fast fashion*, que envolve o lançamento de novos produtos a preços acessíveis com alta frequência respondendo rapidamente às tendências emergentes do mercado de moda que evoluem com uma velocidade cada vez maior.

O desafio da Zara compreende uma complexidade logística enorme, já que deve abastecer com agilidade mais de 2 mil lojas espalhadas em 88 países em todo o mundo.

Para implantar essa estratégia com êxito a companhia, mesmo adotando uma cadeia tradicional de manufatura (por exemplo, ainda não utiliza a impressão em 3D), estruturou uma plataforma global digital que lhe confere eficiência operacional e agilidade notáveis.

O centro nervoso dessa plataforma fica no quartel-general da empresa, localizado em La Coruña na Espanha. É lá que uma equipe de analistas estuda as movimentações diárias das lojas de todo o mundo. Baseado nessas informações, o time gera orientação para os trezentos designers da empresa, cuja função é traduzir as ideias mais quentes em roupas acessíveis para entregar rapidamente nas lojas Zara.

O resultado é o encurtamento do ciclo de produção da companhia a níveis extraordinários. O ciclo convencional, desde o processo de ideação das roupas até a disponibilização nos pontos de vendas, que levaria meses pelo modelo tradicional, acontece em vinte e um dias ou menos.

Todo o processo é orquestrado por tecnologia. A empresa é pioneira no uso de ferramentas digitais para organizar um sistema produtivo complexo que envolve diversas atividades realizadas por empresas espalhadas nos quatro cantos do mundo.

O processo de definição das condições comerciais e de preço dos produtos é de responsabilidade da matriz, que utiliza o sistema para a realização de análises que têm como base os custos totais das mercadorias (inclusive os de logística), as condições competitivas em relação aos concorrentes regionais e os resultados requeridos para atingir as metas globais da companhia.

De acordo com as demandas produtivas de cada produto, o sistema estabelece quais são os fornecedores mais adequados em todo o mundo. A produção é definida de acordo com as especificidades de cada fornecedor, não importa onde ele esteja. Cabe ao sistema central também todo o controle de qualidade dos produtos fornecidos. Os feedbacks desse processo retroalimentam o sistema com informações que ajudam a qualificar mais adequadamente cada fornecedor.

Essa plataforma é essencial para garantir a competitividade da companhia, já que agiliza o processo de tomada de decisões e velocidade na logística da empresa. Esses atributos geram um posicionamento superior da empresa em relação a seus competidores. Sem esse sistema integrado de informações, a organização não obteria esse posicionamento mercadológico e sua eficiência operacional limitaria a expansão do negócio.

A estratégia adaptativa se evidencia na plataforma B2B proprietária da Zara, pois em sua essência está o comportamento do consumidor, e toda a sua arquitetura é estruturada para a obtenção da agilidade necessária para entregar valor a seus clientes, que se traduz na entrega rápida de produtos integrados às principais tendências do mercado de moda mundial. **Alimentando todo esse sistema, está a gestão de informações qualificadas, que garante maior assertividade nas decisões e resulta na alocação ótima de esforços e na utilização de fornecedores de acordo com a análise de milhares de variáveis geradas pela plataforma.**

Definitivamente, existe uma oportunidade relevante proveniente da integração das empresas do setor industrial com todo o potencial conferido pelas novas tecnologias na formação de plataformas de negócio.

Essa oportunidade pode gerar tanto estruturas como a da Jabil, que fornecem seus serviços a organizações de todos os segmentos, quanto como a da Zara, que foi montada para atender às suas próprias demandas (aqui cabe uma observação: o potencial da arquitetura da empresa espanhola é tão relevante que pode criar um outro negócio destinado a oferecer os serviços de sua plataforma a outras companhias, em um modelo conhecido como *spin off*).

O movimento rumo às plataformas B2B tende a se acentuar graças às características de um ambiente cada vez mais imprevisível, incerto e instável. Esse contexto empurrará as organizações para a busca de uma eficiência operacional drasticamente superior aos níveis que conhecemos.

Todo o sistema tende a mudar de um modelo centralizado, com instalações proprietárias baseadas em capital intensivo, lentas e caras, para outro caracterizado por unidades de produção muito mais eficientes, coordenadas por plataformas B2B digitais, que aliam a necessidade de menos capital intensivo ao mesmo tempo que são mais descentralizadas e flexíveis.

O crescente aumento dos níveis de competitividade está demandando a migração de estruturas caracterizadas por cadeias de valor longas e complexas, focadas em produtores de baixo custo para outras mais simples, ágeis, descentralizadas, que propiciam reduções drásticas em custos de logística e tempo de entrega. O isolamento imposto pela Covid-19 mostrou a relevância da proximidade com o cliente e da rápida adaptação para responder quase instantaneamente às mudanças do mercado.

O digital não pode mais ser encarado simplesmente como um canal de vendas por essas organizações. Ele deve estar introjetado nas entranhas do negócio, e as plataformas B2B permitem estruturar ecossistemas digitais caracterizados por vastos, interconectados e diversificados negócios que compartilham entre si estruturas, informações de mercado sobre suprimentos e demandas, tecnologia, mudanças comerciais e financeiras, e conhecimento sobre o consumidor, gerando uma rede inteligente e poderosa.

Como já mencionado, esse sistema tende a crescer exponencialmente na medida em que a tecnologia de impressão em 3D, que ainda é encarada como um negócio artesanal, restrito a pequenos produtores e quantidades limitadas, amplia sua extensão e gera inúmeras e descentralizadas plantas de distribuição, permitindo aliar personalização da produção em escalas industriais.

Como definido por Richard D'Aveni, a era atual se caracteriza pela superconvergência com a digitalização, permitindo a interação vertical das cadeias de valor. Essas estruturas proporcionam ganhos de sinergias que as corporações do passado ou aquelas que não adotarem os novos modelos nunca conseguirão ter.

Em um ambiente no qual as fronteiras entre funções do negócio, divisões departamentais, corporações, mercados e segmentos estão derretendo – e tendem a desaparecer –, as plataformas B2B são um modelo com potencial de capturar todo o valor potencial criado nesse novo contexto.

A estruturação de uma plataforma de negócios B2B (Business to Business, em inglês) representa a oportunidade de reinvenção de toda a cadeia de valor do negócio, com a adoção de tecnologias que representam uma nova referência nos níveis de produtividade e otimização em relação ao modelo convencional.

PLATAFORMAS

① PLATAFORMAS QUE LUCRAM AO CAPTURAR, DIRETAMENTE, PARTE DO VALOR TRANSACIONADO EM SEU AMBIENTE

É nesse modelo que uma organização desenvolve uma rede de relacionamentos poderosa e a monetiza fomentando as conexões entre vendedores/produtores com consumidores/usuários. A forma de geração de receita usual para o proprietário da plataforma são as comissões geradas por essas transações. O pioneiro desse tipo de plataforma é Steve Jobs com a Apple e outros exemplos Uber, Airbnb, 99, iFood e GymPass.

② PLATAFORMAS QUE COMERCIALIZAM PRODUTOS OU SERVIÇOS PARA SUA COMUNIDADE

São plataformas que engajam uma audiência representativa e auferem ganho direto ao comercializar a seus participantes ofertas diversas chanceladas pela forte penetração e influência que têm junto a esse público. Nessa categoria, dois tipos de projetos merecem destaque: as plataformas que têm um perfil de consolidadora de mercado e aquelas que atuam como curadoras. Pão de Açúcar, Casas Bahia, Wine, Empiricus e demais clubes de assinaturas são empresas referências para esse modelo.

③ PLATAFORMAS MISTAS

São plataformas que mesclam aspectos das duas categorias anteriores. Ou seja, são plataformas que auferem ganho direto pela venda de produtos ou serviços para sua audiência, mas também geram receita por meio da articulação da conexão entre produtores e consumidores de seu ambiente. Essa dinâmica ocorre na maioria dos marketplaces. Também podem ser consolidadoras ou curadoras. Exemplos do modelo são Amazon, Magalu e Submarino.

④ PLATAFORMAS QUE CAPTURAM VALOR DIRETAMENTE DOS USUÁRIOS QUE FAZEM PARTE DE SEU AMBIENTE E CONSOMEM SEUS CONTEÚDOS

São plataformas cujos espaços engajam uma audiência significativa por meio de seus conteúdos e auferem ganho financeiro com a arrecadação direta de seus participantes, que a remuneram para terem acesso a esse ambiente. Seus conteúdos podem ser de autoria do proprietário da plataforma ou de terceiros. O fundamento principal desse modelo reside em prover um conteúdo altamente relevante para seus participantes em um espaço que estimule suas interações. Os principais exemplos são Netflix, Spotify e Epic Games (Fortnite).

⑤ PLATAFORMAS QUE ESTRUTURAM NEGÓCIOS PRÓPRIOS PARA CAPTURAR O VALOR GERADO POR SUA REDE DE RELACIONAMENTOS

São plataformas que estruturam negócios para capturar todo o valor potencial gerado por sua rede de relacionamentos. Esses negócios podem ser próprios ou estruturados por meio de parcerias com terceiros. Como referências temos PagSeguro/UOL e Alipay/Alibaba.

⑥ PLATAFORMAS QUE MONETIZAM O VALOR DE SUA AUDIÊNCIA PERMITINDO QUE EMPRESAS SE RELACIONEM COM SUA COMUNIDADE

São as chamadas "plataformas de mídia", ou seja, organizações que adotam o clássico modelo dos veículos de comunicação tradicionais que monetizam seu negócio ao permitir que empresas se relacionem com sua comunidade em contrapartida a investimentos em publicidade. As referências para este modelo são Google, Facebook e YouTube.

⑦ PLATAFORMAS QUE COBRAM PARA SEUS USUÁRIOS UTILIZAREM SEUS SERVIÇOS

Nesse modelo, o proprietário de uma plataforma cria toda a estrutura do ambiente e intermedeia o desenvolvimento de ferramentas tecnológicas, além de uma rede de relacionamento com fornecedores e parceiros que são relevantes para outras empresas, os usuários daquele ambiente. Estes últimos remuneram o proprietário da plataforma por utilizar todas as possibilidades geradas dentro daquele espaço. Uma instituição referência para esse modelo é a Febrafar.

⑧ PLATAFORMAS B2B

Acrônimo de *Business to Business*; essas plataformas alteram toda a cadeia de valor do negócio, adotando tecnologias e automatizando decisões com o objetivo de otimizar os níveis de produtividade em relação ao modelo convencional. Esse modelo permite a geração de novos valores emanados da conexão dos ativos físicos e digitais da companhia com uma gestão baseada em dados, criando um ecossistema que torna possível a integração entre todos os agentes dessa rede. Podem ser categorizadas em: aquelas que se organizam para oferecer seus serviços a outras empresas; ou plataformas proprietárias, que se organizam para oferecer seus serviços ao próprio grupo a que pertencem, como a Jabil InControl e a Zara.

CONCLUSÃO:
BEM-VINDO A UM MUNDO NOVO!

O título da conclusão de nossa obra *Gestão do amanhã* fazia um otimista convite ao leitor: "Bem-vindo ao admirável mundo novo".

Não se tratava de uma alusão à magnifica distopia homônima de Aldous Huxley, mas da perspectiva concreta de que vivemos no mundo das possibilidades resultante do avanço tecnológico e das transformações advindas dessa dinâmica.

A pandemia de Covid-19 impôs à humanidade perdas severas. As vidas humanas foram as mais dramáticas, mas o vírus também impôs desafios inéditos para a sociedade, sobretudo a uma de suas fontes de geração de riqueza mais relevante: as organizações.

Como exploramos na Apresentação desta obra, o processo acelerado de transformações já estava em curso antes mesmo desse fenômeno. No entanto, quando ele eclodiu, testemunhamos uma dinâmica avassaladora que confronta inúmeros modelos e verdades absolutas sedimentadas há mais de cem anos.

É difícil e inapropriado extrair pontos positivos em uma situação tão grave quanto a deflagrada por uma das maiores pandemias da história da humanidade. Temos, sim, de extrair lições, aprendizados, referências sobre o fenômeno de modo a nos adaptar a esse novo mundo.

Um dos aprendizados mais relevantes diz respeito à necessidade imperativa de nos adaptarmos a um ambiente extremamente incerto, instável e imprevisível.

As bases das organizações tradicionais não foram fundamentadas neste mundo. Nosso conhecimento não foi fundamentado neste mundo.

É imperativo reconhecer essa premissa para termos a licença de reinventar nossas organizações iniciando esse processo por nós mesmos: é o momento de nos reinventarmos.

Nosso principal objetivo foi trazer uma contribuição importante sobre como as empresas podem se posicionar de forma exitosa neste desafiante ambiente adotando um novo pensamento estratégico.

A estratégia adaptativa, cujas bases foram estruturadas antes mesmo da Covid-19, traz a adaptação à imprevisibilidade em sua essência (não à toa foi batizada dessa forma).

É forçoso reconhecer que o modelo estratégico convencional não dá conta deste novo mundo. Seus pilares foram estruturados visando à estabilidade. Suas estruturas vão ao encontro do foco no comando e controle. Se essa perspectiva já era uma abstração havia anos, agora, então, tem contornos que beiram o surreal.

O novo pensamento estratégico traz o frescor do novo sem se abster do essencial. É por isso que em seu coração está a centralidade no cliente ou o *Jobs to Be Done*, conceito onipresente em nossa obra. Essa perspectiva, no entanto, deve vir acompanhada de um sistema que preze pela agilidade, pela gestão baseada em dados e por uma cultura organizacional que apoie a dinâmica do ambiente em mutação.

Confrontar o status quo e as convicções forjadas há tempos não é sinônimo de jogar fora tudo o que foi construído até agora. Pelo contrário: a transformação acontece a partir dessa essência.

Nós nos reinventamos para ter a possibilidade e a honra de sermos os primeiros a apresentar uma nova maneira de pensar a estratégia em um mundo exponencial.

Concluímos esta obra com uma recomendação: transforme-se. Reinvente-se. Faça isso a partir de sua essência, de todo o seu conhecimento e sua visão do mundo. Faça isso com a coragem de abandonar aquelas certezas que já não o levam a lugar algum.

Mais do que um ato de coragem. É um ato de humildade.

É esse binômio – coragem e humildade –, atuando de forma integrada, que nos levará à evolução perante esse novo mundo.

Que sejamos competentes para fazer essa travessia. Que sejamos felizes, acima de tudo!

Bem-vindo a um mundo novo!

Bem-vindo à era da estratégia adaptativa!

ÍNDICE GERAL DE EMPRESAS CITADAS NO LIVRO

REFERÊNCIAS

ANSOFF, I. **Corporate Strategy**: An Analytic Approach to Business Policy for Growth and Expansion. Nova York: McGraww-Hill, 1965.

BERGER, W. **Uma pergunta mais bonita.** São Paulo: Aleph, 2019.

BUGHIN, J.; LABERGE, L.; MELBYE, A. The Case for Digital Reinvention, **McKinsey Quarterly**, 9 fev. 2017. Disponível em: https://www.mckinsey.com/business-functions/mckinsey-digital/our-insights/the-case-for-digital-reinvention. Acesso em: 20 ago. 2020.

CHAMBERS, J. **Connecting the Dots**: Lessons for Leadership in a Startup World. Nova York: HarperCollins, 2018.

CHANDLER, A. **Strategy and Structure**: Chapters in the History of the Industrial Enterprise. Eastford: Martino Fine Books, 2013.

CHRISTENSEM, C. M.; RAYNOR, M. E. **O crescimento pela inovação:** como crescer de forma sustentada e reinventar o sucesso. São Paulo: Editora Campus, 2003.

CHRISTENSEN, C. M. *et al.* **Muito além da sorte**: processos inovadores para entender o que os clientes querem. São Paulo: Bookman, 2018.

CHRISTENSEN, C. M. **O dilema da inovação:** quando as novas tecnologias levam empresas ao fracasso. São Paulo: M.Books, 2019.

D'AVENI, R. **Hypercompetition**: Managing the Dynamics of Strategic Maneuvering. Nova York: Free Press, 1994.

_____. **The Pan-Industrial Revolution**: How New Manufacturing Titans will Transform the World. Boston: Houghton Mifflin Harcourt, 2018.

DRUCKER, P. **Uma era de descontinuidade**: orientações para uma sociedade em mudança. 3. ed. Rio de Janeiro: Zahar, 1976.

_____. **The concept of the Corporation**. Abingdon: Routledge, 1993.

_____. **Managing for Results**: Economic Tasks and Risk-Taking Decisions. Nova York: HarperCollins, 2006.

_____. **Inovação e espírito empreendedor:** práticas e princípios. São Paulo: Cengage Learning, 2016.

FAYOL, H. **Administração industrial e geral.** 10. ed. São Paulo: Atlas, 1990.

FILGUEIRAS, M. L. **Na raça**: como Guilherme Benchimol criou a XP e iniciou a maior revolução do mercado financeiro brasileiro. Rio de Janeiro: Intrínseca, 2019.

GROVER, A. **Só os paranoicos sobrevivem**: como tirar proveito das crises que desafiam carreiras e empresas. São Paulo: Futura, 1998.

GROYSBERG, B. *et al.* The Leader's Guide to Corporate Culture. **Harvard Business Review**, Boston, jan./fev. 2018.

HAMEL, G.; PRAHALAD, C. K. Strategic Intent. **Harvard Business Review**, Boston, jul./ago. 2005. Disponível em: https://hbr.org/2005/07/strategic-intent. Acesso em: 19 ago. 2020.

HAMMER, M.; CHAMPY, J. **Reengineering the Corporation:** A Manifesto for Business Revolution. Nova York: Harper Business, 2006.

IANSITI, M.; LAKHANI, K. R. **Competing in the Age of AI**: Strategy and Leadership When Algorithms and Networks Run the World. Brighton: Harvard Business Review Press, 2000.

ISMAIL, S.; MALONE, M.; VAN GEEST, Y. **Organizações exponenciais**: por que elas são 10 vezes melhores, mais rápidas e mais baratas que a sua (e o que fazer a respeito). Rio de Janeiro: Alta Books, 2018.

KIECHEL, W. **Os mestres da estratégia**: a história das mentes brilhantes que inventaram o pensamento estratégico e revolucionaram o mundo dos negócios. Rio de Janeiro: Elsevier, 2011.

MAGALDI, S.; SALIBI NETO, J. A empresa como plataforma de negócios. **HSM Management**, São Paulo, maio./jun. 2016.

_____. **Gestão do amanhã**: tudo o que você precisa saber sobre gestão, inovação e liderança para vencer na 4ª Revolução Industrial. São Paulo: Editora Gente, 2018.

_____. **O novo código da cultura**: vida ou morte na era exponencial. São Paulo: Editora Gente, 2019.

_____. **O que as escolas de negócios não ensinam:** insights sobre o mundo real de gladiadores da gestão. São Paulo: Alta Books, 2019.

MARSHALL, V.; PARKER, G.; CHOUDARY, P. Pipelines, plataformas e novas regras de estratégia. **Harvard Business Review**, Boston, abr. 2016. Disponível em: https://hbrbr.com.br/pipelines-plataformas-e-novas-regras-de-estrategia/. Acesso em: 19 ago. 2020.

MCGRATH, R. **O fim da vantagem competitiva**: um novo modelo de competição para mercados dinâmicos. São Paulo: Elsevier, 2013.

MCGRATH, R.; MACMILLAN, I. Discovery-Driven Planning. **Harvard Business Review**, Boston, jul./ago. 1995.

MINTZBERG, H. **Strategy Safari:** Your Complete Guide Through the Wilds of Strategic Management. 2. ed. Toronto: Pearson Education, 2008.

_____. **The Rise and Fall of Strategic Planning.** Nova York: Free Press, 1994.

NONAKA, I.; TAKEUCHI, H. The New Product Development Game, **Harvard Business Review**, Boston, jan. 1986

OSTERWALDER, A.; PIGNEUR, Y. **Business Model Generation**: inovação em modelos de negócios. São Paulo: Alta Books, 2011.

PARKER, G.; VAN ALSTYNE, M. W.; CHOUDARY, S. **Plataforma**: a revolução da estratégia. São Paulo: Alta Books, 2019.

PORTER, M. Note on the Strucutural Analysis of Industries. **Harvard Business School Background Note 376-054**, Boston, set. 1975.

_____. **Vantagem competitiva:** criando e sustentando um desempenho superior. São Paulo: GEN Atlas, 1989.

_____. **Estratégia competitiva:** técnicas para análise de indústrias e da concorrência. São Paulo: GEN Atlas, 2005.

PRAHALAD, C. K.; HAMEL, G. Core Competences of the Corporation. **Harvard Business Review**, Boston, maio/jun. 1990.

RANDOLPH, M. **That Will Never Work:** The Birth of Netflix and the Amazing Life of an Idea. Nova York: Little, Brown and Company, 2019.

RIES, E. **A startup enxuta**: como usar a inovação contínua para criar negócios radicalmente bem-sucedidos. Rio de Janeiro: Sextante, 2019.

STONE, B. **A loja de tudo**: Jeff Bezos e a era da Amazon. Rio de Janeiro: Intrínseca, 2014.

TAYLOR, F. W. **Princípios de administração científica.** 9. ed. São Paulo: LTC, 2019.

Este livro foi impresso
pela gráfica Rettec em
papel pólen bold 70g
em setembro de 2020.